시돈
다메섹
아 람
다메섹
(다마스쿠스)
사르밧
베
바알갓
(바알헤르몬)
헤르몬산
에돌렌
니
이욘
알랍
(미할랍)
리타니강
두로
아벨벳마아가
단
호사
미스르봇마임
벧아낫
가나
게데스
훌라
호수
함몬
아노아
르홉
압본
벧세메스
이론
악십
헤롬
아솔
바산(고원지대)
메론산
벧에멕
(베데멕)
아르곱
악고
라마
르홉
갈릴리
미살
가불
긴네렛
가르나임
갈릴리
바다
그술
악고평원
나할랄
할리
한나돈
림몬
르마
마돈
락갓
아스다롯
아벡
기드론
(갓닷)
악삽
베들레헴
야로셋
가드헤벨
가르단
골란
함맛(함몬)
야르묵강
헬람
시므론
나사렛
다브랏
다볼
다볼산
압느엘
갈멜산
욕느암
엔돌
기시온
에드레이
돌
므깃도
헬갓
(후곡)
나인
수넴
모레언덕
야르뭇
거몬
돕
이스르엘
로드발
벧아벨
길르앗라못
사론
가드림몬
엔간님
(엔가님)
다아낙
랏사론
로글림
벧산
이블르암
길보아산
르홉
답밧
길르앗아베스
도단
에벨
사마리아
베섹
아벨므홀라
디셉
길르앗
소고
데베스
요
미스바
(갈르엣)
사마리아
디르사
차본
에브라임수풀
단
세겜
브니엘
(브누엘)
마하나임
사빌
에발산
강
숙곳
비라돈
오브라
그리심산
압복강
야노아
아루마
에벤에셀
답부아
실로
사르단
아담
욥바
가아스산
에브라임산지
엿사나
욕브하
오노
라마다임소빔
담낫세라
바알하솔
오브라
(에브론)
야셀
암몬
하딧
가드림몬
깁소
사알빔
(사알빔)
벧엘
(루스)
살리사
벧니므라
랍바(암몬)
가드(깃다임)
벧호론
미스바
아이
엘드게
깁브돈
길갈
믹마스
나아란
아벨그라밈
압느엘
기브온
라마
게바
아얄론
여리고
싯딤
므바앗
소렉골짜기
브에롯
기브아
알몬
벧하란
민닛
모리아산
아나돗
비스가산
헤스본
예루살렘
벧호글라
벧느블
감람산
소라
벧세메스
벧여시못
느보산
사웨기랴다임
벧바알므온
메드바
베셀
아스돗
사빌
가드
아세가
베들레헴
(에브랏)
유
고라
엘라골짜기
드고아
벧디블라다임
아스글론
그일라
립나
마레사
다
아다롯
야하스
라기스
블레셋
막게다
벧술
막벨라
에글론
가사
산
염 해
(사해)
그리욧
그데못광야
헤브론
(마므레, 기랏아르바)
시스골짜기
십
엔게디
(하사손다말)
디본(디본)
아로엘
메바앗
드빌
욧다
십광야
아르논강
그데못
맛다나
그랄
홀론
갈멜
마온
마온광야
아남
소고
시글락
림몬
에스드모아
브솔
게델
(그데라)
아산
(고라산)
그리욧
마사다
벧벨렛(벧발가봇)
모압
아르
갑스엘
사루헨
호르마
(스밧)
브엘세바
소돔
바알라
고모라
미스바
(길하레셋)
아로엘
아말렉
르호봇
호로나임
소금골짜기
(싯딤골짜기)
소알
세렛
이예아바림
네게브
세렛강
브엘라해로이
아드마
호르산
에돔
도벨
아라바
다말
(다드몰)
살모나
셀라(욕드엘)
보스라
바란광야
아스몬
갈가
가데스바네아
부논
지
중
해
성경2.0 지도 기호
산
도시(불확실한 위치)
도시
주요도시
바다, 강, 호수 : 파란색 글씨
고대 근동 국가, 지역 : 보라색 글씨
평야, 산지 골짜기 : 녹색 글씨

성경2.0 지도 기호
산
도시(불확실한 위치)
도시
주요도시, 지명
교회(요한계시록 7교회)
바다, 강, 호수 : 파란색
고대 근동 국가, 지역 : 보라색
고원, 산맥, 광야 : 녹색
현대 지명 : 빨간색
흑 해
지 중 해
아 드 리 아 해
티레니아해
에게해
홍 해
로마
시실리아
마게도니아
데살로니가
빌립보
고린도
아겐(아테네)
에베소
서머나
버가모
두아디라
사데
빌라델비아
라오디게아
골로새
아시아
갈라디아
갑바도기아
안디옥
길리기아
다소
구브로
그레데
이스탄불 (비잔티움)
<터키>
<그리스>
<시리아>
<이라크>
<이란>
<이스라엘>
<요르단>
<이집트>
<리비아>
<사우디아라비아>
<쿠웨이트>
다메섹
다마스쿠스
두로
시돈
베이루트
가이사랴
예루살렘
가사
브엘세바
헤브론
암몬
모압
에돔 (세일)
블레셋
길르앗
아모리
하란(밧단아람)
앗시리아
니느웨 (모술)
메소포타미아
유 프 라 테 스 강
티그리스강
아수르
바그다드
아카드
바벨론
바빌로니아
수메르
우르
갈대아
엘람
수사
시로-아라비아
시내 반도
시내산
미디안
고센
라암셋 (람세스)
온(카이로)
애굽
하부이집트
상부이집트
누 비 아
나 일 강
알렉산드리아
구레네
아라랏산
아 라 랏 산 맥
자그로스산맥
쿠르디스탄산맥
메 대
수바르투
미타니
쿠웨이트

성경통독을 위한 최고의 자습서

성경 The Bible 2.0

4 사무엘 상·하, 역대상

성경2.0 성경 통독을 위한 고품격 성경만화

글 김동순 | **그림** 배광선 | **감수** 문학진

초판 1쇄 인쇄 2013년 11월 5일
초판 17쇄 발행 2024년 3월 25일

발행처 (주)CMcreative
발행인 이길우
책임 편집 오경희
CG 장유미, 신선영
그림 스탭 이상일, 강지선
표지 디자인 송우진
본문 편집 디자인 SONBOM 민하늬, 김원경, 강현아
마케팅 김돈영
제작 지원 정선숙
인쇄 미래피앤피 최영민

등록번호 제387-2012-000039호
등록일자 2012.6.12

주소 경기도 고양시 덕양구 청초로66 덕은리버워크 A819호
전화 032-325-2181(편집부), 032-325-9600(영업부) | **팩스** 032-325-3181

ISBN 978-89-97923-05-2
ISBN 978-89-97923-01-4(세트)

책값은 표지에 있습니다.
잘못된 책은 구입하신 곳에서 교환해 드립니다.

성경2.0 공식 블로그 http://blog.daum.net/cmcm2012 (Daum 블로그 검색: 성경2.0)

성경통독을 위한 최고의 자습서

성경 The Bible 2.0

4 사무엘 상·하, 역대상

김동순 글 | 배광선 그림 | 문학진 감수

CM creative

오랜 세월을 빛어 내놓은 《성경2.0》

2004년에 하나님을 믿게 된 후, 당시 다니던 온누리교회의 구내 서점에서 제 수준에 맞는 책을 찾아보았습니다. 이제 막 하나님을 알아 가기 시작한 제 눈에 들어온 것은 성경 만화책들이었는데, 대부분이 어린이를 대상으로 한 것이었습니다. 내용 또한 성경 전체를 다룬 것은 찾아보기 힘들고, 흥미를 끄는 성경 속 사건 위주의 책들이 많았습니다. 주중의 가족 단위 성경공부 모임에서도 성경의 한 부분씩 따로따로 다루는 형식이어서 성경 전체를 알고 싶은 열망이 있었던 제게는 아쉬움만 남겨주었습니다.

대략적이라도 성경 전체를 알고 싶었습니다. 그래서 성경을 일독하기로 마음먹었습니다. '표준새번역' 성경은 엄두가 나지 않아 '쉬운성경'을 읽기 시작했습니다. 틈틈이 읽다 보니 1년 정도 걸리더군요. 그런데 머리 속에 남는 것이 거의 없었습니다. '쉬운' 성경이라지만 읽는 도중에 무슨 뜻인지 이해되지 않아서 계속 같은 자리만 읽었던 경우도 자주 있었습니다. "40이 넘은 나이에도 하나님 말씀 이해하기가 이렇게 어렵다니 원……."

그 전부터 만화책을 전문적으로 만들고 있었던 저는 그때부터 제대로 된 성경 만화를 만들어 보자는 생각을 자연스레 가지게 되었고, 차츰 구상에 들어갔습니다. 2007년에 김동순 작가를 만나면서 제 구상은 구체화되기 시작했고, 2008년부터 본격적으로 제작에 들어갔습니다.

"성경의 의미를 훼손하지 않는 범위 안에서 '최대한 쉽게' '성경의 모든 것'을 담자!"

열정 하나만 가지고 의욕적으로 시작했지만 일은 예상했던 것보다 훨씬 방대했습니다. 몇몇 사람이 단 시간에 할 수 있는 일이 아니었습니다. 일의 진도는 느렸고, 어디서부터 손을 대야 할지 난감할 정도로 많은 문제를 안고 있었습니다. 출간 일정이 여러 번 미뤄지고 수정과 재작업이 반복되었습니다. 모든 시나리오가 몇 번에 걸쳐 수정되고 다시 쓰였는지 모릅니다. 1권 창세기 편은 아예 그림을 다시 그리기까지 했습니다.

이 일을 계속 진행해야 하나 회의가 드는 위기도 있었습니다. 그런 우여곡절 끝에 7년의 인고의 세월을 안고 이 책을 세상에 내놓게 되었습니다. 그러나 기대보다 많은 걱정이 앞섭니다. 미흡한 부분이 많을 거라 생각합니다. 애정 어린 질책을 당부드릴 뿐입니다.

이 책이 나오기까지 애써주신 문학진 목사님 이하 모든 스태프 분들께 감사드립니다. 특히 긴 시간 동안 시나리오를 맡아 애써준 김동순 작가, 어려운 여건 속에서도 정말 훌륭한 그림을 그려준 배광선 작가께 진심을 담아 감사함을 전합니다.

마지막으로 이 책이 나오기까지 늘 지켜봐주시고 용기를 주신 하나님께 이 모든 영광을 드립니다.

이길우

쉽게 정상을 차지할 수 없는 '성경'이라는 산을 오르며

《성경2.0》은 재미있는 에피소드 위주로 된 기존의 성경 만화와는 많이 다릅니다. 난해한 <레위기><욥기>는 물론 예언서들까지 성경의 모든 책을 다루고 있으며, 성경과 똑같이 '장'으로 구분해서 독자들이 읽어 내려가며 성경과 직접 비교할 수 있도록 되어 있습니다. '성경2.0'이라는 제목이 무색하지 않을 만큼 성경과 유사합니다.

저는 제가 이 일을 하기에 충분히 준비되었다고 생각했습니다. 나름 목회자의 아들이고, 오랜 시간 동안 교회에 헌신하며 신앙생활을 한 기독교인 중의 기독교인으로 살았다고 자부했기 때문입니다. 게다가 수많은 자료들과 든든한 인터넷이라는 정보의 바다가 있으니 두려울 것이 없었습니다. 하지만 좌절감을 느끼기엔 그리 많은 시간이 걸리지 않았습니다.

성경을 읽는 것은 험난한 산을 등반하는 것과 같습니다. 많은 사람들이 의욕적으로 도전하지만 쉽게 정상을 차지할 수 없는 산입니다. 처음 <창세기>를 접하면 이제 막 산을 오르는 기분도 들고 초입이라 기대감도 있습니다. 무엇보다 에피소드 위주라 읽기가 편합니다. <출애굽기>는 모세가 바다를 가르는 장면에서 스릴감과 스펙터클도 느낄 수 있지요. 하지만 <출애굽기> 다음에 나오는 <레위기>에서 모두들 절망이 무엇인지 경험하게 됩니다. <레위기>는 마치 거대한 절벽을 마주했을 때처럼 우리를 막막하게 합니다. 여기서부터 시작된 정신 붕괴는 그동안 쌓인 수많은 낯선 지명과 인물들, 여러 민족의 역사와 문화에 대한 이해 부족과 어우러져 극대화되어 결국 성경 읽기를 포기하게 합니다. 저 또한 얼마나 숱하게 이 등정을 포기했는지 모릅니다.

그리고 이번에도 기세등등하게 《성경2.0》의 등정을 시작했지만 성경이란 산은 너무 높고 가팔랐으며 매서웠고 저는 아직도 충분히 준비돼 있지 않았습니다. 그동안 꽤 많이 알고 있다고 생각했던 성경 지식은 금방 바닥났고, 이해의 부족과 표현의 한계로 몇 번이나 쉬다 미끄러지고 굴러 떨어졌습니다. 그리고 저는 깨달았습니다. 이건 내가 할 수 없는 일이구나. 무지무능해서 용감했을 뿐이었구나.

제가 할 수 있는 건 하나님을 붙드는 일뿐이었습니다. 그것밖에 할 수가 없었습니다. 그렇게 7년 동안 하나님께 매달린 결과 드디어 《성경2.0》이 나오게 되었습니다. 무어라 표현할 수 없을 정도로 감개무량합니다. 그저 감사할 뿐입니다.

지면을 빌어 다시 한 번 감사드리고 싶은 분들이 계십니다. 사랑하는 부모님, 최고의 동역자인 이길우 대표님, 수준 높은 작화를 보여주신 배광선 작가님, 감수의 수고를 마다하지 않으신 문학진 목사님과 그 외 많은 분들께 감사드립니다. 그리고 무엇보다 부족한 저를 붙들고 이 일을 할 수 있도록 동행해 주신 하나님, 감사합니다! 사랑합니다!

김동순

| 그림 작가 머리말 |

열정과 인내로 빈 항아리를 채워 가며 만든《성경2.0》

인연이란 우연히 찾아오는 것 같습니다. 성경을 제대로 된 만화로 출간해 보자는 제안에 막막했던 4년 전이 생각납니다.

"성경?"

믿음, 소망, 사랑, 빛과 소금 같은 어디선가 많이 봐온 성경 구절들, 또 구약성경의 여러 가지 재미있는 에피소드들이 제가 알고 있는 성경 지식의 전부였습니다. 물론 서양 역사에 절대적인 영향력을 행사해 온 기독교의 경전이니만큼 서구 문화를 이해하는 많은 키워드를 품고 있을 거라는 기대감은 품고 있었습니다. 작가로서 방대한 역사와 에피소드가 담긴 세계 최고의 베스트셀러를 한번쯤 봐두면 도움이 되겠다는 생각은 있었지만 작업을 시도할 엄두는 내지 못했습니다.

그러나 뜻밖의 기회가 찾아왔고, 저는 '그래, 이참에 제대로 성경공부 한번 해 보자!'라는 아주 단순한 마음으로 이 작업을 시작하게 되었습니다.

세상 모든 일이 그렇듯 막상 작업을 시작하고 보니, 아는 것보다 알아야 할 것들만 가득한 제 무지의 항아리를 들여다보게 되더군요. 빈약한 성경 지식을 다급히 채워 보려 했지만 짧은 시간 안에 성경을 제대로 이해하고 그림으로 그려낸다는 것은 무리임을 곧 깨닫게 되었지요. 그래서 무지에서 시작된 1권의 그림을 전부 폐기하고 다시 작업하는 힘든 결단의 시간도 필요했습니다.

결국《성경2.0》의 한 컷 한 컷을 그려가는 과정이 제게는 곧 성경을 이해하고 알아가는 과정이 되었습니다. 제대로 된 고증을 위해 자료를 찾고 또 찾았습니다. 옷차림, 천막, 저울, 물 항아리 하나까지 자료를 찾아서 그 시대를 제대로 담고자 노력했으며, 등장인물들의 마음과 그 의미를 생생하게 전달하고자 수없이 지우개질을 거듭했습니다.

《성경2.0》을 작업하는 과정은 열정과 인내심을 필요로 하는 힘겨운 시간이기도 했지만, 성경에 대해 조금씩 빈 항아리를 채워가는 나의 모습과 이 '인연'이 제 인생에 하나의 전환점이 되리라는 기대로 너무나 행복한 시간이었습니다.

성경이 "가장 널리 알려진, 그러나 가장 덜 읽혀진 책"이란 말을 들어본 적이 있습니다. 기독교 신자가 아닌 사람도 성경책을 모르는 사람은 없을 테고, 어느 집에나 한 권쯤은 있기 마련이니 '가장 널리 알려진' 책임은 분명한 듯합니다. 또 제 주변에서 '성경은 어렵더라' '성경 어디까지는 읽어봤는데……'라는 말들이 들리는 걸로 봐서 '가장 덜 읽혀진 책'이란 말 또한 맞는 모양입니다. 저 역시 이 작업을 하기 전까지는 어린 시절 누나(지금은 목사가 되셨지요.)의 책장 한 곳을 차지했던 성경의 <창세기>만을 읽어 본 것이 전부였으니 말입니다.

성경이 '제대로 읽혀진 책'이 되는 데 《성경2.0》이 큰 도움이 되리라 확신합니다. 그동안 많은 조언을 주고 고생을 같이 한 이길우 대표님과 김농순 삭가님, 감사합니다. 특히 긴 시간 고행 같은 작업을 함께해주신 이상일, 강지선 작가님, 서관석 선생님께 감사의 인사를 전합니다.

배광선

성경을 '만화'로 접근하고, 이해하고, 기억하기

근대 교육의 창시자로 알려진 J. A. 코메니우스는 그의 저서 《세계도회(世界圖繪)》(Oribis Sensualium Pictus)에서 새로운 언어학습법을 개발해 효과적으로 라틴어를 배울 수 있는 방법을 제시했다. 언어와 그것이 나타내는 사물을 함께 보여주어 보다 재미있게 언어를 익힐 수 있는 그림 교수법으로, 감각적 경험이 주는 교육의 효과를 적용한 것이다. 오늘날 유아들에게 글자를 쉽게 익히게 하기 위해 사용하는 그림책의 효시라고 볼 수 있다.

이런 맥락에서 만화는 전달하려는 내용을 보다 쉽게 이해시키고 오랫동안 기억에 남게 하는 장점을 가졌다고 볼 수 있다. 만화는 흥미로우며, 쉽게 접근할 수 있고, 여간해서 싫증을 느끼지 않는다는 장점이 있다. 이런 이유 때문에 남녀노소 모두 만화를 좋아하는 것 같다.

그동안 성경은 모든 사람들에게 신앙과 지성에 있어 매우 귀중한 책임에도 불구하고, 그 내용이 어려워 이해하기 힘들다는 이유로 선뜻 손에 집거나 혹 집어 든다 해도 처음부터 끝까지 통독하기가 쉽지 않았다. 이런 상황에서 이번에 발간된 《성경2.0》은 신앙인은 물론 비신앙인에게도 아주 유익할 것이라 생각된다. 재미있으면서도 충실한 내용으로 인해 성경 내용을 쉽게 파악할 수 있음은 물론 기억에도 오래 남을 수 있기 때문이다.

《성경2.0》의 감수를 부탁받고 성경신학을 전공하지 않았다는 점에서 망설임도 있었다. 그러나 기독교육을 전공한 사람으로서 어떻게 하면 학습자로 하여금 기독교교육의 내용인 성경을 쉽게 이해하고 기억하게 해 그 말씀대로 살도록 도울 수 있을까 고민해 왔기 때문에 오히려 기쁜 마음으로 참여하게 되었다.

《성경 0》의 주된 목적은 성경 내용을 쉽게 전달하고 오랫동안 기억하게 해 실천하는 신앙인으로 성장하도록 돕는 데 있다. 그래서 작가와의 대화를 통해, 가급적 성경 내용 전달에 충실하고, 불가피하게 해석을 요하는 부분은 'tip'으로 처리해 독자들로 하여금 더 깊이 묵상하도록 돕는 데 초점을 맞추었다.

감수자로서 작은 소망이 있다면, 《성경2.0》의 기획 의도대로 많은 사람들이 이 책을 부담 없이 손에 집어 들어 읽기 시작해 성경의 내용을 큰 어려움 없이 이해하고, 그것을 또 오래도록 기억하는 것이다. 그리하여 성경이 말하는 하나님을 제대로 알고, 하나님이 원하시는 뜻을 실천하면서, 하나님이 이 세상을 처음 창조하셨을 때처럼 아름다운 세상으로 회복시켜 나가는 일에 힘쓰며 살아가게 되기를 소망한다.

문학진 목사

사무엘상

엘리

사사 시대의 대제사장. 사무엘의 스승으로 40년간 이스라엘을 다스렸다. 타락한 두 명의 아들 홉니와 비느하스의 행실을 바로잡지 못한 결과 가문의 파멸을 자초했다.

사무엘

이스라엘의 마지막 사사이며 예언자. 구약성경에는 제사장과 왕(사사)의 역할을 동시에 수행한 인물이 단 두 명 등장하는데, 바로 모세와 사무엘이 그랬다.

사울

이스라엘의 제1대 왕. 이스라엘 민족이 독립을 위해 왕을 필요로 하자 사무엘에 의해 추대되어 왕위에 올랐다.

요나단

사울의 장자이자 다윗의 친구로, 다윗에게 왕위를 양보했다. 또 생명을 걸고 다윗을 피신시켰으며, 끊임없이 자기 아버지로부터 보호하며 변호했다. 아버지 사울과 함께 비참한 최후를 맞이한다.

다윗

이스라엘의 두 번째 왕. 이스라엘 역사상 가장 위대한 왕으로 예루살렘을 이스라엘의 수도로 정하고, 여러 민족을 정복해 이스라엘의 전성기를 이뤘다.

아브넬

사울의 군사령관. 사울이 죽자, 사울의 넷째 아들 이스보셋을 왕으로 세우고 다윗에 대항했다. 그러나 사울의 후궁을 놓고 이스보셋과 다툰 뒤 다윗의 편으로 넘어갔다.

사무엘하

요압

다윗의 군사령관. 뛰어난 용사이며 전략가였으나
다윗의 명령을 무시하고 아브넬과 압살롬을 살해했다.
이 때문에 다윗의 견제를 받게 됐다.

압살롬

다윗의 셋째 아들. 장자인 이복 형 암논을 살해했으며
정치적인 야심으로 헤브론에 즉위, 다윗의 왕권에 도전했다.

밧세바

솔로몬의 어머니. 원래 남편인 우리아는 다윗 때문에 죽고, 그 뒤 다윗의
아내가 된다. 다윗과 밧세바 사이에 태어난 첫째 아이는 하나님의 벌을 받아
죽게 된다. 두 빈째 데이난 아이가 바로 솔로몬이다.

사독

아론의 셋째 아들 엘르아살의 자손으로 모세의 성막이 있는 기브온에서
대제사장 직을 수행했다. 사울의 가문에 충성을 바치던 그는 헤브론에서
다윗에게 가담하여 사울의 왕권을 다윗에게 물려주기 위해 힘썼다.

아비아달

아론의 넷째 아들 이다말의 자손으로 다윗의 장막이 있는 예루살렘에세
대제사장 직을 수행했다. 사울이 자신의 가족을 몰살시킬 때 에봇 하나를
가지고 홀로 다윗에게 도망쳐와서, 제사장이자 모사로서 다윗을 도왔다.

《성경2.0》을 더 재미있고 더 유익하게 읽기 위해

이 책의 기본적인 제작 방향은 "성경의 의미를 훼손하지 않는 범위 안에서 최대한 쉽게"입니다. 또한 그림으로 표현, 만화 연출, 장면 전환, 한정된 페이지 등 만화의 특성에 맞춰 제작되었습니다.

이 책은 성경과 완전히 똑같을 수는 없습니다. 반복되는 이야기는 하나로 압축시키고, 너무 어려운 문장은 쉽게 풀고, 복잡하고 긴 이야기는 간단하게 요약했습니다. 또한 매끄러운 진행을 위해 순서를 바꾸기도 했으며, 이해가 어려운 부분은 단어나 문장을 교체하거나 추가해서 이해를 돕도록 했습니다.

그런 모든 과정의 목적은 단 하나, **성경을 쉽게 이해하기 위해서입니다.** 이 책은 독자들이 성경을 가장 쉽게, 그러면서도 제대로 알게 해주는 길잡이 역할을 할 것입니다.

이 책은 아주 쉽게 성경을 풀었지만, **성경과 각 장을 비교하면서 봐도 무방할 정도로 성경에 충실하게 만들어졌습니다.** 그동안 성경 읽기에 어려움을 느꼈던 많은 분들에게 하나님의 소중한 말씀을 신나고 즐겁게 전해드릴 것입니다.

1 본문의 이해를 돕기 위해서
중간 중간에 팁을 활용했어요.

tip 한 번만 더

이 장면은 마치 하나님과 흥정하는 듯한 느낌을 주는데, 이런 태도는 바람직하지 못하다. 그럼에도 하나님께서 아브라함의 간구를 들어주신 이유는 아브라함이 단지 소돔에 살고 있는 조카 롯뿐만 아니라 소돔과 고모라의 모든 사람들을 구원하기 위해 애타게 기도했기 때문이다.

2 지난 내용이 기억나지 않는다면
Link에 표시된 페이지로 가보세요.

아브라함 때 들었던 Link 1권 45p 이 또다시 찾아들었어.
비가 오질 않아… 그랄을 거쳐 이집트로 가야겠어.

3 이해를 돕기 위한 짧은 해설은
해당 컷 아래쪽에 주석(보라색)으로
들어가 있습니다.

나중에 나온 아이는 손으로 에서의 발꿈치를 붙잡아서 이름을 야곱이라 지었지.
※야곱 : '발꿈치를 붙잡다'라는 뜻.

4 책의 날개에는 각 책 제목이 표시되어 있습니다.

창세기
하나님은 그 제물을 기쁘게 받으시고 스스로 다짐하셨어.
다시는 사람 때문에 땅을 저주하지 않으리라!

5 성경 각 책의 '장'까지 표시해
성경과 비교해 가며 읽을 수 있습니다.
만화의 특성상 '절'까지 표시하지는 못했습니다.

21장 이삭의 출생

하나님께서 말씀하신 대로 사라를 돌보셨고,

6 이야기의 원활한 흐름을 위해 각 단원
사이에 다른 단원의 내용이 들어가며,
그것은 이렇게 표시됩니다.

그리고 헤만과 에단(여두둔)과 다른 레위 사람들도 함께 기브온에 올라 하나님을 찬양하는 일을 하게 됐지.
뿌우우우~
분의 사랑은 영원할 것이다~!
역대상 16장 41~42절
예) 사무엘하의 내용 진행 중에 역대상 내용이 사이사이에 들어갑니다.

7 앞에 나왔던 주석이라도 이해를 돕기 위해 필요하면 반복해서 나옵니다.

사무엘상

●사무엘

이스라엘의 선지자. 제사장과 왕(사사)의 역할을 동시에 수행한 인물은 구약에 단 두 명 등장하는데 바로 모세와 사무엘이다. 사무엘은 이웃의 강국 블레셋 사람들의 압박으로부터 이스라엘을 구해냈다.

사무엘은 사사 시대와 왕정 시대 사이에 마지막으로 활동한 사사의 이름이야.
내가 바로 마지막 사사 사무엘이란다.
안녕하세요.

이스라엘은 통일 왕국을 이뤘다가 이후 남과 북으로 나눠지게 돼.
난 이스라엘 초대 왕이야.
난 2대.
난 3대. 날 끝으로 이스라엘은 남북으로 분열되지.
사울
다윗
솔로몬

사무엘상·하는 이스라엘이 남과 북으로 나뉜 시대에 씌었어.
원래 사무엘서 히브리어 사본은 1권이었는데 나중에 2권으로 나눠게 됐단다.
사무엘1
사무엘2
왜 2권으로 나눴을까?

tip 성경 사본에 관해

구약성경의 원본은 일찍이 사라졌고 오늘날 남겨진 것은 히브리어 사본이다. 그중 중요한 사본으로는 사해 사본, 나쉬 사본, 맛소라 사본, 카이렌시스 사본, 사마리아오경 사본 등이 있다. 이 사본을 각 나라에서 번역한 것을 역본이라 하며 그중 가장 권위 있는 역본은 70인 역(헬라어)이다. 히브리어 사본에서 사무엘상·하는 원래 한 권이었지만 70인 역에서 상·하 두 권으로 나눈 것이 전통이 됐다. 한글 성경도 70인 역을 따라 사무엘서를 상·하로 각각 나눴다. 사무엘서의 저자가 누구인지는 정확히 알 수 없다.

사무엘상에서는 이스라엘이 사사 시대에서 왕정 시대로 변하는 과정을 자세히 보여주고 있지.
우리를 중심으로 말이야.

사실 하나님은 이스라엘에 왕을 세우길 원치 않으셨단다.
어? 그건 왜죠?

이스라엘은 하나님이 세우신 하나님의 나라란다. 그럼 그 나라의 왕은 누구겠니?
그야… 하나님이겠죠.

그래, 이스라엘엔 왕이신 하나님이 계시기 때문에 따로 왕을 세울 필요가 없었던 거지.
근데 왜 왕을 세운 거죠?

하나님은 이스라엘의 진정한 왕이길 원하셨지만 이스라엘 백성은 눈에 보이는 왕을 원했어.
우리에겐 왕이 필요하다!
강력한 왕이 없으니까 이렇게 만날 당하기만 하는 거라고!
왕이 아니면 죽음을!
I Love King!
이… 이런…!

결국, 하나님은 나 사무엘을 통해 왕을 세워주셨고, 그들이 이스라엘을 다스렸단다.
아하~ 그들이 바로 사울 왕, 다윗 왕, 솔로몬 왕이었구나.

하나님은 다윗을 통해 이스라엘이 하나님 왕국의 모델이 되도록 만들어가셨지.
진정한 하나님의 왕국은 하나님의 다스림을 받는 곳이야.
우웅

사무엘서는 그런 이스라엘 왕국을 통해 지금 우리가 누구를 의지하고 누구의 뜻대로 살아야 할지 가르쳐주고 있어.
사무엘서를 통해 이스라엘 왕국이 형성되는 과정을 보자고.

1. 최후의 사사 사무엘

1장 사무엘의 출생

에브라임 산지 라마다임소빔에 엘가나라는 사람이 살고 있었어.
우리는 에브라임 지역에 살고 있지만 레위 지파의 숩 가문이야.
숩
도후
엘리후
여로함
엘가나

엘가나에게는 두 명의 아내가 있었는데 한 명은 한나, 다른 한 명은 브닌나였지.
한나
브닌나

※에브라임 산지 : 세겜에서 벧엘까지 뻗어있는 에브라임 성읍을 둘러싼 지역이다.
※라마다임소빔 : 예루살렘 북쪽 8km 지점에 있는 도시다.

브닌나에게는 자식이 있었지만 한나에게는 아직 자식이 없었어.
아유~ 이쁜 내 새끼들.

엘가나는 해마다 라마다임소빔을 떠나 실로에 올라가 여호와께 경배하며 제물을 바쳤지.
요단강
길르앗
세겜
브니엘
실로
라마다임소빔
벧엘
길갈
랍바
암몬
거브온
여리고
예루살렘
헤스본
베들레헴
헤브론
염해 (사해)
모압

실로에는 엘리 대제사장의 두 아들 홉니와 비느하스가 제사장으로 일하고 있었어.
출애굽기에 나오는 아론의 손자 Link 2권 196p 가 나랑 이름이 같지.
홉니
비느하스

브닌나는 그런 한나의 마음을 늘 아프게 했어.
당신은 자식도 없으면서 이 집에서 오래도 버티네요, 호호.
하, 하나님께서 뜻이 있어서 그런 거야.

엘가나는 제사를 드릴 때마다 아내 브닌나와 그 자식들의 몫을 나눠줬지.
자, 다 같이 먹고 즐깁시다.

※실로 : 예루살렘 북쪽 30km 지점에 위치한 성읍. 사사 시대 동안 이곳은 이스라엘의 종교적 중심지였다.

그리고 한나에게는 언제나 더 많은 몫을 줬는데 엘가나가 한나를 더 사랑했기 때문이야.
자, 이건 당신 몫.
켁! 너무하잖아?
이 때문에 브닌나는 매년 실로에 갈 때마다 한나를 더 괴롭히며 업신여겼어.
흥, 자식도 못 낳는 주제에….
브닌나의 괴롭힘이 너무 심했기 때문에 한나는 울면서 아무것도 먹으려 하지 않았지.
흑흑…
?!
아니, 왜 그러시오?
흥, 입맛이 없나 보죠 뭐.
그럼 나 더 줘.
나도 나도.
왜 아무것도 먹지 않고 그리 슬퍼하시오?
제가 왜 우는지 아시잖아요….
내가 열 아들보다 더 낫지 않소?
아빠 좀 봐.
나 귀여워?
하하하
가지가지 하네, 정말….
…
정말 웃겨~.
깔깔
실로에서 식사를 마친 뒤 한나가 자리에서 일어났어.
갑자기 속이 좀….
그때 대제사장 엘리가 여호와의 성전 문밖 가까이에 앉아 있었어.
엘리 대제사장
끼이익
마음이 괴로웠던 한나는 크게 울면서 하나님께 기도드리고, 한 가지 약속도 했지.
만군의 여호와여, 제 괴로움을 돌봐주시고, 저를 기억해주시고, 저를 잊지 말아주세요.
제게 아들을 준다면, 아들의 전 생애를 여호와께 드리고 아무도 그의 머리카락을 자르지 못하게 하겠습니다.
이때 한나는 마음속으로 기도하고 있었기 때문에 입술만 움직였고 소리는 나지 않았어.
쯧쯧, 성막에서 술주정이라니….
중얼 중얼

※성전 : 솔로몬의 성전이 건축되기 전이므로 성막을 가리킨다.

tip 한나가 술주정을?

히브리 사람들은 묵상 기도보다는 소리 내어 기도하기를 좋아했다. 또 화목제를 드린 뒤 함께 식사할 때 포도주를 과음해 취하는 일이 자주 있었다. 이런 이유로 엘리 제사장은 한나가 술주정을 하는 것으로 오해한 것이다.

언제까지 술에 취해있을 거요? 포도주를 끊으시오!
깜짝!
아닙니다. 내 주여. 저는 술을 마시지 않았어요. 절 나쁜 여자로 보지 마세요.
큰 괴로움이 있어 여호와께 제 심정을 쏟아놓고 있을 뿐이에요.
아… 그래요? 이런 실례.

평안히 돌아가시오. 이스라엘의 하나님이 그대가 원하는 것을 허락해주시기를 바라오.
당신의 여종에게 자비를 베풀어 주시기 바랍니다.
한나는 가족들이 머무는 곳으로 돌아가 음식을 먹었고 다시는 슬퍼하지 않았어.
대제사장님 말씀대로 걱정하지 말자. 하나님께서 내 기도를 들어주실 거야.
우걱
우걱
무서워.

다음날, 엘가나 가족은 아침 일찍 여호와께 예배드리고 라마에 있는 집으로 돌아갔지.
그 후 엘가나와 한나가 잠자리를 같이 했는데 여호와께서 한나의 기도를 기억하셨어.
드디어 한나는 임신했고 아들을 낳았지.
분만실
축하드립니다. 아들입니다.
오~예!!
펄쩍
한나는 '하나님께서 들으셨다'는 뜻으로 아이의 이름을 사무엘이라고 지었어.
브닌나, 이제 넌 끝장이야.
여자의 한은 살벌하군.
두둑

※라마 : '라마다임소빔'으로 불리는 사무엘의 고향. 예루살렘 북쪽 8km 지점에 있는 도시다.

사무엘을 하나님께 드림

엘가나와 온 가족이 제사를 드리기 위해 실로에 올라가려 할 때였어.
해마다 드리는 제사인 매년제와 약속을 지키는 제사인 서원제를 드리기 위해서 가는 거야.
한나는 엘가나와 함께 가지 않겠다고 말했지.
전 이 아이가 젖을 떼면 아이를 데리고 실로에 가겠어요. 그리고 영원히 그곳에 있게 하겠어요.
알겠소. 당신 생각대로 하시오. 그저 여호와께서 당신의 말대로 이루시기를 바랄 뿐이오.
한나는 아이가 젖을 뗄 때까지 집에서 돌보았고…,
까르르
메에에
이스라엘은 아이가 생후 3년이 되면 젖을 떼게 하는 풍습이 있었지.
Link 1권 70p
3년 된 수소와 밀가루 1에바, 그리고 포도주 한 가죽 부대가 있어야 해요.
알겠소.
아이가 자라자 함께 실로에 있는 여호와의 성막으로 갔어.
수소를 잡아 제사를 드린 한나는 엘리 제사장에게 사무엘을 데려갔지.
제사장님, 전 예전에 여기서 기도했던 여인입니다. 기억하십니까?
그, 글쎄요…?
그때 제사장님께서는 제가 술에 취한 줄 아시고 포도주를 그만 먹으라고 하셨잖아요.
아하, 이제 기억이 나는군요.
사실 그때 전 아이를 달라고 기도했습니다.
그러자 여호와께서 제 기도를 들으셨고 이 아이를 선물로 주셨죠.
아… 그렇군요.
그래서 이제 이 아이를 여호와께 다시 돌려드리려고요. 이 아이는 평생 여호와의 사람이 될 거예요.
오… 당신의 믿음이 정말 귀합니다.
그들은 그곳에서 여호와께 경배드렸어.

※1에바 : 약 22리터에 해당한다.

사무엘상

2장 한나의 기도

실로에서 한나는 이렇게 기도했지.
여호와께서 내게 기쁨을 주셨고, 그로 인해 나는 강해졌습니다. 내가 주의 구원으로 인해 기뻐합니다.
여호와같이 거룩하신 분은 없습니다. 여호와 외에는 다른 신이 없습니다. 우리 하나님과 같은 반석도 없습니다.
거만한 자들아! 여호와께서는 모든 것을 아시는 하나님이시다. 여호와께서 이 땅에 기초를 놓으셨고 그 기초 위에 세계를 세우셨으며 온 땅을 심판하실 것이다.
교만한 자들의 활은 부러졌도다. 넘어진 자가 힘을 얻었도다. 부자들은 이제 먹기 위해 일해야 하고, 가난한 자는 배부를 것이다. 아기를 낳을 수 없던 여자가 일곱을 낳았고, 아들을 많이 둔 여자는 슬픔에 빠져있다.
여호와께서 네 행동을 심판하신다. 여호와께서는 인간의 행동을 일일이 살피시며, 인간을 죽이기도 살리기도 하시며, 가난하게도 부하게도 하신다. 가난하고 힘없는 자를 높이시며 거룩한 백성들을 지켜주신다.
악인을 어둠 속에 잠잠하게 하시며 대적하는 사람들을 심판하신다. 하지만 여호와께서 세우신 왕에게는 힘을 주시고, 기름 부어 세우신 왕의 이름을 높이실 것이다.

※아들을 많이 둔 여자 : 브닌나를 가리킨다.

tip 한나의 기도

'일곱의 아이'란 히브리인들에게 충만과 완전함의 상징인 숫자 '7'을 문학적으로 표현한 것이다. 한나는 사무엘을 하나님이 주신 완전한 축복으로 생각했다. 기도 후반에는 하나님의 뜻대로 이 땅을 통치할 왕에 대해 예언하고 있다. 이는 지금까지 이어져온 이스라엘의 신정 체제가 왕정 체제로 옮겨진다는 것을 보여준다. 특히, '기름부음 받은 자'는 다윗뿐만 아니라 메시아, 예수 그리스도를 의미한다.

엘가나와 한나는 라마에 있는 집으로 돌아갔고, 어린 사무엘은 엘리 제사장 밑에 남아 여호와를 섬겼어.
흑흑
사무엘, 여호와께서 널 지켜주실 거다.

엘리 아들들의 악행

대제사장 엘리의 아들들은 악한 사람들이었지.
흐흐.

그들은 제사장이었음에도 여호와를 두려워할 줄 몰랐고, 제사장이 지켜야 할 법을 지키지도 않았어.
오늘도 보람찬 행패를 부려야지?
크크… 그럼 그럼.
백성들이 제물을 가져와 그 고기를 삶으면, 제사장의 종은 세 갈래로 된 갈고리를 가지고 와서…,
비켜라 비켜! 국물 튄다!
엇?!
냄비나 솥에 찔러 넣어 갈고리에 걸려나오는 고기를 제사장의 것으로 가져갔지.
헉!!
이런 행패를 부리다니 제사장께 이르겠소!
시끄럿! 제사장이 시키는 대로 하는 것뿐이라고!
엘리의 두 아들은 제물을 바치려고 실로에 올라오는 모든 사람들을 이런 식으로 괴롭혔어.
낄낄낄
제, 제사장이 시켰다고?
원래 제사장 몫은 흔든 가슴과 들어 올린 뒷다리인데….
더구나 제사로 바칠 제물을 태우기도 전에, 제사 드리는 사람에게 종을 보내 고기를 가져오게 했어.
제사장이 구워 먹을 고기를 주시오!
제사장은 삶은 고기를 좋아하지 않으니 날고기로 주시오.
뭐… 뭐?!

tip 하나님께 드리는 제물

백성들이 하나님께 드리기 위해 가져온 제물을 함부로 취하는 것은 하나님 것을 도둑질하는 행위이자 제사를 업신여기는 행위였다. 또 모든 제물은 먼저 여호와의 몫으로 내장의 기름, 콩팥 등을 제단에 태워 여호와께 바쳐야 했다. Link 2권 113p 그런 다음에야 비로소 제사장의 몫을 취할 수 있었다.

그, 그런 말도 안 되는 소리가 어디 있소?
하나님의 몫을 먼저 태운 다음 원하는 것을 가져가시오.
참 나, 대화가 안 되네, 대화가.
그냥 줄래? 맞고 줄래?
크흐….
덜덜
두둑

엘리의 두 아들 홉니와 비느하스는 여호와께 바치는 제물을 함부로 다뤘어.
주인님, 여기 고기 가져왔습니다.
하핫~ 잘했다!
담엔 아예 한 마리를 통째로 끌고 와라!
여호와께서는 이들이 제사를 업신여기는 죄를 짓고 있는 것을 보셨지.
빨리 불을 지펴.
통째로 끌고 오면 제사 지낼 게 없잖아.
알게 뭐야.
한편 소년 사무엘은 여호와께 순종했어.
영차~.
타
악
사무엘은 세마포로 만든 에봇을 입었어. 사무엘의 어머니 한나는 매년제를 드리기 위해 남편 엘가나와 함께 실로에 왔지.
애를 낳으면 뭘 해? 하나님한테 바쳐서 없는 거나 마찬가지인데, 흥!
※세마포 에봇 : 제사장들이 입던 옷. 사무엘이 에봇을 입고 여호와를 섬겼다는 것은 그가 본격적으로 성소 봉사를 했음을 보여준다.
그때마다 한나는 아들 사무엘을 위해 작은 겉옷을 만들어 가지고 왔어.
방수, 방풍, 투습, 보온까지 다 되는 최고급 원단으로 만들었단다.
고마워요. 어머니!
이에 엘리 제사장이 엘가나와 한나에게 축복하며 말했지.
기도로 얻은 아이를 여호와께 바쳤으니 여호와께서 이 아이를 대신할 자식을 주시기를 바랍니다.
감사합니다.
그 후 하나님께서 은혜를 베풀어 한나가 다시 아이를 갖게 됐어.
여보, 나 아기를 가진 것 같아요.
정말?
이제 한나는 세 아들과 두 딸의 어머니가 됐지.
자, 찍습니다~ 김치~
흥, 쳇, 핏~
어린 사무엘 역시 여호와를 섬기며 잘 자랐어.

어느 날, 늙은 엘리는 자기 아들들이 나쁜 일을 저지르고 있다는 걸 다 알게 됐지.
당신의 두 아들은 여호와께 드리는 제사를 망치고 있소!
그뿐 아니오. 성막 앞에서 예배드리는 여자들과 함께 잠도 자요!
뭐, 뭐라고?
엘리는 홉니와 비느하스를 불러 말했어.
너희가 어떻게 그런 짓을 할 수 있느냐?! 너희의 악한 행실은 백성들에게 다 들었다!

하지만 엘리의 아들들은 아버지의 말을 듣지 않았지.
아들들아, 그래선 안 된다. 너희가 여호와의 백성들을 죄악에 빠트리는구나.
사람에게 죄를 지으면 하나님께서 도와주실 수 있지만, 여호와께 죄를 지으면 누가 도와 줄 수 있겠느냐?
참 나, 그건 그냥 루머일 뿐이라고요.
이놈들 두고 보자!
빠드득

tip 백성들을 죄악에 빠트리다

제사장은 백성들을 하나님 앞에 올바른 길로 인도하는 중요한 임무를 맡았다. 그러나 엘리의 아들들은 제사장임에도 불구하고 제사를 멸시하며 율법을 지키지 않았다. 즉, 백성들을 죄악에서 돌이키게 하기는커녕 오히려 죄악의 선봉장이 됐던 것이다.

그것은 여호와께서 이미 그들을 죽이기로 작정하셨기 때문이야.
끼리릭
One shot, one kill!
한편 소년 사무엘은 커갈수록 여호와와 백성들에게 사랑받았어.
사무엘 많이 컸네.
나중에 밥 먹으러 와~.
어머! 귀여운 사무엘.
그 즈음, 하나님의 사람(선지자)이 엘리에게 와서 말했지.
여호와께서 말씀하셨소.
네?
나는 네 조상들이 이집트에서 노예로 있을 때 그들에게 나타났다. 그리고 이스라엘의 모든 지파 가운데 네 조상을 선택해 내 제사장이 되게 했다! Link 2권 115p
이제 아론이 우리의 제사장이오!
와아아
또 나는 이스라엘 백성이 바치는 제물 중 얼마를 네 조상의 집안이 가지도록 해주었다! 그런데 너희는 왜 여호와께 바치는 제물과 성물을 더럽히느냐?!

너는 나보다 네 아들들을 더 귀하게 여겼고, 이스라엘 사람들이 내게 바치는 고기 중 제일 좋은 부분을 먹어 살이 쪘구나!
나는 예전에 너와 네 조상의 집안이 영원토록 나를 섬기는 일을 맡을 것이라고 약속했다. 하지만 이젠 그리 하지 않겠다. 나는 나를 소중히 여기는 사람을 소중히 여길 것이고, 나를 소중히 여기지 않는 사람은 나도 소중히 여기지 않을 것이다!
이제 네 집안은 몰락할 것이다. 네 집안에서 오래 사는 노인도 없을 것이다! 너는 고통 속에서 내가 이스라엘 백성들에게 베푸는 복을 보게 될 것이다!
나는 네 후손 한 사람을 제사장으로 일하게 할 것이다. 하지만 그 사람은 네 눈을 멀게 하고 네 가슴을 아프게 할 것이며, 네 후손들은 모두 젊은 나이에 죽을 것이다!
덜
덜
덜

그 증거로 네 두 아들 홉니와 비느하스가 같은 날에 죽을 것이다. 너는 그것을 보고 나서야 내 말을 믿게 될 것이다!
엥? 뭔가 찜찜한 느낌이?
킥킥! 똥마려워?

이제 나는 나를 위해 일할 충성스런 제사장을 뽑을 것이다. 그는 내 맘과 내 뜻대로 행할 것이며, 내가 기름 부어 세운 왕 앞에서도 제사장으로 일할 것이다!
사울
사무엘

tip 충성스러운 제사장

여기서는 세 가지 의미가 있다. 첫째, 엘리가 죽은 뒤 그의 증손 아히둡이 대제사장 직을 계승했지만, 실질적으로는 이스라엘 전체의 대제사장 직을 수행한 이스라엘의 사사이자 선지자인 사무엘을 가리킨다. 둘째, 훗날 이다말 계열인 엘리의 후손을 대신해 대제사장이 된 엘르아살 계열의 사독을 가리킨다. 셋째, 궁극적으로는 자신의 피를 희생제물로 바쳐 모든 인류를 영원히 구속하는 제사를 드린 예수 그리스도를 가리킨다.

그때 네 집안에 남아있는 모든 사람이 그에게 절을 하며, 돈이나 먹을 것을 구걸할 것이다!
잉잉
흑흑
저희가 먹고 살 수 있게 제발 제사장으로 써주십시오.

3장 사무엘을 부르심

어린 사무엘은 엘리 제사장 밑에서 여호와를 섬겼어!
몇 쪽 안 지났는데 잘도 컸군.

그때는 여호와께서 직접 말씀하시거나 사람들이 환상을 보는 일이 전혀 없었지.
그건 왜 그럴까요?
도덕적, 영적 타락이 심했던 시기라서 그런 거란다.

이제 나이 든 엘리는 눈이 어두워져 앞을 거의 보지 못했어.
툭툭
에구… 눈이 어두워서 드라마도 못 보네….
어느 날 밤, 엘리가 잠을 자려고 자기 방에 누웠지.
끙, 할 게 없으니 잠이나 자야겠다.
하나님의 등불이 아직 꺼지지 않은 밤, 사무엘은 성막 근처 숙소에서 자고 있었어.
쿨~
그때 여호와께서 사무엘을 부르셨지.
사무엘아!
부스스
응? 저… 여기 있습니다.
그 소리를 들은 사무엘은 엘리 제사장에게 달려갔어.
후다닥
저 여기 있습니다. 부르셨습니까?
으응?
난 널 부르지 않았다. 어서 가서 자거라.
꿈이라도 꿨느냐?
아, 네….
여호와께서 다시 사무엘을 부르셨지.
사무엘아!
부스스
응? 저… 여기 있습니다.
사무엘이 다시 일어나 엘리에게 달려갔어.
바쁘다 바빠.
후다닥
저 여기 있습니다. 부르셨습니까?
왜 자꾸…?
난 널 부르지 않았다. 어서 가서 자거라.
잠 좀 자자.
아, 네….
사무엘은 아직 여호와를 알지 못했고, 여호와께서도 사무엘에게 직접 말씀하신 적이 없었지.
이상하네. 틀림없이 불렀는데…?

※자기 방 : 성막 밖 근처에 제사장과 레위인들을 위한 처소가 마련돼 있었다.

※하나님의 등불 : 성막 안의 등잔대를 말하며 시간이 새벽임을 뜻한다.

여호와께서 세 번째 사무엘을 부르셨고,
사무엘아!
엄마야!!
벌떡
사무엘은 엘리에게 가서 말했어.
저… 저 여기 있습니다. 저를 부르셨습니까?!
우당탕
아니, 이놈아 잠 좀…?!
혹시…?!
그제야 엘리는 여호와께서 어린 사무엘을 부르셨다는 것을 깨달았어.
잠자리로 돌아가거라.
다시 너를 부르는 소리가 나거든 '여호와여 말씀하십시오. 주의 종이 듣겠습니다.' 라고 해라.
네?!!
어쩌지? 어쩌지?
덜
덜
덜
사무엘이 다시 잠자리에 누웠을 때 여호와께서 나타나셨어.
사무엘아~
헉!!
아이고…
여… 여호와여, 말씀하십시오. 주의 종이 듣겠습니다.
부들
부들
내가 이스라엘에 어떤 일을 하나 하려 한다. 그것을 듣는 사람은 모두 두려워하고 놀랄 것이다!
헉, 무… 무슨…?
덜
덜
내가 선지자를 통해 엘리의 집안에 대해 말한 모든 일을 하나도 빠짐없이 다 이룰 것이다! 엘리는 자기 아들들이 나쁘다는 걸 알았고, 나를 배반한 사실도 알았으나 그들을 막지 않았다! 그래서 나는 '엘리 집안의 죄악은 제물이나 예물로도 절대 용서받지 못할 것이다.'라고 맹세했었다!

사무엘은 아침까지 누워 있다가 여호와의 집(성막) 문을 열었어.
끼익
그러나 자신이 본 환상에 대해 엘리에게 말하기는 두려웠지.
내 아들, 사무엘아~
헉!
예, 제… 제가 여기 있습니다.
그래, 여호와께서 네게 뭐라 말씀하시더냐?
저… 저… 그게… 그러니까…
숨기지 말고 말해라. 만약 하나님께서 말씀하신 것을 조금이라도 숨긴다면 하나님께서 네게 큰 벌을 내리실 거다.
우물
쭈물
사무엘은 엘리에게 모든 것을 숨김없이 말했어.
그… 그렇구나. 그분은 여호와시니, 그분이 옳다고 생각하신 대로 이루어질 것이다.

tip 선지자 사무엘에게 내려진 첫 말씀

하나님의 부름을 받아 선지자가 된 사무엘에게 내려진 첫 말씀은 엘리 가문의 멸망에 대한 예언이었다. 이는 사무엘에게 대단히 난감한 일이었을 것이다. 자신의 스승이자 당대의 지도자였던 대제사장 엘리에게 그의 가문이 몰락하게 되리라는 것을 전해야 했기 때문이다. 사무엘은 처음에 비록 망설였지만 결국 용기를 내 하나님의 계시를 분명하고 확실하게 선포함으로써 그의 사역을 훌륭하게 수행했다.

사무엘이 자라는 동안 여호와께서 함께하셨고 사무엘에게 말한 것을 다 이뤄주셨지.
말씀하신 것 중에 24번, 53번이 빠졌는데요?
오늘은 근무 시간 끝났다! 내일 출근해서 처리해주마!
이것을 본 모든 이스라엘 사람들은 사무엘이 여호와의 예언자임을 알아챘어.
예언자로 짐작되는 사람이 등장했는데 현장을 연결해보겠습니다.
오, 내 아들이 TV에…?!
하하
우리 아들이 출세했구나!

여호와께서 실로에 다시 나타나셔서 사무엘에게 말씀으로 자신의 뜻을 알려주셨지.
아아, 사무엘… 사무엘 나와라!
하나님. 잠깐만요. 잡음이 좀….
사무엘에 대한 소문이 온 이스라엘에 퍼지게 됐어.
사무엘이라는 이름 들어봤어?
여호와의 예언자라던데?
호호, 잘 생겼대.
하나님이 항상 함께 계신다는데?

※실로 : 성막이 있던 장소를 말한다.

4장 아벡 전투

그 무렵 이스라엘은 에벤에셀에 진을 치고, 아벡까지 쳐들어온 블레셋과 전쟁을 하게 됐어.

※에벤에셀 : 정확한 위치를 알 수 없다.

블레셋의 군대가 이스라엘 군대를 공격해 이스라엘 병사 4천 명 가량이 들판에서 죽었지.
와아아아

※블레셋 : 이스라엘의 가나안 정복 이전에 이미 팔레스타인의 지중해 연안에 정착. 이후 끊임없이 이스라엘을 괴롭힌 민족이다.

살아남은 이스라엘 군사들이 자기들 진영으로 돌아오자 장로들이 말했어.
여호와께서는 어째서 우리를 블레셋에게 패하게 하셨을까…?
무기도 변변찮았으니….

여호와의 언약궤를 실로에서 가져옵시다! 그걸 우리 가운데 있게 하면 어떻겠소?!
좋은 생각이오!
오오…!

※실로 : 예루살렘 북쪽 30km 지점에 위치한 성읍. 사사 시대 동안 이스라엘의 종교 중심지였다.

그리하여 실로에 있던 하나님의 언약궤를 가져오면서 대제사장 엘리의 두 아들 홉니와 비느하스도 함께 왔어.
어흠~.
오랜만에 등장하는군.

장로들은 실로에 사람을 보내 언약궤를 가져오게 했지.
그럼 하나님께서 우리를 적들로부터 구해주실 것입니다!
그럽시다! 어서 언약궤를 가져옵시다!!

tip 언약궤의 능력

언약궤는 하나님이 함께하심을 뜻하는 상징물일 뿐 그 자체에 하나님의 능력이 있는 것은 아니다. 그러나 우상을 섬기는 이방인들의 습성에 젖어 있던 이스라엘의 지도자들은 언약궤가 있으면 저절로 하나님의 능력이 나타난다고 생각했다.

여호와의 언약궤가 도착하자 이스라엘 백성은 기뻐하며 땅이 울릴 정도로 크게 소리를 질렀지.
여호와의 언약궤가 도착했다!!
와아아
이제 블레셋은 끝장이다!!
와아아

저게 무슨 소리야? K-Pop 콘서트라도 하는 건가?
와아아~
알았다. 계속 감시 바람.

첩보에 의하면 이스라엘 진영에 여호와의 궤가 막 도착했답니다.
헉! 이스라엘의 신이 왔다!
큰일 났다. 전에는 이런 일이 없었는데…!!
뭣이?!

이스라엘 백성들이 함성을 지른 이유를 알게 된 블레셋 사람들은 두려움에 빠졌지.
누가 우리를 저 강한 신들에게서 구해줄 수 있을까?!
저들은 광야에서 온갖 재앙으로 이집트 사람들을 쳐 죽게 한 바로 그 신들이다!
웅성 웅성

tip 강한 신들?

블레셋 사람들은 여호와 하나님을 단수가 아닌 복수형으로 불렀다. 여러 신들을 섬기는 그들의 시각으로 볼 때 여호와 하나님은 여러 지역 신의 한 부류에 속했던 것이다. 또 강대국이던 이집트에서 온갖 재앙을 베풀어 이스라엘을 구원하신 여호와의 능력은 오랜 시간이 지난 이때까지도 이방인들의 기억 속에 생생하게 남아있었음을 알 수 있다.

병사들아! 용기 내 사내답게 싸워라! 전에 Link 3권 142p 이스라엘 사람들은 우리의 노예였다! 그러나 여기서 지면 이제 우리가 저들의 노예가 될 것이다!
와아아아!

블레셋 군사들이 용감하게 전투에 임하자 이스라엘은 또다시 패하고 말았어.
와아아아
으악~
아아악!
크악~

※블레셋의 노예 : 사사 시대 말기에 이스라엘 사람들은 40년간 블레셋의 지배를 받았다.

크게 패한 이스라엘은 병사 3만 명을 잃고 모두 자기 집으로 도망치고 말았지.
와아아
으악!
잡아라!
크윽!

게다가 하나님의 궤까지 빼앗기고 엘리의 두 아들 홉니와 비느하스도 죽고 말았어.
으하하, 이스라엘 녀석들 껌이었구나!
이스라엘의 신들도 우리 것이 됐다!
이스라엘 신이 이 안에 들어있나?
이 돼지들은 뭘 훔쳐 먹었기에!

tip 하나님의 궤를 빼앗기다

전쟁의 참패보다 더 놀라운 사실은 언약궤를 적에게 빼앗겼다는 것이다. 이스라엘에 언약궤는 하나님이 그들과 동행하시고 그들의 구원자임을 상징하는 것이기 때문이다. 하나님이 이방 민족인 블레셋에게 그 궤를 넘기신 것은 죄를 지었으나 깨닫지 못하고 회개하지 않은 불의한 이스라엘 사람들 때문이었다. 결국 이 사건으로 하나님과 진정한 영적 교제가 없는 상징물이나 형식은 전혀 무의미함을 알 수 있다.

엘리의 죽음

그날 베냐민 지파 한 사람이 싸움터에서 실로로 달려왔어. 그는 슬퍼하며 자기 옷을 찢고 머리엔 재를 뒤집어쓰고 있었지.
헉헉….
다다다

도망 온 사람이 나쁜 소식을 전하자 성 안의 온 백성들이 큰 소리로 울었지.
이럴 수가, 우리 이스라엘이….
웅성
웅성
엉엉….
오오, 하나님이시여!

길가 의자에 앉아 하나님의 궤를 걱정하던 엘리도 그 소리를 들었어.
이, 이게 웬 소란이냐?!
엉엉엉엉

그때 98세였던 엘리는 눈이 어두워 잘 볼 수가 없었지.
저는 바로 오늘 전쟁터에서 도망쳐왔습니다.
오, 그래? 싸움은 어찌 됐나?
흑흑

※이스라엘 사람들은 슬픔을 표현할 때 옷을 찢고 머리에 재를 뒤집어썼다.

이스라엘이 블레셋 사람들에게 졌습니다. 많은 군인을 잃었고, 제사장님의 두 아들도 죽었습니다.
허억!!
그, 그리고… 하나님의 궤를 블레셋 사람들에게 빼앗겼습니다.
뭐, 뭐, 뭐, 뭐, 뭣?
하나님의 궤 이야기를 들은 엘리는 놀라서 의자 뒤로 나자빠졌지.
아앗!
우당탕
엘리는 문 옆으로 넘어지면서 목이 부러지고 말았어.
대제사장님!
무슨 일이냐?!
이럴 수가?!
40년 동안 이스라엘을 다스렸던 사사이자 대제사장인 엘리는 그렇게 죽고 말았지.
목뼈가 완전히 부러졌대.
연세도 많이 드셨잖아.
너무 뚱뚱해서 그런 것 같아.
한편 엘리의 아들 비느하스에게는 만삭인 아내가 있었어.
넷?
하나님의 궤를 빼앗겼고 시아버지와 남편이 죽었다는 소식을 들은 그녀는 갑자기 진통을 했지.
아아악!
이런. 갑자기?!
아기가 나오려나 봐!!
그 여자는 몸을 구부린 채 아이를 낳았어.
됐어!
응애~
하지만 아기를 낳은 엄마는 죽어가고 있었지.
걱정하지 말아요. 아들을 낳았어요.
응애~ 응애~
비느하스의 아내는 아기의 이름을 이가봇이라 지어줬어.
영광이 이스라엘에서 떠났구나.
시아버지와 남편도 죽은데다, 무엇보다 하나님의 궤를 빼앗겼기 때문이야.
응애~ 응애~
흑흑…

※이가봇 : '영광이 어디 있느냐?'라는 뜻이다.

5장 재앙을 당하는 블레셋 사람들

블레셋 사람들은 이스라엘로부터 빼앗은 하나님의 궤를 에벤에셀에서 아스돗으로 가져갔어.
이스라엘의 신을 뺏어오다니 신난다야.
이 신은 이제 우리 거라고, 하하~!

※에벤에셀 : 정확한 위치를 알 수 없다.
※아스돗 : 블레셋의 주요 다섯 성읍 중 하나다.

그리고 다곤 신전으로 가져가 다곤 신상 곁에 하나님의 궤를 두었지.
흐흐, 우리에게 신이 하나 더 생겼구나.
신도 돈처럼 많을수록 좋은 거야. 히히.

※다곤 : 고대 셈 족의 풍요의 신으로 널리 숭배돼온 우상이다.

다음날 아침 일찍 아스돗 사람들이 일어나 보니 다곤 신상이 여호와의 궤 앞에 얼굴을 땅에 박고 쓰러져 있었어.
아니, 다곤 신상이?
아이고, 이게 무슨 일이냐?

그래서 그들은 다곤 신상을 일으켜 다시 제자리에 올려놓았지.
어서 일으켜 세워.
끄응~!

다음날 아침에도 다곤 신상은 여호와의 궤 앞에 쓰러져 있었는데, 이번에는 머리와 두 손이 부러져 몸통만 남은 채 문지방에 엎드려 있었어!
헉, 아니 또…?!
이럴 수가?!
맙소사, 완전히 박살났군!

그 후로 다곤의 제사장과 사람들은 신전에 들어갈 때 문지방을 밟지 않는 관습이 생겼지.
황당하군. 그렇다고 문지방을 밟지 말라니.
그래서 문지방을 밟으면 복 달아난다는 건가?

또한 여호와께서는 아스돗 백성들에게 피부에 종기가 나는 큰 고통을 주셨어.
대체 왜 피부병 환자들이 갑자기 많아졌지?
모르겠어요. 전염병은 아닌데….
빨리 치료나 해라! 죽겠다!
긁적
긁적
벅
벅

아무래도 이스라엘 신의 궤가 문제인 것 같아.
하나님이 우리와 다곤 신을 벌하고 있어.
아스돗 사람들은 블레셋의 다섯 왕을 모아놓고 물었지.
이스라엘 신의 궤를 어떻게 하면 좋겠소?
이스라엘의 신을 다곤 신전에 둔 게 잘못이야!
그래서 벌을 내린 건가?
남의 집에 세 들어 사는 기분이었겠지.
이스라엘 신의 궤를 가드로 옮깁시다!
좋소, 가드는 다곤 신이 다스리지 않는 지역이니.
그래서 블레셋 사람들은 하나님의 궤를 가드로 옮겼어.
그런데 여호와께서 가드 성에도 벌을 줘 거기 사는 모든 사람들의 피부에도 종기가 나기 시작했지.
아이고 죽겠다. 빨리 치료해줘!
이건 모두 이스라엘 신의 궤 때문이야!
그게 계속 여기 있으면 우리 모두가 죽을 거야!
갑자기 어디서 이렇게 많은 종기 환자가…?!
그들은 결국 하나님의 궤를 에그론으로 보냈어.
에그론에서 싫다고 하면 어쩌지?
무조건 던져주고 와버리자고!
하나님의 궤가 에그론에 도착하자 에그론 사람들이 겁에 질려 소리를 질렀어.
컥! 저건 이스라엘 신의 궤잖아!!
그걸 왜 우리 성으로 가져오는 거요?!
꽤액
우리와 우리 백성을 다 죽일 생각이오? 당장 가져가시오!!
결국, 에그론 성에도 무서운 심판이 내렸고 죽지 않은 사람들은 종기로 인한 고통 때문에 온 성읍이 떠나갈 듯 소리쳤지.
크윽, 제발…!!
오늘도 몇 사람이나 죽어나갈지.
으악! 이렇게 죽긴 싫어!

※블레셋 : 가사, 아스글론, 가드, 아스돗, 에그론 등 다섯 개 도시가 연합한 국가이다.

※가드 : 아스돗 동쪽 약 20km 지점에 위치한 곳이다.

6장 이스라엘로 돌아온 언약궤

여호와의 궤가 블레셋 땅에 있은 지 7개월 됐을 때 블레셋 사람들은 제사장들과 점쟁이들을 불러 물었어.
여호와의 궤를 어찌 하면 좋겠소?
벅
벅
벅
그것을 원래 있던 곳으로 돌려보낼 방법을 알려주시오.

궤를 돌려보낼 생각이라면 빈손으로는 안 됩니다. 허물을 씻는 제사인 속건제 제물과 함께 돌려보내야만 백성들의 병이 나을 겁니다.
그리 해보면 과연 이스라엘 신이 우리에게 벌을 내리셨는지도 알 수 있을 겁니다.
긁적
그럼 속건제물로 무엇을 드리는 것이 좋겠소?
긁적

※속건제 : 죄를 씻는 제사를 말한다.

피부에 난 종기와 같은 모양으로 금 종기 다섯 개를 만드십시오!
금으로 만든 쥐 다섯 개도 필요합니다!
금 쥐와 금 종기의 수는 블레셋 왕들의 수와 같아야 합니다!
왜냐하면 그 재앙이 다섯 성과 다섯 왕에게 똑같이 닥쳤기 때문입니다!
금 쥐와 금 종기를 바치고 이스라엘 신께 영광을 돌린다면 우리와 우리의 신과 우리 땅에 벌주시는 것을 멈추실 것이오!
여러분은 이집트 사람들과 파라오처럼 고집을 부려서는 안 됩니다!
그들은 온갖 재앙을 당하고 나서야 이스라엘 백성을 보내줬지요!
알겠소. 우린 그들과 다르오.
말만 들어도 살 떨린다야.
새 수레, 그리고 멍에를 멘 적 없고 새끼를 낳은 지 얼마 안 된 암소 2마리를 준비하십시오.
음머~
암소 2마리를 수레에 매고, 송아지는 어미 소에게서 떼어 우리에 가둬두십시오.
음머~
음머~
여호와의 궤를 수레에 올려놓고, 속건제로 준비한 금 쥐와 금 종기도 상자에 담아 궤 옆에 두십시오.

음머~
이제 수레가 어디로 가든지 따라가며 가만히 지켜보십시오.
만약 저 수레가 이스라엘 땅 벧세메스 쪽을 향해 간다면, 여호와께서 우리에게 재앙을 내린 것이 확실합니다.
그러나 만약 다른 곳으로 간다면 우리에게 내린 재앙은 우연한 것입니다.
음머~ 음머~
음머~ 음머어~
소들은 울면서 큰 길로 나가 오른쪽이나 왼쪽으로 치우치지 않고 곧장 벧세메스 쪽으로 나아갔지.
허 참! 새끼들이 우는데도 계속 길을 가는군.

※벧세메스 : 예루살렘 서쪽 약 20km 지점에 위치. 유다와 단의 경계선상에 위치했던 성읍이다.

tip 벧세메스로 향하는 수레

멍에를 멘 적 없는 소 2마리가 함께 벧세메스로 간다는 것은 상식적으로 납득하기 힘든 일이었다. 특히 새끼를 두고 간다는 것은 더욱 그랬다. 송아지의 울음소리를 들은 어미 소들이 모성 본능을 이겨내기란 쉬운 일이 아니었기 때문이다. 블레셋 사람들은 어미 소의 반응을 보고 자신들에게 온 재앙이 하나님이 준 것인지 아니면 우연인지 확인하려고 했던 것이다.

블레셋의 왕들도 소들의 뒤를 따라 벧세메스 경계까지 따라갔어.
그때 골짜기에서 밀을 베고 있던 벧세메스의 이스라엘 사람들이 여호와의 궤를 보았지.
어? 저게 웬 수레야?
주인도 없이 소들이 끌고 있잖아?

수레는 벧세메스 사람인 여호수아의 밭에 와서 큰 바위 곁에 멈춰 섰지.
저게 뭐지?
여호와의 궤를 보게 된 그 사람들은 매우 기뻐했어.
엇? 혹시 블레셋에 빼앗겼다던 언약궤 아냐?
맞는 것 같다. 수레가 블레셋 쪽에서 왔고 파란 색 천으로 덮여 있잖아!
오오, 언약궤를 내 눈으로 보다니!

벧세메스 사람들은 수레의 나무를 쪼개 장작으로 쓰고 소를 잡아 여호와께 태워 드리는 번제물과 희생제물을 바쳤지.
빨리 가져와!
퍽!
어허, 난 나쁜 사람 아냐. 한 방에 보내줄게.
음머…
주춤
주춤

그곳에 살던 레위 사람들은 여호와의 궤와 금으로 만든 물건이 든 상자를 큰 바위 위에 두었어.
언약궤를 운반할 수 있는 것은 레위 사람들 중에서도 고핫 자손만 가능하니까.

※고핫 자손 : 레위는 세 명의 아들을 두었는데 게르손, 고핫, 므라리였다. 고핫의 자손들은 성막 기구들을 운반하는 일을 맡았다. Link 2권 144p

블레셋의 다섯 왕들은 이 모든 일을 지켜본 뒤 그날 에그론으로 돌아갔지.
이제 우리의 재앙은 완전히 끝난 것 같소.
히히, 불행 끝, 행복 시작!

다섯 개의 금 종기는 아스돗, 가사, 아스글론, 가드, 에그론에서 1개씩 보낸 속건제물이었어.

그리고 다섯 마리의 금 쥐는 5명의 블레셋 왕들이 맡은 마을의 숫자와 같았지.
이봐. 이런 모양은 어때?
뭐야? 괴상망측하게!

그런데 벧세메스의 사람들 중 여호와의 궤를 들여다본 사람들이 있었어.
정말 이 안에 하나님이 계신다고?
살짝 들여다볼까?
잠시 보는건데 뭐 어때~.

※아스돗, 가사, 아스글론, 가드, 에그론 : 블레셋의 5대 성읍이다.

여호와께서는 궤를 본 사람 70명을 죽이셨어.
컥!
억!
헉!
꺄아악!
크윽!

tip 언약궤를 보는 것을 금하다

언약궤, 즉 여호와의 궤를 보는 것은 여호와의 거룩하심을 침해하는 행위로 율법으로 금지돼 있었다. Link 2권 122p 1년에 한 번 대제사장만이 향의 연기 속에서나 겨우 볼 수 있었던 만큼 사람들의 호기심은 대단했을 것이다. 결국 율법을 어겨 여호와의 궤를 들여다봤던 벧세메스 사람들은 모두 죽게 됐다.

※70명 : 성경에서 '(5만)70명', '50,070명' 등으로 표기된 것은 히브리어 성경 원문 해석의 차이로 학자들은 70명이 타당하다고 본다.

벧세메스 사람들은 여호와께서 무섭게 벌주시는 것을 보고 통곡했어.
아… 이 거룩하신 하나님 여호와를 누가 모실 수 있을까?
이 여호와의 궤를 어디로 보내야 하나?
엉엉
엉엉

벧세메스 사람들은 기럇여아림에 사람을 보냈지.
블레셋 사람들이 여호와의 궤를 돌려줬으니 우리 성으로 와서 가져가시오.
오… 그래?!

※기럇여아림 : 예루살렘 북서쪽 약 13km 지점에 위치한다.

7장 블레셋을 물리치다

소식을 들은 기럇여아림 사람들은 벧세메스에 와서 여호와의 궤를 가져갔어.
휴우

그들은 기럇여아림 땅의 언덕 위에 있는 아비나답의 집에 궤를 두고 그의 아들 엘리아살을 거룩히 구별해 여호와의 궤를 지키게 했지.
아, 근데 어디서 많이 듣던 이름 같은데?
출애굽기에 나오는 아론의 아들 중 엘르아살이 있는데 헷갈린 것 같군요.
하하
엘리아살

tip 거룩히 구별하다

이 말은 종종 제사장을 세우는 데 사용된다. Link 2권 92p 엘리아살은 원래 제사장은 아니었지만 언약궤를 옮겨온 특별한 상황에서 제사장으로 구별해 세워진 것으로 보인다. 한편 엘리아살의 아버지 아비나답에 대해선 알려진 것이 없지만 훗날 Link 4권 146p 그의 자손들이 언약궤를 아비나답의 집에서 예루살렘으로 옮긴 것으로 보아 레위인으로 보인다.

여호와의 궤는 그곳에서 20년 간 머물러 있었지.

※20년 : 여기서 20년은 바로 아래 이스라엘 백성들이 다시 여호와를 따르기까지의 기간을 말한다.

한편 모든 이스라엘 백성들은 다시 여호와를 따르기 시작했어.
엉엉
흑흑흑
우리를 블레셋으로부터 구해주십시오!
잉잉
우리 죄를 용서하시옵소서!

여러분이 진심으로 여호와께 돌아오려면 이방 신과 아스다롯 우상을 없애야 하오! 또 마음을 다해 여호와만 섬겨야 블레셋으로부터 구해주실 것이오!

그들은 바알과 아스다롯을 버리고 오직 여호와만을 섬겼어.
쳇, 궁지에 몰릴 때만 여호와 하나님을 찾는군.

그러자 사무엘이 말했어.
모든 이스라엘은 미스바로 모이시오! 여러분을 위해 여호와께 기도드리겠소!
오오~

※미스바 : 이스라엘의 중심부에 위치했기에 이스라엘의 모든 백성들이 모이기에 용이했다.

이스라엘 백성은 미스바에 모여 물을 길어다 여호와 앞에 붓고 금식하며 고백했지.
우리가 여호와 하나님께 죄를 지었습니다.
흑흑흑

tip 물을 길어다 붓는 행위

율법에는 기록돼 있지 않지만 이스라엘 사람들은 하나님께 제사드릴 때 연못에서 물을 길어와 제물 위에 붓는 경우가 가끔 있었다. 물을 붓는 행위는 자신의 죄악이 물이 흘러가듯 흘러가기를 바라는 소망에서 비롯됐다. 자기 죄를 하나님 앞에 물처럼 쏟으며 회개한 것이다.

사무엘은 미스바를 중심으로 이스라엘을 다스렸어.

※사무엘이 다스리다 : 사무엘은 사사이면서 동시에 정치적인 지도자 역할도 했다.

블레셋 사람들은 이스라엘 백성들이 모인 걸 알고 공격하기 위해 몰려왔지.
이참에 박살내버리자.
그놈들 신은 무섭던데.
이 소식을 들은 이스라엘 백성은 공포에 빠졌어.
어… 어떡하지?
변변한 무기도 없는데….
크… 큰일이다.

하나님께 우리를 블레셋 사람들로부터 구해달라고 기도해주시오!
여호와께 드리는 기도를 멈추면 안 되오!
웅성
웅성
사무엘은 어린 양을 잡아 여호와께 통째로 태워 드리는 번제물로 바쳤지.
주여! 블레셋에게서 저희를 구원하소서.
사무엘이 번제를 드리는 동안 블레셋 병사들이 점점 가까이 오고 있었어.
헉! 크… 큰일났다! 저놈들이?!
오, 주여 제발…!!
그때 여호와께서 블레셋 군대에게 큰 천둥 소리를 내셨고 놀란 그들은 크게 당황했어.
쿠르릉 콰앙
허억! 웬 날벼락이냐!
엄마야, 이스라엘 신이 나타났다!
사람 살려!

※번제 : 불에 태워 드리는 제사다.

그런 혼란을 틈타 이스라엘 병사들은 블레셋 군대를 공격해 물리쳤고 벧갈 아래까지 뒤쫓아가 블레셋 사람들을 죽였지.
여호와께서 우릴 도우신다!
와아아아
놈들을 쓸어버려라!
크악!
튀어라!

※벧갈 : 미스바 남서쪽 약 13km 지점으로 추측될 뿐 정확한 위치를 알 수 없다.

※에벤에셀 : '도움의 돌'이라는 뜻이다.

이 일이 있은 후 사무엘은 돌 하나를 가져와 미스바와 센 사이에 세웠어.
이 돌을 에벤에셀이라 부르겠소. 여호와께서 우리를 이곳까지 도와주셨기 때문이오!
와아아~

※센 : 정확한 위치는 알 수 없고 미스바와 벧갈 사이에 위치했을 것으로 추측된다.

전쟁에서 패한 블레셋 사람들은 더 이상 이스라엘을 침략하지 않게 됐지.
이제 이스라엘한테서 손 뗍시다.
꼴좋다.

여호와께서는 사무엘이 살아 있는 동안 블레셋 사람들을 막아주셨어.
사무엘이란 놈은 신의 직통 번호를 알고 있대.
그놈이 있는 한 공격해봐야 질 게 뻔해.
그 후 이스라엘은 예전에 블레셋 사람들이 빼앗았던 에그론과 가드 주변의 성들과 영토까지 모두 되찾았지.
Israel
또 아모리 사람들과도 평화롭게 지내게 됐어.
블레셋이 이스라엘에게 박살났다는군.
그놈들 센데?
우리도 일단 이스라엘과 친하게 지내는 게 좋겠소.

사무엘은 매년 벧엘과 길갈, 미스바를 돌며 평생 이스라엘을 다스렸어.
그리고 언제나 자기 집이 있는 라마로 돌아와 여호와를 위해 제단을 쌓았어.
크르릉
빨리 제단을 쌓아 제사 제도를 회복시켜야 해.

tip 사무엘이 라마에서 제단을 쌓은 이유

엘리 제사장의 집안이 급작스럽게 몰락하고, 아벡 전투로 인해 성막이 있던 실로가 황폐해졌을 당시 상황 Link 예레미야 7장, 26장 에 비춰볼 때, 사무엘이 라마에 제단을 쌓은 것은 매우 적절했다. 당시 이스라엘의 종교 지도자였던 사무엘로서는 라마에 제단을 쌓음으로써 제사 제도를 회복시키는 일이 무엇보다 시급했던 것이다.

2. 사울, 이스라엘 최초의 왕이 되다

8장 왕을 요구하게 된 이스라엘

사무엘은 나이가 들자 브엘세바에서 자기의 아들들을 사사로 삼았어.
사무엘
사사의 책무는….
ZZZ
꾸벅
꾸벅
요엘
아비야

그런데 사무엘의 아들들은 사무엘처럼 살지 않았지.
이거 약소하지만….
험, 뭘 이런 걸….
얼마야?

※브엘세바 : 맹세의 우물이라는 뜻으로 아브라함의 우물을 가리킨다. Link 1권 72p

그들은 남 몰래 돈을 받고 옳지 않은 판결을 내렸거든.
그딴 판결이 어디 있어!
증거가 명백한데 뭔 소리냐!
퍽
퍽
퍽
퍽

그래서 모든 이스라엘 장로들이 모여 라마에 있는 사무엘에게 찾아왔어.
이제 당신은 늙었고 당신 아들들은 당신처럼 살지 않습니다!
다른 나라들처럼 우리를 다스릴 왕을 세워주시오!
뭐라고?
우리에게도 왕을!
왕이 아니면 죽음을!
헉!

tip 우리에게도 왕을?

당시 이집트, 모압, 암몬, 에돔 같은 나라들은 일찍부터 왕정체제를 수립해 강력한 정치력과 군사력이 있었다. 이스라엘 백성들은 그런 주변 강대국들이 항상 불안했고 결국 사무엘에게 왕을 요구하기에 이른다. 그들이 내세운 표면적 이유는 ① 당시 지도자였던 사무엘이 늙었고 ② 그 아들들은 부도덕해 믿을 수 없다는 것이다. 그러나 진짜 속내는 다른 나라들처럼 왕을 세우면 외세의 압제에 효과적으로 대처할 수 있을 거라는 계산 때문이었다.

왕을 세워달라는 요구에 사무엘은 기분이 좋지 않았지.
이런… 왕을 세워달라는 게 뭘 의미하는지 알고는 있소?
몰라 몰라. 우린 왕이 필요해.
닥치고 왕을 줘!

주여, 저들이 왕을 원합니다. 제가 어떻게 해야 합니까?
백성들은 널 버린 것이 아니라 날 버려서 내가 그들의 왕이 되지 못하게 하려는 것이다!

내가 그들을 이집트에서 인도해 나올 때부터 오늘날까지 그들은 늘 나를 버렸고 다른 신들을 섬기더니 이제 네게도 그리 하는 것이다!
아이고, 목말라~
고기가 먹고 싶어.
그냥 이집트에 있을 걸.
하나님은 왜 우릴 이런 곳까지 끌고 와서…
백성들의 말을 들어줘라. 그러나 먼저 그들에게 경고해 그들을 다스릴 왕이 어떤 일을 할지 말해줘라!
알겠습니다.
사무엘은 왕을 달라고 한 사람들에게 여호와께서 하신 말씀을 모두 전했어.
여러분을 다스릴 왕은 앞으로 이런 일을 할 것이오.
우리에게도 왕을!
왕이 아니면 죽음을!
왕은 여러분의 아들들을 빼앗아 자기 말과 마차를 돌보게 하고 왕을 호위하게 할 것이오.
여러분의 아들 중 군인의 천부장이나 백부장, 오십부장으로 삼을 것이며, 또 자기 땅에서 일하게 하거나 전쟁 무기를 만들게 할 것이오.
왕은 여러분의 딸도 빼앗아 향수나 요리를 만들게 할 것이오.
왕은 여러분의 제일 좋은 밭과 포도원과 올리브 나무 밭을 빼앗아 자기 신하들에게 줄 것이며 여러분의 남종과 여종, 가장 좋은 소와 나귀도 빼앗아 왕의 일을 시킬 것이오.
여러분의 곡식과 양 떼의 1/10을 세금으로 가져가 왕의 관리와 신하들에게 나눠줄 것이고, 여러분 스스로는 왕의 종이 될 것이오.
예전에는 이집트의 노예였지만 이제는 왕의 노예가 되는 것이오.

그때가 되면 여러분은 여러분이 뽑은 왕 때문에 울부짖게 될 것이오.
하지만 여호와께서는 대답하지 않으실 거요.
쿵!
흥!
하암~
하지만 백성들은 사무엘의 말을 들으려 하지 않았어.
됐고! 우릴 다스릴 왕이나 줘!
우리도 다른 나라들처럼 우릴 다스리며, 우릴 이끌고 나가 싸울 왕이 있어야 한다고!
많이도 필요 없어. 딱 한 명만 줘!

9장 사울이 왕으로 선택되다

사무엘은 백성들의 말을 모두 듣고는 그들이 한 말을 여호와께 말씀드렸지.
완전히 막무가내라니까요.
그들의 요구대로 그들에게 왕을 세워줘라!
그 말씀을 듣고 사무엘은 이스라엘 장로들에게 말했어.
알았으니 다들 자기 성읍으로 돌아가 기다리시오.
빨랑 결과를 알려줘요.
베냐민 지파 중에 기스라는 사람이 있었는데 그는 권세와 영향력이 있었지.
그는 아비엘의 아들이고 스롤의 손자이며 베고랏의 증손이고 아비아의 고손자였어.
에이, 복잡한 얘기 그만하고 본론으로 들어가자고.
기스에게는 사울이라는 눈에 띄게 잘생긴 아들이 있었어.
난 연예 기획사에 있는 사람인데….
안 그래도 이놈의 인기 때문에 골치 아파요.
이스라엘 사람 중 그보다 잘 생긴 사람이 없었지.
꺄악! 사울 오빠다~!
여기 좀 봐주세요!
사인해 주세요!
우르르~
쿵
어이쿠!
게다가 사울은 이스라엘의 어느 누구보다도 키가 컸어.
후후
어느 날, 사울의 아버지가 자신이 기르던 나귀들을 잃어버리자 사울을 불러 말했어.
내 아들아. 종 한 명을 데리고 가서 나귀들을 찾아오너라.
알았어요. 아버지.

사울은 에브라임 산지와 살리사, 사알림, 베냐민 지역 등을 돌아다녔지만 나귀들을 찾을 수가 없었지.
아이고… 누가 훔쳐가서 그새 밥상 위에 올려놓은 게 아닐까요?
흐… 그러게 말이다.
사울과 그의 종이 숩 지역에 들어섰을 때 사울이 종에게 말했어.
이제 그만 돌아가자. 아버지께서 잃어버린 나귀보다 우리를 더 걱정하시겠다.
라마 성
저 성읍에 하나님의 사람이 살고 있는데, 그분이 말씀하시는 것은 무엇이든 이뤄지기 때문에 백성들의 존경을 받는대요.
※숩 : 베냐민 지파 영토의 남서쪽으로 추정된다.
※라마 : '라마다임소빔'으로도 불리며 사무엘의 고향이다.
※하나님의 사람 : 선지자, 여기서는 사무엘을 말한다.
※1/4세겔 : 2.9g 정도에 해당한다.
어쩌면 그분이 우리 나귀를 찾는 길을 알려줄 수도 있지 않습니까?
음… 근데, 빈손으로 부탁할 수는 없는 노릇 아니냐?
우린 음식도 다 떨어졌고 그분에게 드릴만 한 선물이 없잖아.
제게 은 1/4세겔이 있습니다. 이것을 드리고 부탁드리는 건 어떨까요?
※에브라임 산지 : 팔레스타인 중앙부에 위치한 산간 지대. 이곳의 대부분은 에브라임 지파의 영토였으며 나머지 일부는 베냐민 지파에 속했다.
※살리사, 사알림 : 정확한 위치는 알 수 없으나 살리사는 협곡으로, 사알림은 황무지로 추측된다.
그렇게 두 사람은 하나님의 사람이 살고 있는 성읍으로 갔어.
하하! 좋아. 어서 선견자에게 가자.
나중에 이자 쳐서 갚으세요~

tip 선견자

당시 이스라엘에서는 하나님께 무엇인가 알아보려고 할 때 '선견자에게 가자'고 말했다. 선견자란 예언자를 말하며 계시나 환상을 보았다. 사무엘서가 기록된 남북 분열 왕국 시기에는 선견자를 예언자(선지자)라고도 불렀으며 백성을 교훈하는 지도자 신분이었다.

사울과 그의 종은 성으로 가는 언덕을 오르다가 물을 길러 나온 소녀들을 만났지.
이 마을에 선견자가 계시다던데?
네… 네, 이 마을에 계세요. 방금 여길 지나갔어요.
오늘 산당에서 제사를 드리기 때문에 방금 오셨습니다.
성에 들르신 후 산당으로 올라가셔서 제물을 축복하실 것입니다.
지금 빨리 가면 그분을 만나실 수 있을 거예요.
어머, 멋져!
아 그렇군요. 고마워요.
※산당 : 산 위에 예배나 제사를 위해 단을 쌓아 만든 곳이다.
※제물 축복 : 식사하기 전 복을 빌어주는 기도를 말한다.
사울이 오기 전날 여호와께서는 사무엘에게 이렇게 말씀하셨지.
나는 내 백성의 고통을 보았고 그들의 부르짖는 소리를 들었다!

내일 이맘때쯤 네게 베냐민 사람 한 명을 보낼 것이다! 너는 그에게 기름을 부어 내 백성의 지도자로 삼아라! 그가 내 백성을 블레셋 사람들에게서 구해낼 것이다!
아, 근데 내가 어떻게 그 사람을 알아볼 수 있을까?
툭
사울과 종이 성 안으로 들어섰을 때, 마침 사무엘이 산당으로 올라가려고 나오고 있었어.
저… 실례합니다.
그때 여호와께서 말씀하셨어.
보아라, 이 사람이 내가 말했던 내 백성을 다스릴 사람이다!
앗!!
??
사울이 성문 곁에 있는 사무엘에게 다가가 물었지.
혹시 선견자의 집이 어디인지 가르쳐 주시겠습니까?
내가 당신이 찾는 바로 그 선견자요.
아…!!

자, 앞장서서 산당으로 올라가시오. 오늘 나와 함께 식사합시다.
내일 아침 당신을 집으로 보내주겠소.
당신이 내게 물어보려는 것도 다 대답해주겠소.
헤헤, 너무 쉽게 찾았네요.
저… 그런데 제가 물어보고 싶은 거라니…?
3일 전에 잃어버린 나귀들은 이미 찾았으니, 그건 걱정 마시오.
네?!
그… 그걸 어떻게 아시고…?
저는 이스라엘 지파 중 가장 작은 베냐민 지파 사람입니다. 게다가 저희 집안은 베냐민 지파 중에서도 가장 작은 집안인데 왜…?
뚝, 잔말 말고 따라오기나 하시오.
그래요. 일단 밥부터 먹고… 헤헤.

지금 이스라엘은 당신과 당신 아버지의 온 집안을 원하고 있소.
넷?
무슨 뜻이래요?

tip 가장 작은 베냐민 지파

사울이 속한 베냐민 지파는 멸망당할 위기에 빠진 적이 있었다. 사사 시대 말기에 레위 사람의 첩을 고통 속에 죽게 만들었던 기브아 사건 Link 3권 178p 때 600명의 남자 외에는 살아남은 자가 없었다. 이런 역사적 배경으로 인해 베냐민 지파는 가장 적은 인원을 지닌 작은 지파로 전락했다.

사무엘은 사울과 그 종을 데리고 산당의 객실로 들어가 초대받은 30명가량의 손님들 앞에 앉혔지.
내가 따로 부탁했던 그 음식을 가져오시오.
넵.
요리사가 넓적다리 부분을 가져와 사울 앞 탁자에 올려놓았어.
이건 내가 손님들을 초대할 때부터 당신을 위해 따로 준비한 것이니 드시오.
아, 네….
내가 올 것을 미리 알았단 얘긴가?
사울은 그날 사무엘과 함께 저녁 식사를 했어.
하하하
우걱 우걱
식사 후, 그들은 산당에서 내려와 사무엘의 집 지붕 위에서 이야기를 나눴지
다음날 새벽 사무엘은 사울을 깨웠어.
어서 일어나 떠날 준비를 하시오!
따르르릉
아웅··· 5분만 더….
사울과 함께 밖으로 나온 사무엘은 성읍 끝에 이르자 그에게 말했어.
당신께 전해드릴 하나님 말씀이 있으니 종에게는 먼저 가라고 하시오.
알겠습니다.
10장 사울이 기름부음을 받다
사무엘은 기름병을 가져와 사울의 머리 위에 붓고 입을 맞추며 말했지.
여호와께서 당신에게 기름을 부어 이스라엘의 지도자로 삼으셨소.
당신은 여호와의 백성을 다스리며 모든 적들로부터 그들을 구해내야 할 것이오.
여호와께서 당신을 자기 백성의 지도자로 삼으셨다는 증거를 알려주겠소.
임명장이라도?
이곳을 떠나 베냐민 땅의 셀사에 가시오. 그럼 라헬의 무덤 가까이에서 두 사람을 만나게 될 것이오.
거기 기스의 아들 사울이 아니오?
그들은 당신에게 이렇게 말할 것이오.
당신이 찾던 나귀들을 찾았습니다.
그러나 당신 아버지는 이제 나귀가 아니라 당신을 걱정하고 있습니다.
하하….
이런…

※셀사 : 정확한 위치는 알려져 있지 않다.

※라헬의 무덤 : 라헬은 야곱의 아내로 베들레헴 길에 묻혔다. Link 1권 127p

그 후 다볼에 있는 상수리나무에 이르면
거기서 벧엘의 하나님께 예배드리러 가는
세 사람을 만나게 될 것이오.
그들은 각각 염소 새끼 세 마리,
빵 세 덩이, 포도주가 가득 찬 가죽
부대를 가지고 있을 것이오.
여어~
안녕하시오.

※다볼 : 라마에서 기브아로 가는 길 사이에 있던 평원이다.
※벧엘 : 믹마스에서 북쪽 약 5km 지점에 위치한 곳으로 사무엘이 순회 통치하던 지역이다.

그들이 당신에게 인사하고 빵
두 덩이를 주면 그것을 받으시오.
오… 이런
공짜가….
기왕이면
포도주도 좀.
그런 다음 당신은 블레셋의 진영이 있는
하나님의 산을 지날 것이오. 그곳을 지나
성읍으로 들어갈 때 산당에서 내려오는
선지자들을 만나게 될 것이오.

tip 하나님의 산

하나님의 산은 기브아를 말한다. 기브아는 베냐민 지파의 땅으로 예루살렘 북서쪽 6.4km 지점에 있는 사울의 고향이다. 이곳을 '하나님의 산'이라 부른 까닭은 당시 기브아에 하나님께 제사를 올리던 산당이 있었기 때문으로 보인다.

그들은 비파와 탬버린, 피리와 하프를 연주하며
예언할 텐데, 그때 당신에게도 여호와의 영이
들어가 그들과 함께 예언할 것이오.
그 후 당신은 전혀 다른
사람으로 변하게 될 것이오.
이런 일들이 나타난 것은 하나님이
당신과 함께 계시는 증거니 하나님이
인도하시는 대로 하시오.
설마 이렇게
변하는 건
아니겠죠?

※예언 : 여기서 말하는 예언이란 성령 충만한 가운데 여호와를 찬양하는 것을 가리킨다.

당신은 먼저 길갈에
가서 나를 기다리시오.
내가 나중에 가서 번제와
화목제를 드릴 것이오.
하지만 당신은 내가
갈 때까지 7일 동안 기다려야
하오. 그때 가서 내가 당신이
해야 할 일을 말해주겠소.
이 잘생긴
얼굴이 변하면
큰일인데….

※길갈 : 여리고 부근의 성읍을 말한다.

사울이 왕이 되다

사울이 사무엘과 헤어지려고 몸을 돌이킬 때 하나님께서 사울에게 새로운 마음을 주셨어.
슈우우…

그리고 그날 사무엘이 말한 모든 것이 다 이루어졌지.
기스의 아들 사울이 아니오?
괜히 빵을 주고 싶군요.
사울과 그의 종이 기브아에 도착했을 때 사무엘이 말한 대로 한 무리의 선지자들을 만났어. 그때 사울에게 하나님의 영이 강하게 들어왔고 사울은 선지자들과 함께 예언했지.
전부터 사울을 알고 있던 사람들이 이 모습을 보고 서로 말했어.
어라? 기스의 아들 아냐?
사울한테 무슨 일이 일어난 거지?
사울도 예언자였나?
사울이 예언을 멈추고 산당으로 가자 사울의 삼촌이 물었어.
지금까지 어디 있었던 거냐?
나귀를 찾고 있었어요. 하지만 찾을 수 없어서 선지자 사무엘에게 물어보러 갔었죠.
사울은 사무엘이 자기더러 왕이 될 거라고 말한 사실은 알려주지 않았지.
그래, 사무엘이 네게 뭐라고 하더냐?
벌써 나귀를 찾았다고 하더군요.
사무엘은 이스라엘 모든 백성을 미스바로 불러 모았어.
여러분은 모든 환난과 고난에서 건져주신 이스라엘의 하나님 여호와를 버리고 여러분을 다스릴 왕을 달라고 요청했소!
자, 이제 제비로 왕을 뽑을 테니 각 지파와 가문은 여호와 앞으로 나오시오!
웅성
흐흐, 우리도 드디어 왕을!
웅성
어느 지파에서 왕이 나올까?
사무엘이 모든 이스라엘 지파들을 불러 제비를 뽑자 베냐민 지파가 뽑혔어.
앗, 우리 베냐민 지파가 당첨이다!
와~!
이런…!!
아깝다!
좋겠네.

※미스바 : 베냐민 지파의 영토에 있는 땅으로 예루살렘 북서쪽 8km 지점에 위치. 이스라엘 백성이 하나님과의 관계를 재정립한 Link 4권 39p 뜻 깊은 장소이다.

이어서 베냐민 지파 중 마드리 집안이 뽑혔고 그중 기스의 아들 사울이 뽑혔지.
이제 기스의 아들 사울이 우리의 왕입니다!
와아아
우오오옷~! 베냐민 지파에서 왕이 선출됐다!
그런데 사람들이 사울을 찾았지만 그의 모습은 보이지 않았어.
으잉? 사울은 대체 어디 있지?
왕이 된 거야?
그들이 여호와께 사울이 이곳에 있는지 묻자, 여호와께서는 사울이 짐짝 뒤에 숨어 있다고 일러줬지.
아… 이런 쑥스럽게….
사람들이 달려가 사울을 데려와 보니 다른 사람보다 키가 훨씬 컸어.
오… 삼빡한데?
정말 잘생겼군.
농구 선수하면 좋겠다.
여호와께서 뽑으신 사람을 보시오!
모든 백성 중에 이만한 인물은 없소!!
와아아아
와아아아
사무엘은 백성들에게 왕의 권리와 의무에 대해 설명해주고는 그것을 두루마리에 기록해서 여호와 앞에 보관해뒀지.
※여호와 앞 : 일반적으로 성막이나 성소를 뜻하지만, 여기선 여호와의 눈을 늘 의식하고 마치 그분 앞에 있는 것처럼 행동하라는 의미다.
그런 다음 사무엘은 백성들을 각자 집으로 돌려보냈어.
이제 우리도 왕이 있다고.
다른 나라 놈들이 까불면 왕이 패줄 거야.
그럼, 그럼~

하나님께서 몇몇 용감한 사람들의 마음을 움직여 기브아의 집으로 돌아가는 사울과 동행하게 했어.
VIP를 호위해라.
자, 물러나시오.
와아~
짝 짝 짝

하지만 몇몇 불량배들은 사울을 빈정거리며 놀렸고 예물도 가져오지 않았어.
저딴 녀석이 무슨 왕이야?
가장 작은 베냐민 지파 출신이 무슨 힘이 있다고.
아니 저놈들이…!
그냥 두고 갑시다.

11장 암몬 족속과의 전쟁

한 달쯤 뒤 암몬 왕 나하스가 그의 군대를 이끌고 이스라엘에 왔어.
이스라엘이 크기 전에 확실히 밟아버리자.

그들은 므낫세 절반 지파에 속한 길르앗 땅의 야베스 성을 에워쌌지.

야베스 사람들이 암몬 왕 나하스에게 말했어.
우리와 조약을 맺어주시오.
그리 해주면 우리가 당신을 섬기겠소.

좋다. 너희들과 조약을 맺도록 하겠다.
오, 감사합니다.
너무 쉬운 걸?

tip 암몬 족속

이들은 소돔과 고모라의 멸망 때 살아남은 아브라함의 조카 롯 Link 1권 65p 의 후손을 말한다. 아르논 강과 얍복 강 사이의 요단 동편에 정착해 왕국을 이뤘으며, 수도는 랍바라는 곳이다. 이들은 이스라엘의 사사 시대에 세력이 강해져 점차 이스라엘과 분쟁을 일으켰다. 한편, 나하스는 사울과 다윗 시대에 걸쳐 암몬을 다스린 왕이다.

※길르앗 : 요단 강 동쪽에 있는 지방으로 르우벤, 갓, 므낫세 절반 지파가 각각 분할 소유했다. Link 2권 209p

단, 너희 모두 오른쪽 눈을 빼야 한다. 그래서 온 이스라엘을 수치스럽게 만들어야겠다.
아… 아니…!!
그, 그런…!

tip 오른쪽 눈을 빼다

성경에서 오른쪽은 주로 권능과 축복 등을 상징하고 Link 마태복음 25장 33~34절 가장 중요한 인체 기관을 대표한다. 따라서 오른쪽 눈을 빼라는 나하스의 말은 평화조약을 체결할 뜻이 없음을 나타낸다. 또 나하스에게는 단순히 영토 확장뿐 아니라 과거 사사 입다에게서 당한 조상들의 수치 Link 3권 138p 를 앙갚음하겠다는 의도가 있음을 알 수 있다.

우리에게 7일간
시간을 주시오.
우리가 온 이스라엘에
이 소식을 전하겠소.
만약 아무도 우리를 도우러
오지 않는다면 당신이
하라는 대로 하겠소.
흥, 그러든가
말든가.
야베스 성의 사자가 사울이 살고 있는 기브아에 와서 이 소식을 전했어.
제발… 야베스를
도와주시오!
히히힝…
아니 무슨
일이야?
야베스에
무슨 일이
있나?
마침 사울이 밭에서 소를 몰고 오다가 백성들이 우는 소리를 들었지.
엉~ 엉~
아이고….
무슨 일이오? 왜들
울고 있는 거요?
백성들은 야베스 성에서 온 사자가 한 말을 사울에게 들려줬어.
앞쪽을 보면…
엉엉….
아니…
뭐라고?
성경
순간 하나님의 영이 사울에게 강하게 내렸고 사울이 무섭게 분노했지.
크크크~
이놈들이 감히!!
헉!!
뭐…
뭐야?!
슈우우
크게 분노한 사울은 한 쌍의 소를 잡아 여러 토막으로 잘라내고…
엄마야!
히이익!
각 조각을 사자들에게 줘 이스라엘 전역으로 보냈지.
누구든 사울과 사무엘을
따르지 않는다면 그 집의
소들이 다 그 꼴이 될 것이오!
부르르릉

이 말을 듣고 이스라엘 백성은 여호와를 매우 두려워했어.
아, 이거
심장이 쫄깃쫄깃
해지는데?
분위기
살벌하네.
후딱 가보자.

tip 여호와를 두려워한 이스라엘 백성

이는 여호와께서 두려움을 주셨다는 뜻이다. 하나님은 사울에겐 불의에 대해 분노하게 하시고, 백성에겐 사울에 대한 두려움을 주어 백성들이 모두 사울을 따르도록 만드셨다. 이는 곧 여호와께서 모든 사람들의 마음을 주관하고 계심을 잘 나타내 준다.

그래서 한 사람도 빠짐없이 사울 앞에 모였지.
우리 모두 사울을
따르자고.
이제 그가
우리의 왕이야.

사울은 백성을 이스르엘 평원에 있는 베섹 성에 모이게 했는데, 그 수를 세어보니 이스라엘 사람은 30만 명, 유다 사람은 3만 명이었어.
와아아아아
내일 해가 높이 뜨기 전에 당신들을 구해줄 것이라고 길르앗의 야베스 사람들에게 전하시오!
아… 정말 감사합니다!
이 말을 전해들은 야베스 백성들은 매우 기뻐했어.
와아아~
만세!
야베스 장로들이 암몬 사람 나하스에게 말했지.
내일 우리가 당신에게 항복하겠소. 그때 우리를 어떻게 하든지 당신 마음대로 하시오.
낄낄, 오냐. 굿나잇이다!

※이스르엘 : 길보아 산악 지대의 북쪽 지역으로 물이 풍부하며 화강암으로 된 고지이다. 이 골짜기 부근에 므낫세, 잇사갈, 스불론, 납달리, 아셀 지파가 자리 잡고 있었다.
※이스라엘과 유다 사람을 나눠 표기한 이유는 사무엘서가 쓰인 시기가 남북으로 나뉜 시대였기 때문이다.

다음날 새벽, 사울은 백성을 세 부대로 나눠 암몬 사람들의 진영으로 쳐들어갔어.
와아아아아
아아악~
이스라엘의 기습이다!
도망쳐!
이, 이건 반칙이야. 항복한다고 했잖아?!
이날 해가 높이 뜨기 전에 이스라엘은 암몬 사람들을 물리쳤어.
와아~!
이겼다!
살아남은 암몬 사람들은 모두 뿔뿔이 흩어져 겨우 두 사람도 함께 모일 수가 없었어.
모두 흩어져서 튀어라!
타다다

이 일이 있은 후 백성들이 사무엘에게 말했어.
사울이 왕이 되는 것을 비웃던 사람들은 어디에 있습니까?
그놈들을 끌어내 죽여버립시다!
헉!
오늘은 아무도 죽여서는 안 됩니다. 여호와께서 오늘 이스라엘을 구해주셨기 때문입니다!
나 같으면 그놈들을 콱~!
오… 역시 왕의 품격이!
사, 살았다.
휴우.

자, 우리 함께 길갈로 갑시다! 거기에서 새로운 나라를 세웁시다!
와아아아!
온 백성이 길갈로 가 여호와 앞에서 사울을 왕으로 세웠지.
이제부터 사울이 우리 왕이오!
와아아아~

※길갈 : 일찍이 가나안 정복 전쟁에 임하기에 앞서 이스라엘이 하나님과의 관계를 재정립했던 곳이다. Link 3권 28p
사무엘은 그런 역사적 의미를 지닌 장소에서 새로운 나라를 세우고자 한 것이다.

이스라엘 백성은 여호와께 화목제를 드리고 모두 크게 기뻐했어.
하하하
호호호

12장 사무엘의 마지막 설교

사무엘이 모든 백성에게 말했어.
나는 여러분의 바람을 다 들어줬고 왕도 세워줬소!

이제부터는 왕이 여러분을 인도할 것이오. 나는 이제 늙었고 내 아들들도 여러분과 함께 여기에 있소!

※화목제 : 하나님과의 화목을 감사해 드리는 제사로 경배자들이 그 제물을 나눠 먹을 수 있는 유일한 제사이기도 하다.

tip 내 아들들도 여기 있다

사무엘이 이 말을 한 것은 그동안 이스라엘의 사사, 예언자, 제사장으로 활약했던 자신이 공식 직무에서 은퇴할 때가 됐음을 암시함과 동시에, 사무엘 자신의 뒤를 이을 아들들이 있지만, 그들의 비리를 핑계로 왕을 요구한 Link 4권 42p 이스라엘의 잘못된 동기와 부정직함을 꼬집기 위함으로도 보인다.

난 젊었을 때부터 지금까지 여러분을 이끌어왔소. 내가 잘못한 것이 있다면 지금 주와 주께서 기름 부으신 왕 앞에서 말해주시오. 내가 누구를 해치거나 속인 일이 있소? 내가 누구의 소나 나귀를 훔친 적이 있소? 내가 몰래 돈을 받고 잘못한 일을 눈감아준 적 있소? 그런 일이 있었다면 말하시오. 다 갚아주겠소!
그런 적이 없습니다!
사무엘님은 공정합니다!

여호와께서 여러분이 말한 것의 증인이시오! 또 하나님이 기름 부으신 왕도 내 증인이 될 것이오!
주께서 우리의 증인이 되셨습니다!
모세와 아론을 세워 여러분의 조상들을 이집트에서 이끌어내신 분이 바로 우리 주 여호와시오!
잘 들으시오! 지금부터 여호와께서 여러분과 여러분의 조상에게 하신 모든 좋은 일에 대해 얘기하겠소!
야곱이 이집트에 들어간 뒤 야곱의 자손들은 도와달라고 부르짖었소!
그래서 여호와께서는 모세와 아론을 보내 여러분의 조상을 이집트에서 이끌어내 이곳까지 인도했소!
하지만 여러분의 조상은 자기들의 하나님 여호와를 잊어버렸소!
그래서 하나님께서는 그들을 하솔 왕의 군대 사령관 시스라와 블레셋 사람들과 모압 왕의 노예가 되게 하셨소!
그러자 여러분의 조상들은 하나님을 찾으며 부르짖었소!
주님. 우리가 우상을 섬기는 죄를 지었습니다!
여호와를 떠나 바알과 아스다롯을 섬겼습니다!
우리를 원수의 손에서 구해주십시오. 그럼 우리가 여호와를 섬기겠습니다!
그때 여호와께서는 나 사무엘을 비롯해 여러 사사들을 보내주셨소!
여호와께서 사방에서 달려드는 원수로부터 여러분을 구원하셨기에 이렇게 안전하게 잘 살게 된 것이오!
하하하
하하하

그런데 여러분은 암몬 왕 나하스가 공격해 오는 것을 보고 여러분을 다스릴 왕이 필요하다고 했소! 여러분의 왕인 여호와 하나님이 계신데도 말이오!
여기 여러분이 뽑은 왕이 있소!! 여호와께서 여러분 위에 세우신 왕이오!!
여러분은 여호와를 두려워하고, 섬기고, 순종하며, 거역하지 말아야 하오! 여러분과 여러분을 다스리는 왕이 다 같이 여호와 하나님을 따른다면 모든 일이 잘 될 것이오!
하지만 여호와께 순종하지 않고 거역하면, 여호와께서는 여러분의 조상을 치신 것처럼 여러분과 여러분의 왕을 치실 것이오!
자, 이제 거기 서서 여호와께서 여러분 앞에서 행하실 큰 일을 직접 보시오!
지금은 밀을 거둘 때요. 하지만 내가 여호와께 기도드려 천둥과 비를 내려달라고 할 것이오!
그로 인해 여러분은 왕을 요구한 것이 여호와께 얼마나 큰 죄였는지 알게 될 것이오!

※암몬 왕 나하스의 공격 : 이 구절을 통해서 Link 4권 51p 뿐만 아니라 그 전에도 암몬의 공격이 있었음을 알 수 있다.

※밀을 거둘 때 : 5월에서 6월경을 가리킨다. 늦은 비가 그치고 건조기가 시작되는 때이다.

사무엘이 여호와께 기도드리자,
헉, 갑자기 하늘이…??
어째 분위기가…?
그러게 집에 가고 싶은 걸?
하늘에서 천둥과 비가 내렸지.
쿠르릉
쏴아아
히익! 갑자기 천둥 번개가…!
오… 맙소사!
여보세요? 거기 방송국이죠? 여기 갑자기…!
온 백성들은 여호와와 사무엘을 두려워했어.
아… 당신의 종인 우리를 위해 여호와께 기도해서 우리가 죽지 않게 해주세요!
우리의 죄가 많은데다 왕을 요구하는 죄까지 더했습니다!
제발~!
두려워 마시오. 여러분은 죄를 지었지만 이제부터라도 여호와를 떠나지 말고 마음을 다해 그분을 섬기시오! 헛된 우상들을 섬기지 마시오! 그것들은 여러분을 구해줄 수도, 도와줄 수도 없소!
쏴아아

여호와께서는 여러분을 당신의 백성으로 삼은 것을 기뻐하고 계시고 그 크신 이름을 위해서라도 여러분을 버리지 않을 것이오!
난 여러분을 위해 기도할 것이오! 내가 기도를 멈춘다면 그건 여호와께 죄를 짓는 일이 되오! 난 여러분에게 가장 선하고 올바른 길로 가도록 가르쳐줄 것이오!
오직 여호와만을 두려워하시오! 온 마음을 다해 늘 여호와를 섬기시오! 여호와께서 여러분을 위해 얼마나 놀라운 일을 하셨는지 기억하시오!
만약 여러분이 여전히 악한 행동을 한다면 하나님께서는 여러분과 여러분의 왕을 다 멸망시킬 것이오!
쿠르릉
쏴아아

13장 사울의 실패

사울은 마흔 살에 왕이 됐고 그가 이스라엘을 다스린 지 2년이 됐을 때,

사울은 자신의 근위병으로 3천 명의 남자를 뽑았어.
흠, 든든하구먼.

그중 2천 명은 자신과 함께 벧엘 산지에 있는 믹마스에 있게 했고…

나머지 1천 명은 자신의 아들 요나단과 함께 베냐민 지파의 땅 기브아에 있게 했지.
모두 준비해라. 다음 쪽에서 블레셋을 박살내러 간다.

※벧엘 : 믹마스에서 북서쪽 약 5km 지점에 위치한 곳으로 사무엘이 순회 통치하던 지역이다.
※믹마스 : 베냐민 지파의 성읍으로 예루살렘 북동쪽 약 12km 지점에 위치한다.
※기브아 : 당시 사울 왕국의 정치적인 수도였다.

얼마 후 사울의 명령으로 요나단은 자신의 군사들과 함께 게바에 있는 블레셋 수비대를 공격했어.
이스라엘의 원수 블레셋을 없애라!
와아아아아
이스라엘 놈들이 미쳤다!
다른 블레셋 사람들이 그 소식을 들었지.
이… 이스라엘 놈들이 우릴 공격했습니다!
헉 헉
뭐야?! 이스라엘 놈들이 그런 만행을?!
당장 군사들을 모아 복수합시다!
한편 사울은 온 이스라엘에 나팔을 불어 백성들을 모이게 했어.
뿌우우
뿌우우우
사울이 블레셋을 쳐서 난리가 났대.
뿌우우
블레셋 놈들이 이를 갈고 있다는데?
큰일 났네.

※게바 : 예루살렘 북쪽 10km, 기브아 북동쪽 5km 지점에 위치한 곳으로 레위인의 성읍으로 구별된 곳이다.
※블레셋 수비대 : 블레셋이 이스라엘을 통치하기 위해 주둔시킨 군사 기지, 또는 초소를 말한다.

이스라엘 사람들은 길갈에 있는 사울에게 모여들었고, 블레셋 사람들도 이스라엘과 싸우기 위해 믹마스로 올라가 진을 쳤지.
블레셋과 전쟁이다!
사울 왕을 따르자!
블레셋 사람들에게는 전차 3만 대와 기마병 6천 명, 그리고 보병은 해변의 모래알처럼 셀 수도 없이 많았어.
감히 이스라엘 따위가!
블레셋의 위엄을 보여주자!

※길갈 : 여리고 부근의 성읍으로 앞서 사무엘이 예언하며 사울에게 자신을 기다리라고 한 곳이다. Link 4권 48p

이스라엘 사람들은 블레셋 군대의 규모에 놀라 몹시 두려워졌어.
맙소사….
저 어마어마한 군대는….
우린 죽을 거야.
그래서 동굴과 수풀, 바위 틈, 구덩이, 웅덩이에 숨었고…
저리 가!
심지어 어떤 사람은 요단 강을 건너 갓과 길르앗 땅까지 도망가기도 했어.
좀 비겁한 거 아냐?
헉 헉
헉 헉
닥쳐! 지금은 무조건 튈 때다.
다다다

사울은 길갈에서 사무엘이 오기를 기다리고 있었지.
사무엘이 7일 후에 온다 했으니 기다려봅시다.
후우…
그러나 7일이 되어도 사무엘이 오지 않자 군인들은 하나 둘씩 흩어져 떠나기 시작했어.
이래서야 전투를 이길 수 있겠어?
더 늦기 전에 튀자.
같이 가!
야, 인정머리 없는 치사한 놈들아!!
그래서 사울은 사무엘을 대신해 번제를 드렸어.
안 되겠다. 번제물과 화목제물을 갖고 와라. 내가 직접 제사를 드리지, 뭐.
네?
사울이 막 번제물을 올리고 나자 사무엘이 도착했어.
아… 아니, 왕이 어찌 이런 일을 하셨습니까?!
아, 저… 그러니까… 백성들은 도망치고… 당신은 오지 않고… 블레셋 군사들은 믹마스에 엄청 모여 있고….
제가 여호와께 허락을 받기도 전에 블레셋이 쳐들어 올까 봐….
끙…
당신은 바보 같은 짓을 했소! 7일을 기다리지 못하고 마음대로 제사를 지내다니!!
버럭
끙!
왕은 하나님의 명령을 지키지 않았소. 명령을 지켰다면 하나님께서 이스라엘에 당신 자손의 나라를 영원히 세웠을 것이오!
그러나 이제 당신의 나라는 오래 가지 않을 것이오! 여호와께서는 마음에 드는 사람을 찾아 그를 자기 백성의 지도자로 삼으셨소!
히잉… 한 번만 봐주면 안 될까요?

※허락 : 전쟁 전 하나님께 출전 여부를 묻고 승리를 기원하며 제사드리는 것을 의미한다.

tip 여호와의 명령

사울은 국가적 중대한 사건을 맞이해 도움을 요청했고 사무엘은 하나님의 뜻에 따라 7일 동안 대기하라고 명했다. 하지만 사울은 7일을 기다리지 못하고 두려움에 쫓겨 사무엘이 드려야 할 제사를 자신이 대신하게 된다. 이는 사울의 부족한 믿음과 불순종을 보여주는데 결국 사울은 그 대가를 치르게 된다.

이 말을 하고 사무엘은 길갈을 떠나 베냐민 땅 기브아로 갔지.
흥!
제발 저를 이대로 두고 가지 말아요, 흐흑….
에이, 집에나 가자.
그러게 왜 자기가 제사를 드린다고 난리를 떨어?
다 끝났어. 이건 패한 전쟁이라고.

사울이 남아 있는 사람들의 수를 세어보니 600명 정도였어.
남아 있는 병사는 약 600명입니다.
맙소사. 나한테 남은 병사들이 이게 다라니….
사울과 요나단 그리고 그와 함께 있던 사람들은 베냐민 땅의 기브아에 가서 머물렀지.
아버지, 블레셋 군사들이 여전히 믹마스에 진을 치고 있대요.
그래? 그러든가 말든가.

그때 블레셋 진영에서는 이미 세 무리의 선발대가 이스라엘을 습격하기 위해 출발했어.
여기서 헤어지자. 우리는 오브라 길에 있는 수알 땅에 가자.
우리는 벧호론 쪽으로….
우리는 스보임 골짜기와 광야가 내려다 보이는 경계선을 따라가겠어.
당시 이스라엘에서는 대장장이를 한 사람도 찾아볼 수 없었지.
이걸 AS 받아야 하는데….
볼칸의 대장간
폐업
그건 이스라엘 사람들이 칼이나 창을 만드는 것을 블레셋에서 허용하지 않았기 때문이야.
무기를 만든다는 제보를 받고 왔다. 모두 체포해!
아니, 이것도 무기냐?

※오브라 길에 있는 수알 땅 : 오브라는 벧엘 북동쪽 6.5km 지점에 위치한 성읍이며, 수알은 오브라에서 멀지 않은 곳으로 추정된다.
※벧호론 : 예루살렘 북방 18km 지점에 위치. 2개의 성읍으로 이루어져 있다. ※스보임 골짜기 : 믹마스 남동쪽 베냐민 지경 내에 있던 골짜기다.

그래서 이스라엘 사람들이 쟁기나 괭이, 도끼, 낫을 갈려면 블레셋 사람들에게 가야 했지.
오늘은 저기서 쉬었다 가야겠군.

tip 이스라엘에 대장장이가 없었던 이유

이스라엘은 다윗 시대 전까지 철을 다루는 기술이 크게 뒤처져 있었다. 이는 팔레스타인에서 철광석 산출이 적었기 때문이기도 하지만, 당시 이스라엘을 지배하던 블레셋 족이 철기 산업을 철저히 통제했기 때문이다. 이는 당시 승전국이 패전국에게 흔히 행하던 정략적인 조치였다. 즉 패전국의 반란을 막기 위해 무기를 소유하지 못하게 하기 위함이었다.

그래서 전쟁이 일어났을 때 이스라엘은 칼이나 창이 있는 병사가 하나도 없었어.
내가 명색이 왕인데 호미 들고 싸울 수는 없잖아? 폼 안 나게….
그래도 난 칼.

그때 블레셋의 선발대는 이미 믹마스 어귀에 와있었지.
저…
저기…?
헉, 브…
블레셋 군대다!

14장 요나단이 블레셋을 공격하다

하루는 사울의 아들 요나단이 자기 무기를 든 청년에게 말했어.
나와 함께 블레셋 진영으로 건너가자.
넵!

tip 무기를 들고 있는 청년

상관의 창, 칼 및 방패 따위를 들고 다니면서 상관을 호위하던 일종의 부관을 가리킨다. 이런 자는 병사들 중 총명하고 비교적 신임이 두터운 자가 선발된다. 이스라엘의 두 번째 왕인 다윗도 한때는 사울의 무기를 들고 다니는 부관이었다.

그러나 요나단은 이 일을 자기 아버지에게 알리지 않았고, 이스라엘 백성 중 누구도 요나단이 빠져나간 것을 알지 못했어.
쥐도 새도 모르게….
사사사삭

사울은 군인 600명가량과 함께 기브아에서 가까운 미그론이란 곳 석류나무 아래 있었어.
사무엘도 떠났고,
백성들도 떠났고, 하나님까지
떠나셨는데 이제 어떡하나?
중얼
중얼

※미그론 : 믹마스 남쪽에 위치한 곳으로 온통 바위와 절벽으로 이루어져 있다.

그 무리 가운데는 에봇을 입은 엘리의 증손인 아히야도 있었지.
나야 나.
엘리 대제사장.
Link 4권 19p

※에봇 : 대제사장이 입는 화려한 의복을 말한다.

휴, 겨우
도착했다.
길이 정말
험하군요.

저 할례받지 않은 자들에게 가자.
여호와께서 도와주시면 승리할 수도 있다.
여호와께서 주시는 승리는 군대의 수가
많고 적음이 문제되지 않는다.
알겠습니다.

※할례받지 않은 사람들 : 이스라엘 사람이 이방인을 경시할 때 쓰는 표현이다.

한편 요나단과 그 부하는 블레셋 군대에 가기 위해 험한 바위를 건너야 했어.
조심해.
넵!
투두둑

무엇이든 그대로
따를 테니, 원하는
대로 하십시오.
좋아.
끄덕

그럼 지금 당장 블레셋 사람들이 있는 곳으로 가서 그들 앞에 나타나자.
네엣? 우리 둘이? 지금 당장요?
헉!
만약 우리가 놈들에게 모습을 드러냈을 때…,
어라? 저건 뭐야?

tip 요나단의 믿음

블레셋을 공격하려 한 요나단의 작전은 블레셋 진영에 몰래 숨어 들어가 기습 공격을 하려는 것이 아니었다. 적의 진지로 가서 정면 대결하겠다는 상상을 초월한 작전이었다. 요나단의 작전은 처음부터 끝까지 온전히 하나님만을 의지했던 것임을 알 수 있다. 요나단은 하나님이 함께하시면 비록 단 둘이서라도 수많은 블레셋 군을 능히 물리칠 수 있다고 온전히 믿었던 것이다.

너희는 누구냐?
우리가 너희에게 갈 때까지 기다려라!
…그럼 우린 올라가지 않고 그냥 여기에 있을 거야. 하지만…,
너희는 누구냐?
이쪽으로 올라와라!
이렇게 말한다면 여호와께서 그들을 우리에게 넘겨 주셨다는 표시다.
아… 알겠습니다.
엇?
저기…?!
구멍에 숨어있던 이스라엘 놈들이 기어 나왔다!

이놈들, 이리로 올라와라!
너희에게 보여줄 게 있다!
흐흐.
여호와께서 저놈들을 우리 손에 넘기셨다.
넵!
요나단은 손발을 써서 위로 올라갔고, 무기를 든 그의 부하도 뒤를 따랐지.
따라와라.
척

요나단은 바위를 오르자마자…
엇!
아니?!
타다닥
블레셋 병사를 쳐서 쓰러뜨렸어.
허억!
촤 악
그의 무기를 든 부하도 그 뒤를 따라가면서 닥치는 대로 죽였지.
크윽!
억!
뭐… 뭐냐!
이놈들!!
퍽!
이 첫 번째 싸움에서 요나단과 그의 부하는 순식간에 블레셋 병사 20명가량을 죽였어.
크윽!
촤악
퍽
블레셋 진영에서 그 싸움을 본 병사들과 선발대는 모두 두려움에 휩싸였지.
허억, 허억!
으으… 뭐 저런 놈들이…!
마… 맙소사!
허억, 허억!
심지어 땅까지 흔들렸어.
헉… 이게…?!!
엄마야!
쿠구구궁
하나님이 보내신 공포가 블레셋 병사들을 휘감았어.
무… 무슨 끔찍한 일이 생길 것 같다!
이… 일단 튀자!
으아악… 살려줘!!
후다다닥

사무엘상

마침 기브아에 있던 사울의 파수꾼이 블레셋 군대가 아수라장이 돼 이리저리 흩어지는 것을 보았어.
#*(&^*)_&_(+)
어라? 저놈들이 갑자기 왜? 뭘 잘못 먹었나?
사울이 자신의 병사들에게 말했지.
우리 중에 누가 블레셋 진영으로 빠져나갔는지 확인하라!
요나단 왕자와 그의 부하가 사라졌습니다!
그때 사울은 대제사장 아히야에게 그곳에 있던 하나님의 언약궤를 가져오라고 했어.
하나님의 궤를 가져오시오.
넵!
척

※기브아 : 베냐민 지파의 땅으로 예루살렘 북쪽 6.4km 지점에 위치한다.

tip 하나님의 언약궤를 가져오시오

성경 학자들은 여기서 사울이 말한 하나님의 궤를 에봇이라고 보는데, 그 근거는 다음 세 가지다.

① 하나님의 뜻을 물을 때는 궤가 아닌 에봇에 있는 우림과 둠밈 Link 2권 199p 을 사용했다.
② 원문에 "가져오시오"는 에봇에 사용됐지 법궤를 가져오는 데 사용된 경우가 없다.
③ 당시 하나님의 궤는 기럇여아림에 있었다.

블레셋 진영이 더욱 큰 혼란에 빠졌습니다!
으아아아
자, 잠깐만. 방금 한 말은 취소요. 하나님의 궤는 필요 없소.
기도할 시간이 없어!
네?

사울은 그와 함께 있던 모든 사람들과 함께 전쟁터로 나갔어.
와아아아
출정이다~ 모두 나를 따르라!
아무리 그래도 그냥 가면….
휭~

tip 하나님의 궤를 취소한 사울

사울은 블레셋 진영의 소동이 커지자 즉각 이스라엘의 승리를 점쳤고 하나님의 뜻을 물으려 했던 자세를 바꿔 곧장 전쟁터로 나갔다. 어려울 때는 하나님을 의지하는 것 같으면서도 어려움이 사라지면 이내 자기 뜻대로 행하는 사울의 태도를 보여준다.

전쟁터에 가보니 블레셋 병사들은 큰 혼란에 빠져 자기편끼리 칼을 휘두르고 있었지.
저… 저것들이 완전히 미쳤나보다.
아아악!
크아악!
와아아아
또 예전에 블레셋에 끌려가 그들의 군사로 전쟁터에 온 이스라엘 사람들도 돌아왔어.
와아아아
쏘지 마라!
우린 이스라엘 사람들이다!

에브라임 산지에 숨어있던 이스라엘 백성들도 소식을 듣고 모두 나와 블레셋 병사들을 뒤쫓았지.
호호, 우리 이스라엘이 승기를 잡았다.
빨리 사울 왕에게 돌아가자.
그날 여호와께서는 이스라엘 백성을 구원하셨어.
와아아아
그리고 싸움은 벧아웬을 지나 다른 곳까지 번졌어.
안 잡아먹을 게 서라!
됐거든!

※벧아웬 : 믹마스의 서북쪽, 벧엘의 동편이며 아이에서 가까운 곳으로 추측된다.

그날 이스라엘 군사들은 허기에 지쳐있었지.
아이고, 먹어야 힘을 쓰지.
배는 고픈데 뭘 먹을 수도 없고….
꼬르륵
그 이유는 사울이 이렇게 맹세했기 때문이야.
저녁이 돼 적군을 물리치기 전까지 누구든 음식을 먹는 사람은 저주를 받을 것이다!
헉?
그런 게 어디 있어.
근로기준법 위반이야!

tip 저녁까지 굶겠다는 사울의 맹세

이는 자신의 명예와 공명심을 위해 해가 지기 전까지 전쟁을 속전속결로 끝내겠다는 뜻이다. 사울의 이런 맹세는 전쟁에 지친 이스라엘 군사들을 피곤하게 만들고 도리어 전투력에 나쁜 영향을 미치게 된다.

이스라엘 군사들이 숲으로 들어갔을 때 곳곳에 꿀이 있었어.
꾸… 꿀이다!
으아! 정말 맛있겠다!
Oh! Honey~
하지만 사울의 맹세가 두려워 누구도 꿀을 먹지 못했지.
으아… 미치겠네!
맹세 때문에 먹을 수도 없고….
주르륵
꼴깍~

※땅 위의 꿀 : 야생벌들이 바위틈이나 나무 밑동 등에 집을 지어놓고 그곳에 꿀을 모아둔 것이 흘러나온 것이다.

콕
?!
사울의 맹세를 듣지 못했던 요나단이 들고 있던 막대기 끝으로 꿀을 찍어 먹은 거야.
우와, 정말 맛있네!
왜 다들 안 먹고 구경만하는 거야?
헉!
크… 큰일 났다!
그는 꿀을 먹고 기운을 되찾았지.
오옷, 비타민 B와 피로 회복에 좋은 판토텐산과 엽산, 니아신 등이 함유돼 있어서 힘이 나는구나야~!
불끈

당신 아버지께서 오늘 음식을 먹는 사람은 저주받을 것이라고 맹세했소.
넷?
그래서 우리가 먹지 못해서 지쳐 있는 겁니다.
배고파 죽겠어요.
내 아버지께서 모두를 힘들게 하셨구나. 꿀을 조금만 먹어도 이렇게 기운이 나는데….
우리가 블레셋에게서 빼앗은 음식을 먹었더라면, 훨씬 더 많은 적을 죽였을 텐데….
아, 적이고 뭐고 다 귀찮아.
짜장면 먹고 싶어.

그날 이스라엘 사람들은 믹마스에서 아얄론까지 쫓아가며 블레셋 병사들을 죽이느라 몹시 지쳐있었지.
헉 헉
제발… 그만 좀 서라, 배고파 죽겠구먼…!
헥 헥
헥 헥
이놈아, 도망치는 나도 지겹다!
저녁이 되자 이스라엘 군사들은 블레셋 사람들에게서 빼앗은 양과 소, 송아지를 땅바닥에서 마구 잡아 피 있는 채로 먹었어.
그런데 피가 그대로…?
쩝 쩝
알게 뭐야~ 배고파 죽기 전에 빨리 먹어!
쩝
쩝

※아얄론 : 예루살렘에서 약 23km, 믹마스에서 약 25~30km 서쪽으로 떨어진 곳에 위치한 성읍이다.

누군가 이 사실을 사울에게 알렸어.
사람들이 피 있는 채로 고기를 먹어 여호와께 죄를 짓고 있습니다!
뭐라고?
당신들은 여호와께 죄를 지었소. 큰 돌을 이리 가져오시오!

tip 사울이 큰 돌을 준비한 이유

사울은 큰 돌 위에서 짐승을 잡아 그 피는 땅에 쏟아버리고 고기만을 먹게 하려고 했다. 율법에서 피는 생명으로 간주돼 아무도 먹지 못하게 했기 때문이다. 율법은 짐승을 피 채 먹지 말 것 Link 2권 123p, 소와 송아지를 같은 날에 잡아먹지 말 것 Link 2권 127p 으로 규정하고 있다.

사람들에게 말하시오. 이제부터 모두들 자기 소와 양을 끌고 와 이 돌 위에서 잡아야 한다. 피를 먹음으로써 여호와께 죄를 지어서는 안 된다!
끙
끙
그날 밤, 모든 사람들이 자기 짐승을 거기에 끌고 와 잡았어.
음머어
메에에

그런 다음 사울은 여호와께 제사를 드리기 위해 제단을 쌓았지.
후후! 내가 쌓은 첫 제단이로군.
사울이 사람들에게 말했어.
오늘밤 블레셋 사람들을 쫓아가 그들이 가진 것을 모조리 빼앗고 다 죽여버립시다.
좋을 대로 하십시오.
우선 하나님께 여쭤보는 게 어떨까요?
체, 어차피 말려도 할 거잖아.
뭐 그러죠.
사울은 여호와께 여쭤봤지만 아무 대답이 없으셨어.
우리 중 누군가가 죄를 지은 게 분명하다! 모두 내 앞에 모이시오!
살아계신 여호와의 이름으로 맹세하지만, 내 아들 요나단이 죄를 지었다 하더라도 반드시 죽게 될 것이오!
그대들은 그쪽에 서 있어라. 나와 내 아들 요나단은 이쪽에 서 있겠다.
왕의 뜻대로 하십시오.
사울이 여호와 하나님께 기도했지.
제게 올바른 답을 보여 주십시오. 죄가 저와 제 자식에게 있는지, 이스라엘의 백성에게 있는지….
그러자 사울과 요나단이 걸렸고, 백성들은 죄에서 벗어나게 됐어.
두
둥
맙소사. 우리 둘 중 죄인이 있구나!
다시 제비뽑기를 하자 요나단이 걸렸지.
네가 무슨 짓을 했는지 말해봐라!
버럭
그저 막대기로 꿀을 조금 찍어 맛보았습니다. 그런 일로 제가 죽어야 합니까?
요나단, 넌 죽어야 한다. 안 그럼 하나님께서 내게 더 무서운 벌을 내리실 것이다!
말도 안 돼.
요나단은 오늘 이스라엘을 구했잖아.
요나단은 오늘 하나님과 함께 블레셋과 싸웠다고.
웅성
웅성

※여호와께 여쭤보다 : 대제사장 에봇에 있는 우림과 둠밈 Link 2권 199p 으로 하나님의 뜻을 물었을 것이다.

tip 사울의 기도

70인 역 성경에 의하면 이 대목은 "오늘 제게 응답하지 않으시니 웬 일이십니까? 이스라엘의 하나님, 그 죄가 저와 제 자식에게 있다면 우림이 나오게 하시고, 주의 백성 이스라엘에 있다면 둠밈이 나오게 하십시오."라고 되어 있다.

이스라엘 백성이 사울에게 항의했고 요나단은 죽음을 면했어.
그건 절대로 안 됩니다!
살아계신 여호와의 이름으로 맹세하지만, 요나단의 머리털 하나라도 땅에 떨어져서는 안 됩니다!
우우우~
아… 아니….

사울은 블레셋 병사들을 더 이상 쫓지 않았고, 그의 군대도 자기 땅으로 돌아갔지.
아… 맥 빠진다.
이거 뭐 체면도 안 서고….
쪽팔려.
하하하
하하

※소바 : 아람 족속인 소바는 유프라테스 강 근처에 위치했다.

사울은 이스라엘의 왕이 된 후 사방의 적들과 맞서 싸웠어.
수리아 (아람)
암몬
블레셋
모압
아말렉
에돔

모압과 암몬 자손, 에돔과 소바 (아람의 도시국가) 왕들, 그리고 블레셋과 싸웠는데, 가는 곳마다 적을 물리치고 승리했지.
와아아아

※아람 : 처음에는 유목 생활을 했으나 B.C. 14세기 초에 이르러 메소포타미아 북부에서 시리아에 걸친 지역에 정착했다. 이집트, 히타이트, 메소포타미아를 연결하는 지점에 있어서 고대 오리엔트 무역을 좌우하는 상업 도시국가로 발달했다.

사울은 아말렉까지 물리침으로써 용맹을 떨쳤고, 이스라엘을 약탈자들의 손에서 구해냈어!
사울 왕께서 또 승리를 거뒀다!!
사울 왕 만세~!
이스라엘 만세~!
와아아
뿌우우

사울의 업적과 그 집안사람들

사울은 일생을 블레셋과 치열하게 싸웠지.
영감, 징하다. 이젠 그만하자.
블레셋
헥
사울
헥
어림도 없다.

사울은 삼촌 넬의 아들 아브넬을 군사령관으로 삼았어.
난 사울 왕의 가장 핵심 인물이지.
후
후

또 사울은 강하거나 용맹한 사람을 보면 늘 자기 군인으로 삼았어.
재 스카우트해!
넵.

사울의 족보는 아래와 같아.

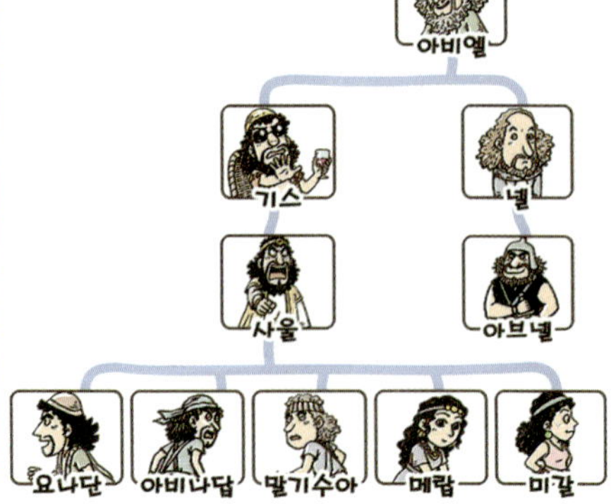
아비엘
기스
넬
사울
아브넬
요나단
아비나답
말기수아
메랍
미갈

※아말렉 : 에서의 손자 아말렉의 후예들로 유다 남방 지역을 거점으로 삼아 목초지를 찾아 떠돌아다니던 유목 민족이다.

15장 여호와께서 사울을 버리시다

어느 날, 사무엘이 사울에게 와서 말했어.
여호와께서 당신에게 하신 말씀이 있소. 귀 기울여주시오.
말씀만 하십시오.

이스라엘 사람들이 이집트에서 나올 때, 아말렉 사람들이 길을 막고 공격했으니 이제 내가 그들을 벌할 것이다!

tip 아말렉과의 싸움 Link 2권 66p

에서의 손자 아말렉의 후예들인 이들은 유다 남방지역을 거점으로 삼아 목초지를 찾아 떠돌아다니던 유목민들이다. 이들은 과거 이집트에서 나오던 이스라엘을 공격한 일이 있는데, 이는 단순히 민족 사이의 전쟁이 아닌 이스라엘을 구원하신 하나님에 대한 일종의 도전 행위였다. 또 이들은 이스라엘이 가나안에 들어간 뒤에도 계속 이스라엘을 대적했다.

이제 가서 아말렉을 공격하고 그들의 모든 것을 없애버려라. 남자와 여자, 어린이, 갓난아기, 가축 등 그 어떤 것도 남겨서는 안 된다!
… 라고 여호와께서 말씀하셨소.
알겠습니다. 군대를 모아 선조들의 원수를 갚겠소.
끄덕
사울은 들라임에서 군대를 모았는데 보병이 20만 명, 유다 사람이 1만 명이었지.
정말 많이도 모였군. 껄껄~!
와글
와글

※들라임 : 유다 남쪽의 국경 지대에 위치. 아말렉 족의 거주지와 가깝다.

사울은 아말렉 성으로 가 군인들을 골짜기에 숨겨놨어.
바퀴벌레처럼 꼭꼭 숨어 있어야 한다!
비유도 참….
그리고 겐 사람들에게 가서 말했지.
아말렉을 칠 때 당신들까지 치지 않도록 여기서 떠나시오.
당신들은 우리 선조들이 이집트에서 나올 때 친절을 베풀었던 사람들이오.
그러자 겐 사람들은 아말렉 사람들로부터 떠났어.
빨리 튀자!
어서!
타다닥

tip 겐 사람

모세의 장인 르우엘이 바로 겐 사람이었다. 그들은 모세와의 인연으로 이스라엘에 우호적이었다. 겐 족은 이스라엘이 이집트를 나와 가나안으로 향할 때 길 안내 Link 2권 150p 를 해주기도 했다. 행군 도중 계속해서 적과 충돌했던 이런 상황에서 이스라엘이 겐 족으로부터 입은 호의는 두고두고 잊지 못할 고마운 일이었다.

그런 다음 사울은 하윌라에서 이집트 동쪽에 있는 술에 이르기까지 모든 아말렉 사람들을 공격했어.
와아아아

※하윌라 : 이스라엘 남방의 변경 지대인 아라비아 반도에 위치한다.
※술 : 출애굽 한 이스라엘이 홍해를 건넌 다음 들어간 시내 반도의 한 광야이다.

사울은 아말렉 왕 아각을 사로잡고 그의 백성들을 모두 칼로 죽였지.
하하하! 정말 완벽한 승리로군.
그런데 사울은 아각을 살려줬을 뿐 아니라 가장 좋은 양과 소, 살찐 송아지와 어린양도 남겨뒀어.
좋은 건 놔두고 쓸모없는 가축들만 죽여라.
넷~!
음머어~
메에에~

tip 사울이 아각을 살려둔 이유

사울이 아말렉 왕 아각을 죽이지 않은 것은 아마 다음 이유였을 것이다.

① 그를 포로로 취함으로써 자신의 명예를 떨친다.

② 그를 살려줌으로써 응분의 보상을 얻는다.

혹자는 사울이 아각을 자신의 노예로 삼으려 했다지만 그건 분명치 않다.

그러자 여호와께서 사무엘에게 말씀하셨지.
사울을 왕으로 세운 것이 후회된다. 사울이 내게서 등을 돌리고 내 명령에 순종하지 않는구나!
넷?
사무엘은 괴로운 마음으로 밤새도록 여호와께 큰 소리로 부르짖었어.
하나님! 사울과 이스라엘 백성을 불쌍히 여기소서!

다음날 아침 일찍 사무엘은 사울을 찾아갔지.
사울 왕은 자기 이름을 기리기 위한 기념비를 세우러 갈멜로 가셨죠.
그 일은 다 끝내고 지금은 길갈에 계실 겁니다.
휴우… 정말….
사무엘은 결국 사울이 있는 곳에 도착했어.
주의 복을 받으시기 바랍니다. 나는 주의 명령대로 다 했습니다.
길갈
그렇다면 내 귀에 들리는 울음소리는 다 무엇이오?
메에에~
음머어~
메에~
아, 저, 저거….

※갈멜 : 헤브론 남동쪽에 위치한 유다 지파의 성읍이다.
※길갈 : 요단 강으로부터 8km가량 떨어진 요단 골짜기 일대에 위치한 성읍이다.

저건 아말렉 사람들에게서 빼앗은 겁니다. 당신의 하나님 여호와께 제물로 바치기 위해 제일 좋은 소와 양들을 남겨뒀죠.
뭐, 뭐라고?
걱정하실 것 없습니다. 나머지 것들은 다 죽여 없앴으니까요.
하
하
하
하아… 변명은 그만두고 어젯밤에 여호와께서 하신 말씀을 들으시오.
아… 하나님께서 또 무슨 말씀을 하셨나보죠? 그럼 어디 말씀해보세요.

당신이 스스로를 보잘것없는 사람이라고 생각할 때, 여호와께서 당신에게 기름을 부어 이스라엘 왕으로 세우셨소. 그런데 여호와께서 아말렉과 그 모든 것을 멸망시키라 하셨는데 어째서 순종하지 않았소? 어째서 약탈하는 데 급급해 여호와께서 악하게 여기시는 일을 저지른 거요?
아, 아닙니다.
저는 여호와께 순종했습니다. 그리고 명령하신 대로 아말렉의 모든 것을 멸망시키고 아각 왕을 잡았습니다.
다만 군사들이 제일 좋은 소와 양들을 끌고 온 것은 여호와께 제물로 바치려고 한 것뿐입니다.
그것이 잘못됐다는 거요!
버럭
여호와께서 어떤 걸 더 기뻐하시겠소? 주께 순종하는 것이겠소? 제사를 지내는 것이겠소?
잘 들으시오. 제사보다 순종이 낫고, 그분의 말씀을 듣는 것이 숫양의 기름보다 낫소!
순종하지 않는 것은 점쟁이의 속임수와 같고, 교만한 고집은 우상을 섬기는 죄와 같소!
아… 이런…!
당신이 여호와의 말씀을 버렸기 때문에, 주께서도 당신을 버려 왕이 되지 못하게 하실 거요!
네엣?
헉!
헉!

제… 제가 죄를 지었습니다. 제가 여호와의 명령과 당신의 말씀을 어겼습니다.
사… 사실 난 백성들이 두려워서 그들이 하자는 대로 한 것입니다.

tip 잘못을 인정한 사울의 태도

사울은 자신의 잘못을 인정하기는 했지만 여호와께서 여전히 사울을 왕으로 세운 것에 대해 후회하신 것으로 보아 진심으로 회개했다고 보기 어렵다. 다만 백성이 두렵다고 한 고백은 어느 정도 맞는 말이었는데, 백성들의 요구에 의해 왕이 된 사울은 백성의 눈치를 살필 수밖에 없었을 것이다. 그러나 사울은 백성을 두려워하기보다 하나님을 의지하고 신뢰해야 옳았다.

오오, 제발 제 죄를 용서해주시고, 저와 함께 가서 여호와를 경배하게 해주십시오.
음….
초롱초롱
네? 네? 제발!

난 당신과 함께하지 않겠소. 당신이 주의 말씀을 버렸기 때문에 주께서도 당신을 버려 이스라엘의 왕이 되지 못하게 하셨소.
히이잉~ 제발요….
사무엘이 떠나려 하자 사울이 그의 옷자락을 잡아당겨 찢었어.
어?
찌익
지… 지금 뭐하는 거요?
아… 아니… 일부러 그런 게 아니라… 그러니까….
여호와께서는 오늘 이 옷자락처럼 이스라엘을 찢어 당신보다 나은 당신의 이웃에게 주셨소.
이스라엘의 영광이신 여호와께서는 거짓말도 안 하시지만 사람처럼 그 뜻을 바꾸시지도 않을 것이오.
훌쩍…
흑흑… 옷 좀 찢어졌다고 가슴에 대못을 박는구나.
제가 죄를 지었습니다. 하지만 이스라엘의 장로들과 백성들 앞에서 제발 제 체면을 세워주십시오. 저와 함께 가서 당신의 주 여호와께 경배할 수 있도록 해주십시오.
잉잉~
음… 체면이라….
이 말을 듣고 사무엘은 사울과 함께 돌아가 여호와께 경배드렸지.

tip 사무엘은 왜 사울과 함께 돌아왔을까?

사무엘이 사울과 함께 제사를 드린 것은 사울에 대한 하나님의 뜻이 돌이켜졌기 때문이 아니었다. 다음 왕이 등극하기까지는 여전히 사울이 백성을 다스리고 사회질서를 유지할 필요가 있었기에, 아직은 사울이 왕임을 인정하는 차원에서 사울의 요청을 허락한 것일 뿐이다. 또 사울이 살려둔 아각을 진멸할 일도 남아있으니 이를 처리하기 위해서라도 사무엘은 사울과 동행했다.

그 후 사무엘이 말했어.
아말렉 왕 아각을 데려오시오.
들었지?
빨리 데려와!
알겠습니다!!
후다닥

죽을 고비를 넘긴 줄 알고 있던 아각은 기쁜 마음으로 나왔지.
룰루랄라~♬
이제 사울이 아니라 종교 지도자 사무엘의 손으로 넘어 갔으니 안심이다! 자비로운 사무엘이 날 살려줄 거야.
헉… 왜… 왜 이러시오!
척
이..이게 아닌데…?

네 칼이 많은 이스라엘 어머니들의 자식을 빼앗았다. 그러니 이젠 네 어머니가 자식을 잃을 차례다!
아… 아니… 일단 대화로….
사무엘은 길갈 성소의 여호와 앞에서 아각을 칼로 쳤어.
안 돼~ 아아악~!!
크…
푹!

그 후 사무엘은 라마로 떠났고, 사울은 자신의 집이 있는 기브아로 갔지.
휘이이잉

사무엘은 사울 때문에 마음이 아팠어.
이날 이후, 난 죽는 날까지 사울을 다시 만나지 않았어.

tip 사울 때문에 슬퍼한 사무엘

사무엘은 사울을 왕으로 기름 부어 세운 하나님의 종으로서 사울에게 깊은 연민을 느끼고 있었을 것이다. 그런 사울이 자신의 경고를 무시하고 죄를 지어 이제 하나님께로부터 버림받게 됐으니 그 안타까움은 이루 말할 수 없었을 것이다. 하나님께서 사울을 버리시기로 뜻을 정하신 이상 사무엘이 할 수 있는 일이란 그의 슬픔을 나누는 것뿐이었다.

그리고 여호와께서도 사울을 왕으로 삼은 것을 후회하셨어.
가셨던 일은 어찌됐습니까?
내가 왕이잖냐, 경배를 드렸으니 됐지 뭐.
오… 정말입니까?
아, 몰라 몰라. 배고파, 빨리 맛있는 것 좀 내와.
끌끌… 정말 후회된다!

※라마 : '라마다임소빔'으로도 불리며 사무엘의 고향이다.
※기브아 : 사울의 고향이자 사울 왕국의 통치 중심지였다.

3. 사울의 몰락과 다윗의 등장

16장 기름부음 받는 다윗

여호와께서 사무엘에게 말씀하셨어.
끌끌, 넌 언제까지 사울 때문에 슬퍼할 거냐? 나는 이미 그를 버려 이스라엘의 왕이 되지 못하게 했다!
훌쩍
제가 워낙 감수성이 예민해서….
너는 뿔에 올리브기름을 채워 베들레헴에 사는 이새를 찾아가거라! 내가 그 사람의 아들 중 하나를 왕으로 선택했다!
네? 새로운 왕을?
네가 기름 부은 왕이 있는데, 어딜 또 기름 부으러 간다는 거냐!
어림도 없다!
우당탕
하… 하지만 제가 베들레헴에 가면 사울이 그 소식을 듣고 저를 죽이려 할 겁니다.
베들레헴에 암송아지를 끌고 가서 제사드리러 왔다고 말하고 이새를 초청해라! 그 다음에 할 것은 그때 가르쳐주겠다!
백성과 함께 제사드리는 건 늘 하는 일이니까 의심하지 않겠군.
너는 이새의 아들 가운데 반드시 내가 가리키는 사람에게 기름을 부어야 한다!
새로운 왕이라… 기대 만땅이군.

※뿔 : 동물의 뿔로 만든 그릇으로 기름을 담는 용도로 쓰였다.

사무엘이 베들레헴에 도착하자 그곳의 장로들은 두려움에 떨면서 그를 맞이했지.
어… 어쩐 일이십니까, 이렇게 갑자기?
좋은 일로 오신 겁니까?
그렇소. 여호와께 제물을 바치러 온 것이니 몸을 거룩히 하고 함께 제사를 드립시다.
휴우, 다행이다.
난 또….

tip 두려워하는 장로들

사무엘이 비록 통치권을 사울에게 넘긴 상태였지만 그는 여전히 이스라엘의 선지자요 사사였다. 베들레헴 성읍 장로들이 사무엘의 갑작스러운 방문에 당황해하며 떤 것은 그 때문이었다. 행여 자신들의 잘못을 책망하며 징계하러 온 것이 아닌지 불안했던 것이다.

사무엘은 이새와 그 아들들을 제사에 초청했어.
이새
사무엘이 직접 깨끗이 하라고 당부했으니 잘 씻어라.
네, 아버지.
첨벙
그들이 도착하자 사무엘은 이새의 첫째 아들 엘리압을 보고 생각했지.
맏아들 엘리압입니다.
오… 늠름한 청년이로군. 여호와께서는 틀림없이 이 청년을 뽑으셨을 것이다.
여호와께서는 사무엘에게 말씀하셨어.
멋진 외모와 큰 키만 보지 마라! 나는 엘리압을 선택하지 않았다!
헉!
헉… 그… 그렇군요.
내가 보는 것은 사람과 같지 않다. 사람은 겉모습을 보지만, 나는 마음의 중심을 본다!
긁적
하긴 인물로 왕을 뽑으면 당연히 제가 돼야… 하하!
??
이어서 이새는 아비나답을 불렀어.
저의 둘째 아들 아비나답입니다.
여호와께서는 이 청년도 뽑지 않으셨소.
이새가 삼마를 불렀고, 사무엘은 또 말했어.
셋째 아들 삼마입니다.
이 청년도 아니오.
이새는 아들 일곱 명을 다 사무엘에게 보였지.
여호와께서는 이 아들들 중에 아무도 뽑지 않으셨소.
여기 있는 아들이 전부입니까?
막내아들이 하나 더 있긴 한데, 그 아이는 지금 양떼를 돌보고 있습니다.
당장 가서 그 아이를 불러오시오. 그 아이가 오기 전까지는 식사하지 않겠소.
아, 알겠습니다.
이새는 사람을 보내 막내아들을 데려오게 했어.
메에에~
메에에~

사무엘상

이새의 막내아들은 불그스레한 살결에 눈이 빛나는 잘 생긴 소년이었지.
안녕하세요, 다윗이라고 합니다.
사무엘은 뿔을 들고 그의 형들이 보는 앞에서 다윗에게 올리브기름을 부었지.
이제 네가 이스라엘의 왕이 될 거다!
헉, 마… 막내가…?
하나님의 기름 부음을 받다니.
왕 부럽도다~.
그때 여호와께서 말씀하셨어.
자, 바로 저 소년이다! 어서 그에게 기름을 부어라!
오, 드디어 찾았다!!
네, 뭘요?
그날부터 여호와의 영이 다윗에게 들어갔어.
파
앗
그런 뒤 사무엘은 라마로 돌아갔지.
반면 사울에게서는 여호와의 영이 떠났어.
으아아악!
쾅
쾅
그리고 여호와께서 보내신 나쁜 영이 사울 왕을 괴롭히고 있었지.
크으으, 머리가…!
하나님이 보내신 나쁜 영이 왕을 괴롭히고 있습니다.
명령만 내리시면 하프를 잘 켜는 사람을 찾아보겠습니다.
하프의 영롱한 소리를 들으면 나쁜 영이 떠나고 금방 기분이 좋아지실 겁니다.
그… 그렇다면 어서 하프를 잘 켜는 사람을 찾아오너라.

※여호와의 영 : 성령을 말한다.

※라마 : '라마다임소빔'으로 불리는 사무엘의 고향이다.

베들레헴에 사는 이새에게 그런 아들이 있습니다.
그는 하프를 잘 켤 뿐만 아니라 잘 생기고, 말도 잘하고, 용감하고, 싸움도 잘하고… 에… 또… 여호와께서 그와 함께하신답니다.
그만 닥치고 빨리 데려와! 확 그냥!
헉!
크르릉
네네!
사울은 곧 이새에게 사람을 보내 말을 전했지.
왕께서 다윗을 데려오라 하십니다.
알겠습니다.
이새는 나귀에 빵과 포도주 한 부대, 염소 한 마리를 딸려 다윗을 보냈어.
이것들을 사울 왕에게 예물로 드려라.
다녀오겠습니다, 아버지.
사울은 이새에게 다시 사람을 보냈어.
왕께서 다윗을 무척 마음에 들어 하시니 그가 왕을 섬길 수 있도록 해주십시오.
무… 물론 입니다.
헉, 마… 막내가…?
왕의 부르심을 받다니.
왕 부럽도다~!
하나님께서 보내신 나쁜 영이 사울을 괴롭힐 때마다 다윗은 하프를 연주했어.
후다닥
크으윽, 머리가 아프구나. 빨리 연주를…!
여기 갑니다!
다윗은 사울을 섬기게 됐고, 다윗이 맘에 든 사울은 그에게 자신의 무기를 맡겼어.
이제부터 넌 내 무기를 들고 다녀라.
헉!
그럼 나쁜 영이 사울에게서 나갔고, 그때마다 사울은 기분이 좋아졌지.
하아… 그래 이제야 좀 나아지는 구나.

※무기 맡는 직책 : 특별한 신임을 받는 자만이 주인의 무기를 들고 다니는 직책을 맡을 수 있었다.

17장 다윗과 골리앗

블레셋 사람들이 전쟁을 하기 위해 군대를 모아 에베스담밈에 진을 쳤어.
믹마스 전투 Link 4권 58p 에 패배한 것을 복수하자!!
와아!

※에베스담밈 : 유다 지파의 땅이며 '피의 지역'이라는 뜻으로 수많은 전투가 일어난 격전지이다.

사울 역시 이스라엘 백성을 불러 모아 엘라 골짜기에 진을 쳤지.
저들에게 믹마스 전투의 악몽을 재현시켜주자!!
와아아!

※엘라 골짜기 : 여기서 골짜기는 완만한 경사지를 의미하며 에베스담밈과 가까운 지역에 위치한다.

블레셋 군대가 한 언덕을, 이스라엘 군대가 다른 언덕을 차지하고 있었어.
그때 블레셋 진영에서 골리앗이라는 장수가 나와 싸움을 걸었지.
쿵
쿵
뭐… 뭐야?
무슨 소리…??
가드 사람인 골리앗은 키가 6규빗이나 됐고, 청동 투구와 청동 갑옷을 입고 있었는데 커다란 방패를 든 병사들이 그를 보호하고 있었어.
쿵

※6규빗 : 약 3미터에 해당한다.

허억! 저… 저게 뭐야?
괴… 괴물이다!
맙소사, 어디서 저런….
너희들은 어째서 싸우려고 하는 것이냐?! 난 블레셋 사람이고 너흰 사울의 부하들이다!!
나와 싸울 사람 하나를 골라 보내라!!
만약 내가 지면 우리가 너희 종이 되고, 내가 이기면 너희가 우리 종이 돼 섬겨야 한다!!
웅성
저런 짐승 같은 놈과 어떻게….
웅성
살 떨린다야.
야, 이 겁쟁이들아~ 내가 이렇게 너희를 모욕하는데도 나와 싸울 놈이 없단 말이냐!
하하하
푸하하! 찌질이 히브리 놈들!
사울과 이스라엘 병사들은 골리앗의 말을 듣고 무서워 벌벌 떨기만 했지.
저런 괴물 같은 놈이 블레셋에 있다니….
웅성
큰일 났다. 저 짐승을 이길 사람이 있을까?
말도 안 돼.
웅성

이새의 여덟 아들 중 첫째, 둘째, 셋째 아들도 여기 전장에 나와 있었어.
떠… 떨지 마. 이 녀석들아.
엘리압
아비나답
삼마
덜
덜
덜
형은 춤추고 있는 거유?
골리앗은 40일 동안 매일 밤낮으로 이스라엘 군대 앞에 나와 싸움을 걸었지.
하하하!
낄낄낄!
팡
팡
크하하! 찌질이 이스라엘 놈들아! 겁이 나서 꼭꼭 숨은 거냐?
그때 막내인 다윗은 아버지 이새가 있는 베들레헴에서 양을 돌보고 있었어.
간만에 고향에 오니 좋네~♬
메에에~
메에에~
이새가 다윗을 불러 말했지.
여기 볶은 곡식 1에바와 빵 열 덩이를 네 형들에게 가져다줘라.
※1에바 : 약 22리터에 해당한다.
이 치즈는 그들의 천부장에게 주고, 네 형들이 무사한지 물어봐라. 그리고 형들이 잘 있다는 증거를 가져오너라.
네, 아버지.
다음날 일찍 일어난 다윗은 양들을 양치기에게 맡기고 짐을 챙겨 길을 떠났어.
다윗이 이스라엘 진영에 도착했을 때, 마침 군대는 함성을 지르며 전장으로 나갔지.
와아아
아앗, 뭐지? 싸움이 시작된 건가?
이스라엘과 블레셋은 대형을 갖추고 서로 맞서고 있었어.
다윗은 가져간 물건을 보급 장교에게 맡기고 형들을 찾아 전장으로 나갔지.
침 발라놨으니 꿀꺽할 생각 마세요!
다윗이 형들을 만나 얘기 나누고 있을 때 골리앗은 늘 하던 대로 이스라엘을 모욕하며 싸움을 걸었어.
형님들, 잘 지내고 계시죠?
어라? 다윗 아니냐?
막내, 네가 여긴 웬일이냐?
크하하! 요 겁쟁이 이스라엘 놈들아~!

다윗도 골리앗이 이스라엘을 모욕하는 말을 듣게 됐지.
$&^%&*$%#&
저 할례받지 못한 블레셋 사람이 누군데 감히 살아계신 하나님의 군대를 모욕하고 있는 거죠?
골리앗이라는 짐승이야.
저놈 때문에 한 달 넘게 꼼짝 못하고 있어.
어휴, 저렇게 이스라엘을 조롱하는데도 맞서 싸울 사람이 없으니….
다윗이 자기 가까이에 서있던 사람에게 물었어.
저 블레셋 사람을 죽여 이스라엘의 치욕을 씻는 사람에게 왕이 어떤 상을 줍니까?
많은 재물과 왕의 딸을 준대.
그 집안의 모든 세금도 면제해 준다더군.
잘난 척하지 마라! 이 건방진 녀석아. 넌 대체 여기에 왜 온 거냐? 들판에 있는 양들은 누구에게 맡겨 놓고 온 거냐? 지금 싸움 구경이나 하려고 온 거냐?
제가 뭘요? 군사들과 말하는 것도 잘못입니까?
다윗은 다른 사람에게 가서 똑같은 질문을 했어.
아니… 저놈이…!
누군가 그런 다윗에 대해 사울에게 전했고, 사울은 다윗을 데려오게 했지.
저 블레셋 사람 때문에 겁먹는 사람이 있어서는 안 됩니다!
왕의 종인 제가 나가서 저자와 싸우겠습니다!
헉!
켁!
휘청
너 개그 하는 거지?
아… 하하… 안 돼. 넌 아직 어린이고 골리앗은 평생 전쟁터에서 싸운 경험 많고 뛰어난 용사란다.
하하
하지만 저는 제 아버지의 양떼를 지키던 사람입니다.
휘이이이잉
사자나 곰이 양을 물어 가면 저는 그놈의 입에서 양을 구해냈습니다.
그놈이 저를 공격하면 그 턱을 잡고 때려죽이기도 했습니다.
전 곰뿐만 아니라 사자도 죽인 적이 있습니다.

저 할례받지 못한 골리앗도 제가 죽인 짐승과 같은 꼴이 될 겁니다. 왜냐하면 골리앗은 살아계신 하나님의 군대를 모욕했기 때문입니다.
흠….
말은 그럴싸 한데….
내보내보죠. 죽어봐야 고작 양치기 한 명 잃을 뿐이니까.
수군
수군
그럽시다.
다윗아. 어서 가거라. 여호와께서 너와 함께하시기를 빌겠다.
사자와 곰의 발톱에서 저를 구해주신 여호와께서 저 블레셋 사람의 손에서도 구해주실 겁니다.
사울은 다윗에게 자기 군복을 입히고 갑옷과 청동 투구도 씌워주었지.
다윗은 사울의 칼을 차고 몇 걸음 걸어봤지만, 투구와 갑옷이 너무 거추장스러워 걸을 수가 없었어.
철컹
철컹
아이고, 싸우기도 전에 쓰러지겠네.
다윗은 사울의 갑옷과 투구 등을 다 벗어버렸지.
반납하면 안 될까요?
그…그래라.
내가 XXL이라…
헥헥…
대신 다윗은 자기 지팡이를 들고 시냇가에서 조약돌 5개를 골라 주머니에 넣었어.
전 이거면 충분합니다.
너… 고양이 잡으러 가냐?
다윗은 물매를 들고 골리앗에게 갔지.
어린애를 저런 짐승과 싸우게 하다니….
사울 왕이 미쳤나…?

골리앗은 자기와 싸우러 온 사람이 볼이 발그스름한 소년임을 보고 어이가 없었지.
뭐냐? 너. 네놈이 나랑 싸우겠다는 거냐?
멍청하긴, 내가 소풍 나온 걸로 보이냐?
골리앗은 불쾌한 표정으로 다윗을 저주했어.
이놈아 내가 개냐? 막대기를 들고 오다니! 이리 와라, 내가 네 몸을 새와 짐승들의 먹이로 줄 것이다!
넌 칼과 장창과 단창을 들고 나왔지만, 난 만군의 여호와의 이름으로 나왔다!
여호와는 이스라엘 군대의 하나님이시다! 넌 여호와를 모욕했으니 그분께서 널 내 손에 넘겨줄 것이다!
난 네 목을 벨 것이고, 블레셋 사람들의 시체를 새와 짐승들의 먹이로 줄 것이다!
그래서 이스라엘에 하나님이 살아계심을 온 세상에 알릴 것이다!
여호와의 구원은 칼이나 창을 쓸 필요가 없다는 것을 여기 모인 모든 사람들에게 알릴 것이다!
전쟁은 여호와의 것이니 하나님께서 우리가 너희를 물리치도록 도와주실 것이다!
골리앗이 자신을 공격하기 위해 다가오자 다윗도 재빨리 골리앗을 향해 달려갔지.
이놈, 말은 잘한다!
타앗
흥~!
다윗은 돌을 꺼내 물매에 올려놓은 다음 던졌어.
받아라!
파앗
헉!

빠
악
커억!!
크으으…!
쿵!
다윗은 이처럼 물매와 돌 하나만으로
골리앗을 이겼어.
그의 손에는 칼도 없었지.
다윗은 골리앗의 칼을 뽑아 그를 죽인 다음 머리를 베었어.
끙
끙
죽이는 것보다
이게 더 힘들군.
블레셋 병사들은 대장이 죽은 것을 보고 도망치기 시작했고, 이스라엘 병사들이 함성을 지르며 그 뒤를 쫓아갔어.
와아아아

죽거나 부상당한 블레셋 병사들이 가드와 에그론으로 가는 사아라임 길에 널려있었지.
이스라엘 병사들은 블레셋 병사들을 쫓다가 되돌아와 블레셋 진영을 약탈했어.
여여, 찍지 마!

※사아라임 : 예루살렘 남서쪽 스펠라 지역의 사이레라는 주장도 있지만 정확하지는 않다.
※가드 : 골리앗의 고향이며 블레셋의 주요 성읍 중 하나다. ※에그론 : 블레셋의 주요 성읍 중 하나다.

앞서 사울은 다윗이 골리앗과 싸우러 나갈 때 군사령관 아브넬에게 물었지.
근데 다윗이 누구의 아들이냐?
글쎄요? 저도 잘 모르겠는데요?
다윗이 골리앗을 죽이고 돌아오자마자 아브넬은 다윗을 사울에게 데려갔어.
넌 누구의 아들이냐?
저는 베들레헴 사람 이새의 아들입니다!

※아브넬 : 사울의 사촌으로 이스라엘 군의 군사령관이다.

tip 넌 누구의 아들이냐?

사울 왕은 다윗을 가까이 두었음에도 이새의 집안에 대해선 잘 알지 못했다. 그만큼 다윗의 집안이 보잘것없었음을 알 수 있다. 그러나 하나님이 함께하시면 보잘것없는 집안사람이라 해도 큰일을 이룰 수 있음을 여기서 알 수 있다. 이때 사울은 처음으로 다윗의 집안에 대해 관심을 가지게 됐고, 이새의 집안 또한 역사의 중심에 서게 된다.

18장 사울이 다윗을 시기하다

다윗은 골리앗의 머리를 예루살렘으로 가져갔고 그의 무기들은 자기 장막에 두었어.
그날부터 사울은 다윗을 자기 곁에 두고 고향에 돌아가지 못하게 했지.
너는 이제 궁중 악사가 아니라 내 중요한 신하다.
알겠습니다.
함께 있던 사울의 아들 요나단은 다윗에게 마음이 끌렸어.
하하, 너 맘에 들었다. 전화 번호가 뭐야?
네? 아… 저… 그게….

요나단은 다윗을 제 목숨처럼 아끼면서 영원한 우정을 약속했지.
하나님께서 우리의 우정을 걸쭉하게 숙성시켜 주시길!
뿐만 아니라 자신의 겉옷과 군복, 활, 칼, 허리띠까지 다윗에게 줬어.
더 줄까?
허억!
다윗은 사울이 어떤 임무를 주든지 맡은 일을 확실히 처리했지.
짠, 완성!
와우, 이걸 한 시간 만에…!!

※요나단의 겉옷 : 왕자의 신분을 상징하는 의복이다.

그래서 사울은 다윗을 군대 지휘관으로 삼았어.

다윗과 군사들이 전쟁을 마치고 돌아올 때, 이스라엘의 온 마을에서 여자들이 소고와 꽹과리를 가지고 나와 노래하고 춤추며 사울 왕을 환영했어.
하나님을 찬양하라~!
사울 왕 만세!
다윗 만세!
와아아아아
지금 블레셋의 군대를 물리치고 대승을 거둔 사울 왕과 그 군대가 들어오고 있습니다!

모든 백성과 신하들도 이를 기뻐했지.
다윗 만세~!
와아~
언제나 우리를 승리로 이끄신다!

tip 다른 사람들과 함께 돌아올 때

이때는 다윗이 골리앗을 죽이고 사울에게 돌아온 때가 아니라, 엘라 골짜기 전투에서 블레셋 군대를 완전히 패주시킨 뒤의 일이다. 따라서 사울이 다윗에게 군대 지휘관 직을 준 것은 블레셋과의 전투가 계속 진행되고 있을 때였다고 할 수 있다.

사울이 죽인 적은 천천이요~
다윗이 죽인 적은 만만이라네~
응?

여자들의 노래를 들은 사울은 몹시 화가 났어.
뭐가 어째? 다윗은 수만 명을 죽였는데, 난 수천 명밖에 죽이지 않았다고?

그날부터 사울은 다윗을 시기하고 의심하기 시작했지.
이대로 가다가는 다윗이 왕의 자리를 차지하겠구나!
씩 씩

다음날 하나님이 보내신 나쁜 영이 사울을 덮치자, 그는 미친 사람처럼 소리 질렀어.
으아아!
말도 안 돼!! 이 나라는 내 거야!! 내 거라고!!
한동안 뜸하더니….
어서 다윗을 부르게.

다윗은 보통 때처럼 하프를 켰고 사울은 손에 창을 들고 있었지.
크으윽!!
다윗… 네놈을 벽에 박아버릴 테다!!
덥석
이놈아!!
헉?!
촥
으다다다다~!
우악!
휘익
어이쿠!
어쭈, 피했어?!
쐐애액
다윗은 두 번이나 사울이 던진 창을 피했어.
10점
와우~!
휘익
우가갸갸갸~!
사울은 여호와께서 자신을 떠나 다윗과 함께하신다는 것을 알고 다윗을 두려워했지!
내… 내 창을 다 피하다니…!
헉
헉
왕이 돌았어.
사람 잡겠네.
배… 배운 사람답게 말로 하자고요.
사울은 다윗을 천부장으로 삼고 멀리 전쟁터로 떠나보냈어.
흐흐
작은 부대를 이끌고 싸움터에서 죽어버려라.
그러나 사울의 바람과는 달리 다윗은 어딜 가나 싸울 때마다 승리를 거뒀지.
와아아아
그건 여호와께서 함께하셨기 때문이야.
크윽
이… 이런 비장의 무기를… 숨기다니… 비겁하게….

다윗이 크게 승리하는 것을 본 사울은 점점 더 그를 두려워했어!
810 고지, 570 고지 점령.
640 고지도 점령했답니다!
이대로는 안 되겠다, 무슨 수를 써야….
그러나 사울과 달리 이스라엘과 유다의 모든 백성은 다윗을 좋아했지.
다윗 만세!
오빠, 사랑해요!
와아아아
사울이 다윗에게 말했어.
내 맏딸 메랍을 네게 줄 테니, 그 전에 넌 여호와를 위해 싸워서 용사임을 증명해보여라.
네?
그러나 다윗은 거절하며 사울에게 말했지.
하지만 왕의 사위가 되기엔 저나 제 아버지의 집안이 너무 보잘것없어서….
그렇지 않다, 네가 앞으로 2년 동안만 전쟁에 승리하면 틀림없이 널 내 사위로 삼을 것이다.
내가 이놈을 죽일 필요는 없겠지, 블레셋 놈들이 죽여줄 테니….
우르릉
흐흐
그런데 2년 뒤 사울은 메랍을 므홀랏 사람 아드리엘과 결혼시켜버렸어.
2년 동안 수많은 전투를 치렀는데 약속을 어기다니….
얼마 후, 사울은 자신의 둘째 딸 미갈이 다윗을 사랑한다는 사실을 알게 됐지.
미갈이… 이러쿵 저러쿵….
미갈이 다윗을…?
흐흐, 잘됐군. 미갈을 다윗에게 주고, 미갈을 이용해 다윗을 블레셋 사람들 손에 죽게 하는 거야.
크하하
사울은 다시 다윗을 불러 물었어.
내 둘째 딸 미갈을 어떻게 생각하나? 그 애와 결혼해서 내 사위가 돼주지 않겠나?
하하
에이… 실없는 농담도 잘 하시네요.
사울은 신하들을 시켜 다윗을 설득하게 했지.
다윗에게 가서 슬쩍 말해라.
이러쿵 저러쿵….

※이스라엘과 유다의 백성 : 이 표현은 이스라엘이 북이스라엘과 유다로 나뉜 이후 책이 씌었음을 알게 해준다.

사울의 신하들이 다윗에게 말했어.
사울 왕께선 당신을 좋아하고 있소.
그리고 우리 모두도 당신을 좋아하고 있죠.
그러니 당신은 왕의 사위가 돼야 합니다.
…
하지만 전 가난하고 보잘것없는 사람인데 왕의 사위가 되는 게 쉽겠습니까?
어, 그런가?
신하들이 사울에게 가서 다윗이 한 말을 전했지.
분명 지참금을 마련할 수 없어서 그럴 겁니다.
…라고 말했습니다.
흐음… 그렇다면….
내가 바라는 지참금은 별 거 아니다. 그저 블레셋 사람들의 포피 100개를 가져와 내 원수를 갚아주기만 하면 된다고 전해라.
넵!!
사울은 이런 방법으로 다윗을 블레셋 사람의 손에 죽게 할 속셈이었던 거야.
블레셋 놈들아, 다윗을 보내니 이번에야말로 꼭 좀 죽여다오.
으그그
신하들로부터 왕의 말을 전해들은 다윗은 기뻐했지.
알겠습니다. 그건 어렵지 않겠네요.
그려, 그려. 블레셋은 자네 밥이잖아.
David fighting!!

※포피 : 남자 성기의 끝부분을 덮고 있는 살가죽. 이 부분을 잘라내는 의식을 할례라고 한다.

다윗은 사울이 정해준 기간이 다 되기도 전에 군사들과 나가 블레셋 사람 200명을 죽였어.
와아아아
이놈들아, 나도 장가 좀 가보자!
히익!
…
다… 다윗이다!
그리고 그들의 포피를 베어 사울 왕에게 바쳤지.
1+1 이벤트 중입니다. 100개 더 드릴게요.
척
음….
사울은 딸 미갈을 다윗에게 아내로 줬어.
큥, 미갈을 가져가라. 난 1+1 따윈 없다!
감사합니다!
사울은 여호와께서 다윗과 함께하시고, 자신의 딸 미갈도 다윗을 사랑한다는 것을 알았지.
딸자식 키워봐야 소용없다더니… 쩝.
흑
그래서 사울은 다윗을 더 두려워하게 됐고, 그를 평생의 원수로 여기며 살았어.
흑… 아무도 날 사랑하지 않아. 이게 다 다윗 그놈 때문이야.
커억!

한편 블레셋 왕들은 계속해서 이스라엘을 공격해 왔어.
적이다!
쿵
쿵
블레셋이 또 쳐들어왔다!
그러나 그때마다 다윗은 사울의 다른 신하들보다 큰 공적을 세우며 더욱 유명해졌지.
꼬꼬분식
CM NEWS
다윗 장군이 이끄는 군대가 오늘 서부 전선으로 습격해온 블레셋을 아작내 버렸습니다, 이로써…!
다윗 만세!
와아아~
다른 장군들은 다 필요 없어, 다윗만 있으면 돼!

19장 사울이 다윗을 죽이려 하다

어느 날 사울은 아들 요나단과 모든 신하들에게 다윗을 죽이라고 말했어.
놈을 죽여라. 더 이상 두고 볼 수 없다.
요나단은 다윗을 매우 아꼈기 때문에 그 사실을 다윗에게 알려줬지.
아버지가 자네를 죽이려고 해.
넷?
내일 아침 일찍 몸을 피해 아무도 모르는 곳에 숨어있도록 해.
대체 갑자기 왜…? 황당하네요.
일단 들에 나가 숨어있으면 내가 아버지와 함께 그 근방에 가서 자네에 대해 얘기해보겠네. 그 결과를 자네에게도 알려주겠네.
알겠습니다. 허… 이거 참….
다음날 요나단은 에셀 바위 근처에서 아버지와 다윗에 대한 얘기를 나눴어.
아버지께서는 왜 아버지의 종 다윗에게 나쁜 일을 하려 하십니까?
다윗은 아버지께 잘못한 일이 없습니다. 아니, 오히려 아버지께 큰 도움을 주지 않았습니까?

※에셀 바위 : 에셀이 '출발'을 뜻하므로 에셀 바위는 길의 방향을 알려주는 표지판 역할을 했을 것이다.

다윗은 목숨을 걸고 블레셋 장수 골리앗을 죽였고, 그래서 여호와께서 이스라엘에게 큰 승리를 주셨습니다.
아버지도 그걸 보고 기뻐하셨는데, 왜 아무 이유 없이 다윗을 죽여 죄를 지으려고 하십니까?
흠… 하긴….
네가 무슨 말을 하는지 알겠다. 여호와께 맹세하지만, 난 결코 다윗을 죽이지 않겠다.
아, 감사합니다. 아버지.

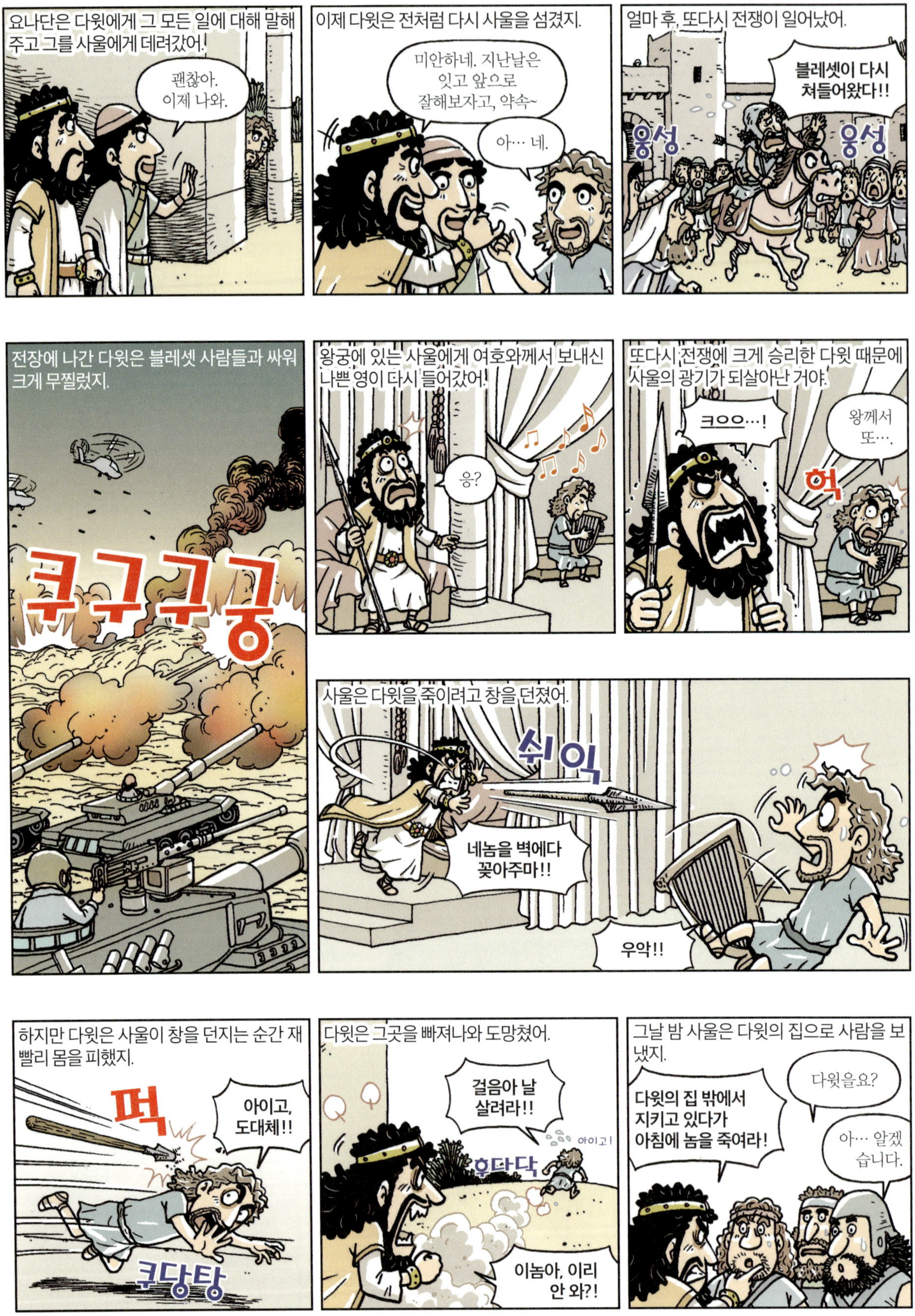
요나단은 다윗에게 그 모든 일에 대해 말해 주고 그를 사울에게 데려갔어.
괜찮아. 이제 나와.
이제 다윗은 전처럼 다시 사울을 섬겼지.
미안하네. 지난날은 잊고 앞으로 잘해보자고, 약속~
아… 네.
얼마 후, 또다시 전쟁이 일어났어.
블레셋이 다시 쳐들어왔다!!
웅성
웅성
전장에 나간 다윗은 블레셋 사람들과 싸워 크게 무찔렀지.
쿠구구궁
왕궁에 있는 사울에게 여호와께서 보내신 나쁜 영이 다시 들어갔어.
응?
또다시 전쟁에 크게 승리한 다윗 때문에 사울의 광기가 되살아난 거야.
크으으…!
왕께서 또….
헉
사울은 다윗을 죽이려고 창을 던졌어.
쉬익
네놈을 벽에다 꽂아주마!!
우악!!
하지만 다윗은 사울이 창을 던지는 순간 재빨리 몸을 피했지.
퍽
아이고, 도대체!!
쿠당탕
다윗은 그곳을 빠져나와 도망쳤어.
걸음아 날 살려라!!
아이고!
후다닥
이놈아, 이리 안 와?!
그날 밤 사울은 다윗의 집으로 사람을 보냈지.
다윗의 집 밖에서 지키고 있다가 아침에 놈을 죽여라!
다윗을요?
아… 알겠습니다.

이 사실을 안 다윗의 아내 미갈이 다윗에게 경고했어.
밖에 병사들이 숨어있어요.
오늘 밤 안으로 피하지 않으면 내일 틀림없이 죽을 겁니다.
헉
후다닥
미갈은 창문을 통해 다윗을 밖으로 피신시켰지.
끙끙
그리고 우상을 가져다가 침대에 눕히고 옷을 입힌 다음, 염소털로 엮은 것을 그 머리에 씌웠어.
좋아. 염소털까지 덮으니 딱 사람처럼 보이는군!

tip 우상, 염소털로 엮은 것을 머리에 씌우다

여기서 '우상'은 드라빔을 말한다. 족장 시대 이후부터 이스라엘은 가정의 수호신이나 점치는 도구로 드라빔을 소유했다. 드라빔의 크기는 다양한데, 가지고 다닐 만큼 작은 것도 있고 사람 크기만 한 것도 있었다. 다윗이 드라빔을 소유했을 것 같지는 않고 아마 미갈이 다윗 몰래 집에 두었던 것으로 보인다. '염소털로 엮은 것'은 보통 두터운 누비 이불, 또는 베개, 가발 등으로 해석된다. 멀리서 보았을 때 마치 사람의 머리털처럼 보이려고 위장한 것이다.

아침이 되자 사울이 보낸 사람들이 다윗을 잡기 위해 들어왔지.
다윗 장군님은 어디 계시죠?
안에 계시죠?
잠깐 뵙고 싶은데요.

다윗님은 지금 몹시 아프답니다. 그래서 침대에서 일어나실 수도 없어요.
아, 아프시다고요?
저런… 어쩌나….
뭐라고 위로를 드려야 할지….
다윗을 죽이러 갔던 사람들이 사울에게 돌아와 미갈의 말을 전했어.
공주님께서 다윗이 아프다고 우리를 못 들어가게 하는데요.
이 멍청이들아, 그렇다고 그냥 돌아오냐?!
사울은 다시 사람들을 보내 다윗을 잡아오게 했지.
그놈이 침대에 누워있으면 침대를 통째로 들고 와! 내가 직접 죽여버리겠다!
아, 알겠습니다!
헉!
하지만 그들이 다윗의 집에 들어가보니 침대에는 우상만 있었어.
응, 이건…?
드라빔이 왜 침대에?
우리가 속은 것 같은데?
사울이 미갈에게 말했지.
넌 왜 나를 속였느냐? 넌 내 원수를 달아나게 했다!
버럭!
다윗이 자기가 도망칠 수 없게 되면 나를 죽이겠다고 했어요.
흑흑흑
뭔가 속고 있는 기분이 들지 않아?
그러게.
수군 수군

한편 다윗은 라마에 있는 사무엘을 찾아가 사울이 자신에게 했던 일을 모두 말했어.
흥! 순도 100%의 고자질이 뭔지를 보여주마.
사무엘은 다윗과 함께 나욧으로 가 머물렀지.
왕이라는 작자가 치사하게 신하한테 질투해서 창질이나 하고 말입니다. 한두 번도 아니고 이거야 원… 세상에 사위를 죽이려는 노인네가… 왕이면 다야? 맞짱 뜨지도 못하면서 남들 시켜서 해코지나 하고… 궁시렁궁시렁.

※라마 : '라마다임소빔'으로 불리는 사무엘의 고향이다.

tip 나욧이란…

나욧은 지역의 명칭이 아니라 거처, 처소를 의미한다. 어떤 번역(갈대아역)은 '기숙사'로 번역하기도 했는데 학생이 거하는 처소를 의미한다. 여기서 나욧은 사무엘이 자기 제자들을 수용하기 위해 세운 선지자 학교였던 것으로 보인다. 이곳에 모인 그의 제자들 또한 선지자 무리라고 불렸다.

다윗이 라마의 나욧에 있다는 걸 알게 된 사울은 그를 잡으려고 사람을 보냈어.
두두두두
다윗을 잡으러 간 이들은 선지자 무리가 사무엘을 우두머리로 세우고 예언하는 것을 봤지.
엇, 저기 사무엘과 선지자들이다!
그런데 무슨 말을 하고 있는 거야?
@#%$&@$&
예언인가?

tip 예언

이 예언의 구체적인 내용은 알 수 없지만 하나님에 의해 사울의 계획이 수포로 돌아간 것은 분명하다. 하나님께서 다윗을 보호하시기 위해 동원한 초자연적인 방법과 그들이 경험한 황홀경은 당시 선지자 무리들을 중심으로 흔히 있는 일이었다. 황홀경이란 무아의 경지, 실신의 상태, 극적인 쾌락의 상태를 의미하며 성령의 감동을 받았을 때 이 같은 경험을 한다.

그때 사울이 보낸 사람들에게도 하나님의 영이 들어가 그들도 예언하게 됐어.
엇?!
헉?!
&$%&$
&%#&#
슈우우우~
이 소식을 들은 사울은 또 다른 사람을 보냈지만, 그들도 마찬가지였지.
#$%%$
&%#&#
슈우우우~

사울이 세 번째로 사람들을 보냈지만 그들 역시 예언을 했어.
&$%%&$%&%#&#
슈우우우~
이번에는 사울이 병사들을 데리고 직접 다윗이 있는 라마로 갔지.
이놈들을 그냥 콱!
부글
부글

사울은 라마 지역 망대가 있는 큰 우물에 이르러 물었어.
사무엘과 다윗은 어디 있소?
저기, 라마의 나욧에 있습니다.
그런데 사울에게도 하나님의 영이 들어가 사울은 나욧까지 걸어가며 예언했지.
#$%%$ &%#&#
뭐…뭐야?
갑자기 왜 저래?
사무엘 앞에 이르자 사울은 옷까지 벗어 던진 채 열광적으로 예언했어.
#$%*$ &%#&#
흐미, 망측해라.
방송국에 연락해라 토픽감이다.

그리고 지쳐서 하루 밤낮을 옷을 벗고 쓰러져있었지.
휴, 드디어 뻗었군.
드르렁~
그럼 이제 사울도 예언자가 된 건가?

tip 사울도 예언자가 된 건가?

예언은 하나님을 따르는 사람들이 흔히 하던 일이었다. 문제는 하나님께 대적하던 사울이 하나님께서 주신 황홀경으로 예언했다는 점이다. 사람들에게 그런 광경은 무척 이상하게 보였을 것이다. 평상시 말이나 행동과 달리 갑자기 전혀 다른 모습을 보이는 사람을 조롱하는 속담으로 '사울도 예언자 가운데 있느냐?'라고 쓰게 된 것은 그 때문이다.

20장 다윗과 요나단

다윗은 라마의 나욧에서 도망쳐 기브아에 있는 요나단에게 갔어.
도대체 제가 무슨 죄를 지었기에 왕께서 저를 죽이려는 겁니까?
뭐? 자… 자네를 죽이려 하다니… 그럴 리가 없어.

※기브아 : 사울 왕국의 정치적인 수도. 예루살렘 북서쪽 6.4km 지점에 위치한다.

아버지께서는 아무리 작은 일도 내게 먼저 말씀해주시는데. 이런 일을 내게 숨길 이유가 없어.
왕께서 당신과 제가 친구임을 알고 일부러 말씀하지 않으신 겁니다.
여호와와 당신께 맹세하지만 제 죽음은 바로 코앞에 있습니다.
자네가 원하는 걸 얘기해봐. 자네를 돕는 일이라면 뭐든지 하겠어.
내일은 초하루 축제일입니다. 저는 왕과 함께 식사하기로 돼 있지만, 나가서 모레 저녁까지 들에 숨어있겠습니다.
만일 왕께서 절 찾으시거든 제 집에 매년제가 있어 급히 고향 베들레헴으로 가야 한다고 해서 허락했다고 해주십시오.
그때, 왕께서 '잘했다'고 하시면 전 무사할 겁니다. 하지만 화를 내신다면, 저를 해칠 생각이 있다는 걸로 아십시오.

※매년제 : 가족 단위로 유월절, 칠칠절, 수장절 중 하나를 택해 매년 한 차례씩 드리던 제사를 말한다.

당신은 여호와 앞에서 나와 친구로 지내기로 굳게 약속했으니 의리를 꼭 지켜주세요. 그러나 제게 죄가 있다면 당신이 직접 저를 죽이세요. 굳이 왕께 절 넘길 필요가 없잖습니까?
무슨 소리! 결코 그런 일은 없을 거야. 만약 아버지가 자네를 해칠 생각이 있다면 반드시 자네에게 알려주겠네.
하지만 왕께서 당신에게 화를 내면 누가 제게 그것을 알려주겠습니까?
요나단은 다윗과 함께 들로 나가 언약을 맺으며 말했어.
이스라엘의 하나님이 증인이야. 내가 모레 이맘때까지 아버지가 자네에게 어떤 마음을 품고 있는지 알려주겠어.
나로 인해 자네가 무사히 피하지 못한다면 여호와께서 내게 어떤 벌을 내려도 기꺼이 받을 거야.
여호와께서 내 아버지와 함께 하셨던 것처럼 자네와도 함께하시기를 바라네.
내가 살아있는 동안, 여호와의 사랑을 받을 수 있게 해줘. 그리고 내가 죽은 다음 여호와께서 자네의 모든 원수를 이 땅에서 없애버리시더라도 내 집안과의 의리를 지켜줘.
마지막으로 여호와께서 자네의 원수들을 벌주시기 바라네.

요나단은 다윗을 아꼈기 때문에 자기와 맺은 언약을 다시 말하게 했지.
살아계신 하나님 앞에 맹세합니다.
고맙네. 나 역시 여호와 하나님 앞에서 맹세하겠네.

tip 언약을 다시 말하게 하다

요나단 자신이 한 약속을 다윗에게 다시 말하게 한 것은 약속에 대한 동의를 의미한다. 즉, 요나단이 다윗을 보호하겠다고 맹세한 것처럼, 다윗 또한 후일 요나단의 후손을 돌볼 것을 맹세하는 것이다. 이런 맹세는 쌍방 중 어느 한쪽이라도 지키지 않을 경우 하나님의 심판이 있을 것이란 의미도 있다.

내가 하는 말을 잘 들게. 이틀 뒤에 자네는 전에 숨었던 에셀 바위 Link 4권 89p 옆에 숨어 기다리게.

그럼 내가 화살 세 발을 바위 근처로 쏘겠네. 그리고 화살을 찾으러 보낸 한 소년에게 내가 이렇게 말하면 자넨 무사할 것이니 안심하고 나오게.
지나쳤잖아. 화살은 네 뒤쪽에 있으니 이리 주워 오너라!
하지만 내가 이렇게 말하면, 여호와께서 자네를 멀리 보내시려는 것으로 알고 그곳을 떠나게나.
화살은 더 멀리 있다. 좀 더 가거라!

다윗은 들판에 숨었어.
지금까지 한 얘기는 여호와께서 영원한 증인이 될 걸세.
알겠습니다.
초하루 축제일이 되자 사울은 언제나처럼 벽 쪽에 앉았고, 요나단은 왕의 맞은편에, 아브넬은 왕의 곁에 앉아 음식을 먹었지.
하하하
푸하하!

다윗의 자리는 비어있었지만 사울은 아무 말도 하지 않았어.
다윗 녀석. 무슨 부정한 일이 생겼나보군.

tip 부정한 일

사울 왕은 다윗이 잔치에 참석하지 않은 것이 부정한 일을 범했기 때문이라고 생각했다. 율법상 부정한 행위로는 ① 부정한 동물을 먹거나 만지는 것 ② 자연사한 주검과 접촉하는 것 ③ 금지된 성행위 등이 있었다. 당시 초하루 식사 의식은 종교행사와 관련됐기 때문에 부정한 행위를 한 사람은 참석할 수가 없었다.

하지만 다음날에도 다윗의 자리가 비어있자 사울이 요나단에게 물었지.
왜 이새의 아들은 어제도, 오늘도 식사하러 오지 않는 것이냐?
!

다윗이 베들레헴에 가게 해달라고 부탁하더군요. 가족이 베들레헴 성에서 매년제를 드려야 한다고 말입니다. 자기 형이 그곳으로 오라고 했다며, 형제들을 볼 수 있도록 간청하기에 보내줬습니다.
뭐, 뭐라고?
요나단의 대답을 들은 사울은 불같이 화를 내며 말했어.
쾅
이 사악한 여자의 자식아! 네가 다윗의 편인 줄 내가 모를 줄 알았더냐!

※사악한 여자의 자식 : 요나단의 어머니를 들먹이는 이 욕은 극도의 증오와 분노를 나타낸다.

놈이 살아있는 한 넌 절대로 왕이 될 수 없고, 나라를 가질 수도 없다!!
당장 다윗을 끌고 와라! 그놈은 반드시 죽어야 한다!
다윗이 무슨 죄를 지었기에 죽어야 한단 말입니까?!
순간 사울은 자기 창을 뽑았어.
이놈, 닥치지 못해?!

요나단은 비로소 자기 아버지가 반드시 다윗을 죽이려 한다는 걸 알았어.
이이이…!!
부들 부들
요나단은 화를 내며 식탁에서 일어났지.
씩씩!!
아니 저 녀석이 정말!!
그리고 자기 아버지가 다윗을 죽이려 한다는 사실이 너무 괴로워 그날 아무것도 먹지 않았어.
다음날 아침, 요나단은 한 소년을 데리고 다윗이 숨어있는 들판으로 나갔어.
저리로 달려가다가 내가 화살을 쏘면 그것을 주워 오너라.
알겠습니다.
타다닥
요나단은 소년이 달려가자 그 머리 위로 화살을 쏘았지.
핑!
타다닥
소년이 화살 떨어진 곳으로 달려가자 요나단이 크게 외쳤어.
화살은 더 멀리 있다! 좀 더 가거라!
타다닥
나도 알고 있다고요.
요나단은 계속 소리를 질렀지.
빨리! 더 빨리 뛰어라!
아따! 성질도 급하셔라.
소년은 화살을 주워 요나단에게 가지고 돌아왔어.
애썼다. 넌 먼저 가서 이것을 성에 갖다놓아라.
켁, 이거 한 발 쏘려고?

소년이 가고 난 뒤, 다윗은 바위에서 나와 요나단에게 세 번 엎드려 절했지.
그들은 서로 끌어안고 울었는데, 다윗은 더욱 서럽게 울었어.
잘 가게. 우리는 여호와의 이름으로 맹세했으니 여호와께서 자네와 나, 그리고 우리 자손들 사이의 영원한 증인이 돼주실 거야!
엉
엉

tip 다윗이 서럽게 울다

이들이 함께 울었던 것은 앞으로 닥치게 될 자신들의 고난, 또 사울 왕의 잘못된 통치 아래서 겪게 될 국가적인 재앙 등을 내다봤기 때문이다. 이때 다윗이 심하게 울었던 이유는, 첫째 절친했던 요나단과의 기약 없는 이별, 둘째 가정을 뒤로하고 떠나야 하는 자신의 처지, 셋째 사울 왕과 원수가 돼 그를 피해 도망해야만 하는 기구한 운명을 생각하니 설움이 복받쳐 올랐기 때문이다.

다윗은 길을 떠났고, 요나단은 마을로 돌아갔지.
21장 놉으로 도망간 다윗
다윗은 놉으로 가서 대제사장 아히멜렉을 만났어.
실로
요단강
벧엘
기브온
라마
놉
기브아
여리고
예루살렘
베들레헴
아히멜렉은 다윗을 보자 떨며 말했지.
그… 그런데 왜 혼자 왔소? 같이 온 사람은…?
험, 전 왕의 비밀 임무를 수행 중입니다. 부하들과는 따로 만나기로 했고요.
더 깊이 알려다간 다칩니다.

※놉 : 예루살렘 북방 4km 지점에 있는 성읍으로 제사장들이 거주하던 도시다.
※아히멜렉 : 사울 당시 대제사장이었던 아히야와 동일 인물이다. Link 4권 61p

tip 아히멜렉이 두려워했던 이유

아히멜렉은 엘리 제사장의 증손, 즉 엘리의 아들 비느하스의 손자로 아히야와 동일 인물이다. 그가 다윗을 보고 떨었던 이유는 평상시 수행원을 거느리고 다녀야 할 다윗이 혼자 나타나자 자신을 위험으로 몰아넣을 왕의 비밀 명령 같은 것을 가지고 왔을 것이라 생각했기 때문이다.

그보다… 혹시 먹을 게 있나요? 내 일행이 먹게 빵 다섯 덩이와 그 밖에 먹을 게 있으면 닥치는 대로 좀 주십시오.
네?
보통 빵은 없지만 거룩한 빵이라면 좀 있죠. 당신의 부하들이 여자만 가까이 하지 않았다면 먹어도 됩니다.
우린 3일 동안 여인을 멀리했고, 특별한 임무를 맡았으니 정결합니다.

※거룩한 빵 : 성막 안에 놓아뒀던 12개의 누룩을 넣지 않은 빵. 7일 간격으로 교체했다.

대제사장은 다윗에게 거룩한 빵을 주었어.
여호와 앞에 차려놓았던 빵입니다. 마침 새로 교체했기 때문에 이걸 드시면 됩니다.
아, 감사합니다!
그런데 그날, 사울의 한 신하가 종교적인 이유로 그곳에 있었지.
그의 이름은 도엑이었는데 에돔 사람으로 사울의 목자 중 우두머리였어.
앗, 저 사람은…?!

※에돔 : 야곱의 형 에서의 후손들이 세운 나라다.

혹시 창이나 칼을 가지고 계세요? 너무 서두르다가 미처 무기를 가져오지 못했네요.
당신이 엘라 골짜기 Link 4권 77p 에서 죽인 골리앗의 칼이 천에 싸여 저기 에봇 뒤에 있습니다.
원하신다면 그걸 가져가십시오. 그것 말고 다른 칼은 없으니.
그만한 것이 또 어디 있겠습니까. 그 칼을 주십시오.

※엘라 골짜기 : 여기서 골짜기는 완만한 경사지를 의미하며 에베스담밈과 가까운 지역에 위치한다.

그날 다윗은 사울에게서 도망쳐 가드 왕 아기스에게로 갔지.

tip 가드

블레셋은 5개의 성으로 이루어졌으며 각 성마다 한 명의 왕이 다스렸다. 가드는 가사 북쪽 약 52km 지점에 있던 블레셋의 5대 성읍 중 하나였다. 또 골리앗의 고향으로 과거 다윗이 공격했던 지역이기도 하다. 당시 다윗은 매우 급박한 상황이었으므로 사울의 손길이 미치지 못하는 블레셋 도시 중 가까웠던 가드로 도망쳤다. 다윗은 블레셋이 그들의 원수 사울로부터 피해온 자신을 환영해줄지 모른다고 생각했을 것이다.

여기 이스라엘에서 어떤 사람이 찾아왔습니다.

아니, 저 사람은 이제 보니 이스라엘의 왕 다윗 아닌가?
이스라엘 여자들이 춤을 추면서 '사울이 죽인 적은 천천이요, 다윗이 죽인 적은 만만이라네.' 라고 노래했던 바로 그 사람?!
맞아, 맞아. 분명 그놈이야!
저… 저 원수가 어떻게 여길…??

※이스라엘의 왕 : 사울 왕이 있음에도 불구하고 다윗을 왕이라고 한 것으로 보아 당시 다윗의 명성을 짐작할 수 있는 대목이다.

자신의 정체를 들키자 두려워진 다윗은 그들 앞에서 미친 척하기 시작했어.
헤… 밥 줘. 배고파.
헤 헤
으잉?
왜 저런 미친놈을 왕궁까지 데려왔느냐? 이 나라에 미치광이가 부족해서? 당장 내쫓지 못해?!
밥 나와라 뚝딱! 헤헤!
이놈을 당장 끌어내라!

22장 아둘람 동굴로 도망치다

다윗은 가드를 떠나 유다 땅 아둘람 동굴로 피했지.
낑
TV에 몇 번 나왔다고 잘도 알아보는구나. 싸인이나 해줄 걸.
다윗의 형들과 다른 친척들도 사울의 위협을 피해 그곳으로 내려왔어.
사울이 우리도 그냥 두지 않을 거야.

※아둘람 : 가드 남동쪽 14km 지점. 가드와 베들레헴 사이에 위치한 이곳은 석회암 동굴이 많을 뿐 아니라 사울의 통치력이 크게 미치지 않았다.

그뿐 아니라 어려움 당한 사람, 빚진 사람, 억울한 일을 당한 사람들까지 모여들었는데 그들 400여 명이 모두 다윗을 따랐어.
사울이랑 놀기 싫어.
맞아, 우리가 자기 똘마니도 아니고 말이야.
웅성
웅성
요즘은 다윗의 인기가 짱이잖아.

거기서 모압 땅 미스베로 간 다윗은 모압 왕을 만났지.
저를 위한 하나님의 계획을 알 때까지 제 부모님이 이곳에 머물 수 있도록 해주십시오.
이스라엘 왕의 적은 내 친구지. 그렇게 하게.

※모압 : 가나안 동쪽 암몬 아래 지역에 위치. 오래도록 이스라엘을 괴롭힌 민족이다.

다윗이 미스베의 성채에 숨어 있는 동안 그의 부모님은 모압 왕과 함께 있었어.
어때?
이럴 수가 이거 속임수 아냐?!
어이구, 우리 영감 짱이야, 짱!
까
까

※400여 명 : 이는 병사들의 수를 가리킨다. 병사들의 가족까지 합치면 실제는 더 많은 수가 다윗을 따랐을 것이다.

그때 선지자 갓이 다윗에게 말했지.
여기 있지 말고 유다 땅으로 들어가시오.
거 참, 꼭 귀신처럼 등장하는군요.

선지자의 말을 들은 다윗은 그곳을 떠나 유다 땅 헤렛 숲으로 갔어.
하나님이 가라시니 따라야지.

사울, 제사장들을 죽이다

한편 사울은 다윗과 그의 무리들이 유나 땅에 나타났다는 소식을 들었지.
다윗이 나타났다고? 그것도 무리를 이끌고?

사울은 자신의 모든 신하들과 기브아 언덕의 상수리나무 아래에 있었어.
잘 들어라, 베냐민 사람들아!
마… 말씀 하십시오.

※베냐민 사람 : 사울은 자신의 측근들을 모두 자신의 지파인 베냐민 사람들로 구성했다.

다윗이 너희에게 밭과 포도원을 주고, 너희를 천부장이나 백부장으로 삼을 줄 아느냐? 그래서 너희가 나를 치려고 음모를 꾸몄느냐?

※헤렛 : 헤브론 산맥의 등성이에 위치. 아둘람 동굴에서 약 5km되는 곳으로 수풀에 싸여 있다.

내 아들이 다윗과 맹약을 맺고 내 신하를 부추겨 오늘 당장 나를 죽이려 하는데도 날 염려해 그 사실을 알려준 자가 없었다!
그때 신하들 가운데 있던 에돔 사람 도엑이 말했지.
제가 놉에서 다윗이 아히둡의 아들 아히멜렉을 만나는 것을 봤습니다.
뭐라고? 다윗이 아히멜렉을 만났다고?
아히멜렉은 다윗을 위해 여호와께 기도해 주고, 음식과 골리앗의 칼까지 내줬습니다.
뭐가 어째?
당장 놉으로 가서 아히멜렉과 그 친척들을 모조리 잡아오너라!
아… 알겠습니다.
사울은 사람을 보내 놉의 대제사장인 아히멜렉과 그의 모든 친척들을 잡아오게 했어.
아히둡의 아들은 들어라!
왕이시여… 마, 말씀하십시오.
넌 어째서 이새의 아들과 함께 나를 해치려고 음모를 꾸몄느냐?
넷? 그게 무슨 말씀이십니까?!
왜 너는 다윗에게 빵과 칼을 주었고, 왜 하나님께 놉이 해야 할 일을 물었느냐? 어째서 다윗이 오늘날 나를 해치도록 한 것이냐?!
그… 그건….
와… 왕의 신하들 중에 다윗만큼 충성스러운 자가 누가 있습니까? 다윗은 왕의 사위이고, 호위대장이며, 왕실의 중요한 사람이지 않습니까? 그런 그를 위해 하나님께 기도드린 게 이번이 처음은 아니지요.
왕의 종인 저와 제 친척들을 탓하지 말아주십시오.
저는 이 일에 대해 아무것도 아는 게 없습니다.

아히멜렉아, 너는 네 친척들과 함께 죽어 마땅하다!
제… 제발…!!
이 여호와의 제사장들을 모두 죽여라! 이들은 다윗과 작당했고, 다윗이 도망친다는 것을 알고도 내게 알려주지 않았다!!
헉!
왕… 왕이시여!!
아이고!!
살려 주세요!
사울의 신하들은 자기 손으로 여호와의 제사장들을 죽이고 싶지 않았지.
그… 그게….
여호와의 제사장을 어떻게…!
저놈들을…?!
아아…!!
그러자 사울은 도엑에게 명령했어.
도엑, 네가 해치워라!!
넵, 알겠습니다!
그날, 에돔 사람 도엑은 고운 삼베 에봇을 입은 제사장 85명을 죽였지.
퍽 퍽 퍽
크악!
사… 살려줘!
또 그는 제사장들의 성인 놉으로 가서 남자와 여자, 아이와 갓난아기, 소와 나귀와 양들을 칼로 쳐 죽였어.
꺄악~
숨 쉬는 건 모조리 죽여!
으아아악
꺄악
아아악~
아히멜렉의 아들 아비아달은 대제사장의 에봇을 가지고 죽음을 피해 헤렛 숲에 있던 다윗을 찾아갔지.
쿵
크흐흑, 사울 두고 보자!!
쿵
쿵
부우웅
NO 3
아비아달은 사울이 여호와의 제사장들을 모두 죽였다는 소식을 다윗에게 전했어.
크흐흑, 이제 제 가족과 친척은 아무도 남지 않았습니다.
그날 도엑이 그곳에 있었다. 그가 틀림없이 사울에게 알릴 것이라 짐작했다.
네 가족과 친척들의 죽음은 모두 내 탓이다.

※삼베 에봇 : 일반 제사장이 입던 제사장 예복을 말한다.

※대제사장의 에봇 : 대제사장이 입는 예복으로 겉옷 위에 덧입는다. 이 에봇 안에는 하나님의 뜻을 알 수 있는 우림과 둠밈이라는 제비뽑기 도구가 들어있다.

두려워 마라. 널 죽이려는 사람이
곧 날 죽이려는 사람이기 때문에
나와 함께 있으면 안전할 것이다.
흑흑…
감사합니다.

23장 블레셋을 친 다윗

블레셋이 그일라를
공격하고 있다고
합니다!
뭐라고?
다윗은 여호와께 물었어.
제가 서 블레셋
사람들을 쳐도
되겠습니까?
어서 가서
블레셋을 치고
그일라를 구하라!

※그일라 : 유다 지파의 땅으로 당시 다윗이 머물던 헤렛 수풀에서 북쪽 약 9km 떨어진 곳으로 추정된다.

우리가 그일라를
구하러 갑시다!
아니… 우리는 여기
유다 땅에서도
떨면서 있습니다.
그런데 어떻게
그일라까지 가서
블레셋과 싸울 수
있겠습니까?
다윗은 다시 여호와께 물었지.
그일라로 가거라!
블레셋을 네 손에
넘겨주겠다!
그럼 하나님만
믿겠습니다.
다윗과 그의 부하들은 그일라로 가서 블레셋 사람들을 크게 무찔렀어.
와아아아
누… 누구냐?!
으악!
크윽!
우린 다윗의
병사들이다!
하나님께서
네놈들은 우리 손에
있다고 하셨다!

다윗은 블레셋 사람들의 가축을 빼앗고 그일라 백성을 구해줬어.
다윗 만세~!
다윗이 블레셋을
물리쳤다!

사울이 다윗을 추격하다

사울은 다윗이 그일라로 갔다는 소식을 들었지.
하나님께서 다윗을
내 손에 주셨구나! 다윗이
성문과 성벽이 있는 곳으로
들어갔으니, 놈은 그 속에
갇힌 것이나 다름없다!
캬캬캬

사울은 그일라로 가기 위해 군대를 소집했어.
그일라로 가서 다윗과 그 무리들을 잡을 것이다! 후딱 준비해라!
알겠습니다!
그래서 다윗은 600명 정도 되는 부하들을 이끌고 그일라를 떠났어.
빨리 튀… 아니… 작전상 후퇴다!
두두두두두
도망치는 거면서. 쳇.
그들은 위험을 피하기 위해 여기저기 계속 떠돌아다녔지.
이번엔 여기에 꼭꼭 숨어있자.
너희들은 위에서 망보다가 누가 오면 무전 날려.
넵.
그 소식을 들은 다윗은 제사장 아비아달의 에봇을 가져와 여호와의 뜻을 물었지.
여호와여, 사울이 저를 치기 위해 그일라로 와서 이 성을 멸망시키려 한답니다. 사울이 정말 이곳으로 오는 것입니까?
그럼 그일라 백성이 저를 사울에게 넘기겠습니까?
사울은 올 것이다. 또한 그일라 백성은 너를 그에게 넘길 것이다!
사울은 다윗이 그일라를 떠났다는 소식을 듣고, 그일라를 치려던 계획을 취소했어.
징그러운 놈, 눈치도 빠르네.
※600명의 부하 : 당시 다윗에게는 병사 600명과 이들에게 딸린 식구를 합해 약 2천5백~3천 명 정도 있었다.
다윗은 마온 광야의 요새에 머물기도 하고, 십 광야 산속 요새에도 머물렀지.
저희는 갓 지파 중에 다윗님을 따르기로 한 사람들입니다.
저희 베냐민 지파에서도 다윗님과 합류하기 위해 왔습니다.
거 참, 도망치는 신세인데도 병사들이 점점 늘어나네.
사울은 날마다 다윗을 찾아다녔지만, 하나님께서는 다윗이 피할 수 있도록 미리 알려주셨어.
다윗아, 사울이 그쪽으로 간다. 튀어라!
네, 감사요. 하나님!
※마온 광야 : 십 광야에서 남쪽 약 8km에 위치한 유다 땅 황무지이다.
※십 : 헤브론 남동쪽 5.6km 지점이며 그일라에서 남동쪽 22km쯤 된다.
다윗이 십 광야의 수풀에 숨어있을 때 요나단이 격려하기 위해 찾아왔어.
아니, 요나단 형님! 여긴 어쩐 일입니까?
하하! 아직 살아있나 보려고.
내 아버지는 자네를 잡지 못할 테니 두려워할 것 없어. 자네는 반드시 이스라엘의 왕이 될 거야. 그리고 난 자네 다음 가는 자리에 앉을 것임을 내 아버지도 알고 계시네.
형님….
두 사람은 다시 여호와 앞에서 언약을 맺었어.
예전에 했던 언약 기억하지?
두 분 사이가 저렇게 좋은데….
사울 미워.
훌쩍

그 후 요나단은 집으로 돌아갔고, 다윗은 여전히 십 광야의 수풀에 남아있었어.
형님, 조심히 가십시오.
그래, 무사히 살아서 만나자.
그때 십 사람들이 기브아에 있던 사울을 찾아가 말했지.
다윗이 우리 땅인 십 광야의 하길라 산속 요새에 있습니다.
왕이시여. 지금 당장이라도 내려오시면 저희가 다윗을 왕께 넘겨드리겠습니다.
그래? 나를 도와준 그대들에게 여호와께서 복 주시기를 바란다.
※하길라 : 사해 근방의 석회암 동굴 지역으로 추정된다.
놈은 아주 교활하다. 너희는 다윗의 모든 움직임을 자세히 조사해 확실한 정보를 가지고 다시 오너라. 그럼 내가 너희들과 함께 가겠다. 만약 다윗이 그곳에 있다면 나는 온 유다 땅을 뒤져서라도 놈을 찾아내고 말 것이다!
십 사람들은 사울보다 먼저 십 광야로 떠났어.
크크, 고자질로 한몫 단단히 잡아보자!
다윗이 복덩이여.
히히
그때 다윗과 그 부하들은 십 광야 남쪽 아라바 부근의 마온 광야에 있었지.
※마온 : 십에서 남쪽으로 약 8km 지점에 위치. 십과 갈멜 근처에 있는 유다의 구릉지 성읍이다.
사울과 그의 군사들이 다윗을 찾아 나섰지만 다윗은 그 사실을 듣고 마온 광야의 저지대로 피했어.
야야, 사울이 온단다.
끈질기네.
에이, 귀찮아.
사울도 그 소식을 듣고 다윗의 뒤를 쫓아 마온 광야의 저지대로 내려갔지.
이놈들 벌써 튀었군.
이놈들 도망치는 건 고수구나.
이렇게 사울과 다윗은 산지에서 쫓고 쫓기는 추격전을 벌였어.
이놈들아 서라!
부우웅
바아앙
흥, 서면 때릴 거면서!
그러다 사울은 아예 산을 포위하고 다윗을 잡으려 했지.
이제 너희들은 끝났다.
크크크
항복하면 살살 죽여줄게.

그때 전령이 사울을 찾아와 이렇게 전했어.
왕이시여, 빨리 돌아가야 합니다. 블레셋 놈들이 쳐들어왔습니다!
하필 이럴 때… 저놈을 다 잡았는데….
아, 징그럽게 운 좋은 놈.
사울은 블레셋과 싸우기 위해 돌아갔고, 그곳은 셀라하마느곳이라 부르게 됐어.
어라? 사울이 그냥 돌아가는데요?
사울 왕이 이곳을 넘지 못하도록 여호와께서 우릴 지켜주신 것이다.

※셀라하마느곳 : '경계의 절벽'이라는 뜻이다.

이제 다윗은 마온 광야를 떠나 엔게디 요새에 머물렀어.
라마
놉
여리고
기브아
예루살렘
베들레헴
예렛 숲
아둘람
그일라
헤브론
하길라
염 해
(사해)
십 광야
엔게디
갈멜
마온 광야
24장 다윗이 사울을 살려주다
블레셋을 물리치고 돌아온 사울은 다윗 소식을 들었어.
다윗이 엔게디 광야에 있다고?
사울은 정예병 3천 명을 이끌고 엔게디 광야의 들염소 바위 쪽으로 갔어.

※엔게디 : '염소의 샘'이라는 뜻. 사해 서쪽 연안 중간쯤에 위치하며 상당히 넓은 지역 전체를 가리킨다. 십에서 동쪽으로 25.6km 지점으로 큰 바위들이 있는 산악 지대이며 벼랑과 깊은 협곡으로 이루어져 많을 굴을 형성하고 있다.

사울이 길가에 있는 양 우리에 도착했을 때였지.
여기서 기다려라. 똥 좀 싸고 올게. 아이고 급하다 급해.
그런데 마침 다윗과 그의 부하들이 그 동굴 안쪽 깊은 곳에 숨어있었어.
오… 사… 사울이…!
호랑이 아가리 속으로 들어왔구나, 오예!
끙끙
주께서 원수를 넘겨주신다더니 오늘이 바로 그날입니다.
너희들은 여기서 기다려라.

※양 우리 : 당시 목동들은 자연 동굴을 손질해 그들의 숙소나 양의 우리로 삼았다.

다윗은 은밀히 사울 가까이로 가 그의 겉옷을 몰래 잘랐어.
아따, 시원타!
끄응!
다윗은 사울의 옷자락을 잘라낸 것만으로도 마음이 괴로웠어.
아니, 지금 뭐하는 겁니까? 천금 같은 기회를 놓치다니요?
그 옷자락으로 똥 닦을 겁니까? 네?!
말도 안 돼. 저 인간 목만 따버리면 고생 끝, 행복 시작인데!
진정해라. 진정해. 똥 쌀 때 칼 맞으면 얼마나 기분이 더럽겠냐.

다윗은 자기 부하들이 사울을 공격하지 못하게 했어.
제가 저놈을…!!
어찌 감히 여호와께서 기름 부어 세우신 왕을 치려고 하느냐!
저… 저… 입 안에 들어온 사탕이 제 발로 나가…
마침내 사울은 동굴을 걸어 나갔지.
허어, 시원타. 어서 떠날 채비를 하자.
넵!!
사울이 떠나자 다윗이 동굴에서 나와 뒤에서 크게 외쳤어.
내 왕이시여~!!
아니? 누가 날 불러?
저… 저기… 다윗 같은데요…??
사울이 돌아보자 다윗은 엎드려 절을 했지.
저… 저놈이 언제 저기에…?
절을 하는데요?
도대체 왜 왕께서는 제가 당신을 해치려 한다는 사람들의 말만 들으십니까?!
뭐래?
저 역적 놈이….
여호와께서 오늘 동굴에서 왕의 목숨을 제 손에 맡겼습니다!
왕을 죽이자는 사람도 있었지만 여호와께서 기름 부어 세우신 왕이기에 해치지 않았습니다!
뭐? 정말…?
뻥이에요. 뻥! 전문 용어로는 허장성세!
이것을 보십시오, 왕의 옷자락입니다! 저는 왕의 옷자락만을 잘랐을 뿐입니다!
억!
켁!
허걱!!
이것으로 저는 왕께 어떤 죄나 해를 끼치려고 한 적이 없음을 아실 겁니다. 그런데도 왕께서는 저를 죽이려고 쫓아오고 있습니다!
저… 정말 내 옷자락이 잘려 있잖아?!
어이구야!
와… 왕의 목이 떨어졌다가 붙은 거로군요.

이제는 여호와께서 재판관이 돼
제 억울함을 풀어주시고 왕을 벌하시기 바랍니다! 다만 제 손으로 왕을 해치지는 않겠습니다! 이제 여호와께서 제 억울함을 살피시고 왕의 손에서 절 구해주시기를 바랍니다!
아아…
이럴 수가….

사울이 큰 소리로 울며 말했어.
내 아들 다윗아.
정말 네 목소리더냐?!
난 널 죽이려 했는데…
네가 나보다 의롭구나!
여호와께서 나를 네 손에 넘겨주셨는데도 넌 날 죽이지 않았다!
어느 누가 원수를 만났는데 그냥 보내주겠느냐? 이것만으로도 네가 날 얼마나 아끼는지 알겠다!
엉
엉

나도 분명히 안다.
넌 틀림없이 이스라엘의 왕이 되고 이스라엘은 네 손에서 굳건해질 것이다!
그러니 넌 이제 여호와의 이름으로 내 자손을 죽이거나, 내 아버지의 집안에서 내 이름을 지우지 않겠다고 맹세해다오!
엉엉

tip 너는 틀림없이 왕이 되리라

사울이 자기 입을 통해 다윗의 왕권을 인정했다는 사실은 매우 의미 있는 일이다. 이는 다윗의 왕위 등극에 합법성을 주는 증거이기도 하다. 중요한 것은 사울이 왕권을 스스로 포기했다는 사실이다. 이런 사실은 다윗이 가까운 장래에 왕으로 옹립될 것임을 간접적으로 암시한다고 할 수 있다. 다윗을 왕으로 삼으려는 하나님의 계획은 차질 없이 진행되고 있었다.

그 모든 것을 여호와의 살아계심으로 맹세합니다!
진심으로
고맙구나!

사울은 자기 왕궁으로 돌아갔고, 다윗과 그의 부하들은 엔게디 요새로 올라갔지.

25장 다윗이 아비가일을 만나다

사무엘이 죽자 모든 사람들이 슬퍼하며, 사무엘을 그의 고향인 라마에 묻었어.

※라마 : '라마다임소빔'으로 불리는 사무엘의 고향이다.

그때 다윗은 바란 광야로 내려갔지.

tip 바란 광야로 간 다윗

바란 광야는 아라비아 반도 최남단부에 있는 장소로 유다의 산맥까지 뻗쳐있고, 팔레스타인 남부의 목초 지대에 붙여진 이름이다. 사무엘이 죽자 다윗이 이스라엘 본토에서 멀리 떨어진 바란 광야로 내려간 이유는 자신에게 기름 부었을 뿐 아니라 정신적 지주였던 사무엘의 죽음으로 더욱 기승을 부릴 사울을 피하려는 의도였다.

한편 마온에는 갈렙의 자손 나발이라는 사람이 살았는데, 그는 갈멜에 땅을 가진 큰 부자였지.
여기 있는 1천 마리 염소와 3천 마리 양은 다 내 거라고.

나발에게는 지혜롭고 아름다운 아비가일이라는 아내가 있었어.
구두쇠에다 속 좁고 포악한 나발이 아내는 잘 얻었지.
수군
수군
왕 부럽다야.

※마온 : 십에서 남쪽으로 약 8km 지점에 위치. 십과 갈멜 근처에 있는 유다의 구릉지 성읍이다.
※갈멜 : 마온 북쪽으로 약 1.6km 떨어진 지점의 풍요로운 땅. 과거 사울이 아말렉과의 싸움에서 승리한 후 기념비를 세운 곳이다.

어느 날, 나발은 갈멜에서 자기 양의 털을 깎았어.
하하, 오늘 같은 날은 맘껏 즐기자고~!
하하하
하하하
하하~!

tip 양털 깎기

양털을 깎는 날은 유목민에게 있어 일종의 축제일이었다. 양털은 주로 봄철에 깎는데 이날에는 큰 잔치를 베풀어 이웃과 나그네를 후히 대접했다. 성경 시대의 이스라엘 지역에서 양털 깎기와 추수기, 또 새 집을 지었을 때의 낙성식과 아기의 젖떼기 등은 중요한 가족행사였다.

한편, 갈멜 북쪽, 십 광야에 있던 다윗은 나발이 양털을 깎는다는 소식을 들었어.
너희는 갈멜로 가서 나발에게 내 이름으로 안부를 전해라.
네, 알겠습니다.

다윗의 명을 받은 10명의 청년들이 나발에게 갔지.
저희는 이새의 아들 다윗의 종들입니다. 당신과 당신 집안이 평안하시기를 빕니다.
듣자하니 양털을 깎는 기간이라고 하던데….
그렇소만.
하하하
하하하

tip 다윗이 보낸 10명의 청년들

10이란 수는 히브리인에게 있어서 완전수였으므로 10명을 보낸 것은 최상의 존경과 신뢰를 표한 것이었다. 당시 많은 양을 소유한 주인은 자기 양을 지켜준 자와 도적의 약탈에서 보호해준 자들을 기쁘게 맞이하고 그들이 필요한 것을 제공하는 관습이 있었다.

당신의 양치기들이 우리와 함께 십 광야에 있었는데 우린 그들을 괴롭히지 않았을 뿐 아니라, 그들이 갈멜에 있는 동안 도둑맞게 한 것도 전혀 없었습니다.
당신의 종들이 그 증인이 되어줄 것입니다.
그런데?

이런 좋은 날에 부디 당신의 종과 다름없는 저희를 너그럽게 보시고 먹을 것을 베풀어주시기를 바랍니다.
쳇, 구걸하러 온 녀석들이군.
쿵

도대체 다윗이 누구며, 이새의 아들이 누구냐 말이냐?
요즘은 많은 종놈들이 자기 주인에게서 도망친다던데….
아… 아니… 그런 말을…!

내 어찌 빵과 물과 일꾼에게 주려고 잡은 고기를 어디서 굴러먹다가 왔는지도 모르는 놈들에게 주겠느냐?
음….
이… 이런 모욕을…!
청년들은 다윗에게 돌아와 나발이 한 말을 그대로 전했어.
뭣이라고?!
모두 칼을 차라! 이 모욕을 그냥 덮어둘 수 없다!
내가 그동안 광야에서 나발을 위해 애쓴 것은 다 헛일이었다!
나발은 선을 악으로 갚았다. 내일 아침까지 내가 나발에게 속한 남자 중에 한 명이라도 살려두면 하나님이 내게 벌을 내리실 것이다!
본때를 보여주자!
와아아
다윗과 함께 400여 명의 사람들이 나발에게 갔고, 200여 명은 남아 짐을 지켰지.
다윗을 모욕한 나발에게 죽음을!
이때 종 한 명이 나발의 아내 아비가일에게 말했어.
다윗이 주인님께 인사하려고 사람을 보냈었는데, 주인님은 그들에게 욕을 해서 쫓아냈습니다.
뭐라고?
저희들이 들판에 있는 동안 그들은 우리를 밤낮으로 지켜주고 돌봐줬는데 그런 모욕을 당했으니 틀림없이 우리 주인과 온 집안을 치러 올 것입니다.
크… 큰일났구나!
주인님은 성격이 하도 불같아서 말을 붙여볼 수도 없습니다.
그러니 이제라도 어떻게 해야 할지 마님께서 빨리 결정하셔야 합니다.
서… 서둘러야 겠구나.
아비가일은 빵 200덩이, 포도주 2부대, 손질한 양 5마리, 볶은 곡식 5세아, 건포도 100송이, 무화과 200개를 나귀에 실었지.
나는 곧 따라갈 테니 먼저 출발해라.
그녀는 자기 남편 나발에게는 아무 말도 하지 않았어.
남편이 알아봐야 훼방만 할 거야.
아비가일이 산을 내려올 때, 마침 자기 쪽으로 오고 있는 다윗과 그 일행을 만났지.
아… 저기 다윗과 그 부하들이 떼로 몰려옵니다.

※5세아 : 약 38리터에 해당한다.

아비가일은 다윗을 보자 재빨리 나귀에서 내려, 얼굴을 땅에 대고 다윗에게 절했어.
내 주여, 저는 나발의 아내 아비가일입니다. 그 모든 것은 제 잘못이니 제 말을 들어주세요.
?!
당신은 악한 나발에게 신경 쓰지 마세요. 그는 이름처럼 어리석은 사람입니다. 당신을 해치려는 모든 사람은 나발과 같이 되기를 바랍니다.
누가 내 욕을 하나? 귀가…?
※나발 : '어리석음'이라는 뜻이 있다.
당신이 보낸 사람들이 왔을 때 저는 거기 있지 않았습니다. 이제나마 당신을 만나 당신 손으로 피를 흘려 복수하는 것을 막으신 분은 여호와이십니다.
나를 막으려고 왔소?
이 선물은 당신께 드리는 것이니 당신을 따르는 사람들에게 주세요.
제 잘못을 용서해주십시오. 당신은 여호와를 위해 싸웠으니 여호와께서 당신 집안을 든든히 세워주시고 평생 어떤 어려움도 없도록 도와주실 것입니다.
누가 당신을 죽이려 하더라도 여호와께서 보살펴주실 것이며, 당신의 원수는 여호와께서 돌팔매로 던지듯 그 목숨을 던져버릴 것입니다.
이제 여호와께서는 당신에게 약속하신 모든 일을 다 이루셔서, 당신을 이스라엘의 지도자로 삼으실 것입니다. 그런데 지금 공연히 피의 복수를 해 훗날 왕이 되신 뒤 죄책감을 가지거나 후회하는 일이 없어야 할 것입니다.
와아아아
와아아아
여호와께서 당신과의 약속을 모두 이루셨을 때 부디 저를 기억해주시기 바랍니다.
으음…!
오늘 당신을 보내 나를 만나게 하신 하나님 여호와를 찬양합니다.
오늘 복수하려던 나를 막은 지혜로운 당신에게 감사드리고 여호와께서 당신에게 복을 주시기 바라오.
아….

나를 막아 당신을 해치지 못하게 하신 여호와 하나님 앞에 맹세하지만, 만약 당신이 이렇게 나를 막지 않았다면 내일 아침쯤에는 나발 집안에 살아남은 남자가 하나도 없었을 거요.
다윗은 아비가일이 가져온 선물을 받았어.
내가 당신 말대로 할 테니 평안히 집으로 돌아가시오.
정말 감사합니다.
아비가일이 집으로 돌아왔을 때, 나발은 왕처럼 큰 잔치를 벌이고 있었지.
하하, 여어, 마누라!
그는 술에 잔뜩 취해 있었기 때문에 아비가일은 다음날 아침까지 아무 말도 하지 않았어.
다… 당신도 한잔….
딸꾹
다음날 아침, 아비가일은 나발에게 전날 있었던 모든 일을 말해줬어.
이 집에 있는 모든 사람이 죽을 뻔했다고요.
뜨악!
나발은 충격을 받아 몸이 돌처럼 굳어버렸고…,
여, 여보?
쿵
열흘 정도 지난 후 죽고 말았어.
흑흑흑….
나발이 죽었다는 소식을 들은 다윗이 말했어.
여호와를 찬양하라! 나발이 나를 욕보였으나 주께서는 내가 악한 짓을 못하게 하시고, 주께서 직접 나발의 죄를 갚으셨도다!!
하하하
쌤통!!
다윗은 아비가일에게 사람을 보내 아내로 삼고 싶다는 뜻을 전했지.
우리 두목… 아니, 어르신께서 당신을 아내로 삼길 바라십니다. 함께 가시지요.
네?

아비가일이 절을 하며 말했어.
제가 기꺼이 그분의 종이 돼 그분을 섬기는 종들의 발까지도 씻어드리겠습니다.
아… 저한테 절할 필요는….

tip 다윗과 아비가일의 결혼

나발의 아내였던 아비가일이 이스라엘의 왕이 될 다윗의 아내가 된 것은 의미심장한 일이다. 악인 사단에 속했던 사람이 예수 그리스도를 만나면서 구원의 대열에 속하게 된 것과 동일한 양상이다. 또 유다 지파에서 유력한 아비가일을 아내로 맞이함으로써 다윗은 훗날 왕위에 오를 때 유다 지파의 강력한 지지를 얻을 수 있었다.

아비가일은 서둘러 나귀를 타고 하녀 다섯과 함께 다윗이 보낸 사람들을 따라갔어.

다윗에겐 이미 아내로 이스르엘 성읍에 살던 아히노암이 있었고…,
전 다윗의 첫째 아들 암논을 낳았죠.
사울의 딸 미갈도 다윗의 아내였지.
허접한 다윗 따위는 잊어버려라. 내가 삼빡한 놈을 소개시켜주마.
넷? 그게 무슨…?
사울은 미갈을 갈림 사람인 라이스의 아들 발디에게 줘버렸어.
아빠 미워.
그 정도면 인물 좋지 뭐!
다윗을 도울 수 없게 만들어야 해. 우리 베냐민 지파와 연을 맺는 것도 좋고.
흑 흑

※이스르엘 : 유다 지파의 성읍 중 하나다.

※갈림 : 예루살렘 북쪽의 베냐민 지파의 성읍이다.

26장 다윗이 또다시 사울을 살려주다

십 사람들이 기브아에 있는 사울에게 찾아와 말했어.
다윗이 십 광야 하길라 산속에 숨어있습니다.
음… 이번에야 말로 기필코!!

사울은 정예병 3천 명과 함께 십 광야로 가 다윗을 찾아다녔어.
전에 동굴에서 응가 할 때 다윗이 살려준 걸 잊었나 봐.
그러게 닭똥 같은 눈물을 흘리며 아들 어쩌고 하더니….

※십 : 헤브론 남동쪽 5.6km 지점. 그일라에서 남동쪽 22km쯤 된다.

※하길라 : 사해 근방의 석회암 동굴 지역으로 추정된다.

사울은 하길라 산길 옆에 진을 쳤어.
킥킥
이번에야말로 똥 같은 실수는 하지 않으리.
광야에 머물러 있던 다윗은 사울이 왔다는 소식을 들었지.
쿵, 맹세가 어쩌고 하더니 다 뻥이었구나.
다윗은 정찰병을 보내 사울의 위치를 확인한 뒤 그의 진영으로 다가갔어.
진영 가운데 장막에 사울이 있습니다.

다윗이 그의 부하 헷 사람 아히멜렉과 스루야의 아들 아비새에게 물었어.
나랑 사울의 진영으로 함께 내려갈 사람?
제가 가겠습니다.
사울과 군사령관인 넬의 아들 아브넬이 진영 한가운데서 잠들어 있었지.
드르릉
쿨 쿨
사울의 머리맡에는 그의 창이 세워 있었어.
흐흐, 오늘 하나님께서 원수를 넘겨 주셨습니다.
드르릉
다윗과 아비새는 어두운 밤을 틈타 사울의 진영으로 들어갔지.
살금
살금
두 번도 필요 없습니다. 제가 이 창으로 단번에 사울을 땅에 꽂아버리겠습니다!
콱
사울을 죽이면 안 된다. 누구든 여호와께서 기름 부어 세운 자를 해쳤다가는 벌을 피할 수 없을 것이다.
네?
여호와께 맹세하지만 여호와께서는 직접 사울을 치실 것이다. 죽을 때가 돼 죽거나 전쟁터에서 죽을 것이다.
하, 하지만… 저번에도….
주께서 기름 부어 세운 자를 내 손으로 칠 수는 없다. 이 창과 물병만 들고 나가자.
쩝, 알겠습니다.
음냐 음냐
여호와께서 사울의 군대를 깊이 잠들게 하셔서 아무도 다윗과 아비새가 다녀간 것을 보지 못했지.
드르릉
쿨쿨
다윗은 사울의 진영과 멀리 떨어진 건너편 언덕 위에 섰어.
이 정도 거리면 쫓아와도 충분히 도망칠 수 있겠지?
다윗은 사울의 진영을 향해 소리쳤지.
아아, 마이크 테스트, 아브넬아~ 내 말이 들리느냐?!
이게 무슨 소리야?
뭐야?

※아히멜렉 : 가나안 원주민인 헷 사람. 다윗을 도와준 제사장과 이름은 같지만 다른 인물이다.

※아비새 : 다윗의 이복 누나 스루야의 둘째 아들이다.

웬 놈인데 이 밤에 소리쳐서 왕을 깨우느냐?!
이것은 다윗의 목소리가 아닌가?
너는 이스라엘에서 가장 위대한 용사인데도 어째서 왕을 지키지 못했느냐? 누군가 왕을 죽이러 거기 갔었다! 여호와께서 기름 부으신 왕을 지키지 못했으니 너와 네 군사들은 죽어 마땅하다!
뭐?
뻥치지 마! 이 많은 병사들은 허수아비냐?!
그렇다면 왕의 머리 맡에 있던 창과 물통이 어디 있는지 봐라!
그것이 어째서…?
헉!
켁!
이, 이럴 수가…!
네가 내 아들 다윗이더냐?!
내 주여. 제가 무슨 잘못을 저질렀기에 쫓아오셨습니까?
제 죄가 무엇입니까? 저를 죽이라고 하신 분이 여호와라면 기꺼이 죽어 제물이 되겠습니다!
그러나 사람이 그랬다면 그들은 여호와 앞에서 저주받을 것입니다! 여호와께서 제게 주신 땅에서 저를 쫓아내 낯선 땅의 다른 신을 섬기게 했기 때문입니다!
저를 낯선 땅에서 죽지 않게 해주십시오! 이스라엘의 왕께서 겨우 벼룩과 같은 저를 잡아서 뭘 하겠습니까?!
내가 어리석었다! 내가 큰 잘못을 했다!
오늘 넌 내 생명을 지켜줬으니, 나도 다시는 널 해치지 않겠다! 그러니 내 아들 다윗아, 돌아오너라!
사람을 보내 여기 창을 가져가십시오!
여호와 하나님의 옳고 그름은 분명하십니다. 여호와께서 오늘 제게 왕을 넘겨주셨지만 저는 여호와께서 기름 부으신 왕을 해칠 생각이 없습니다!
제가 오늘 왕의 생명을 지킨 것처럼 여호와께서도 제 생명을 지키셔서 고난 가운데서도 건져주실 것입니다!
내 아들 다윗아, 여호와께서 네게 복 주시기를 바란다! 너는 큰 일을 할 것이고 반드시 승리할 것이다!
그런 뒤 다윗과 사울은 각자 제 길을 갔어.
어디서 봤던 장면 같은데…?

27장 블레셋으로 간 다윗

흠, 이러다 나는 사울에게 곧 잡혀 죽을 것이다. 살 길은 블레셋 땅으로 가는 것뿐이다.
그럼 사울은 이스라엘을 뒤지다 결국 포기할 것이고, 나는 그의 손에서 벗어날 수 있겠지.
다윗과 600명의 군사들은 블레셋으로 망명했어.
가드 왕 마옥의 아들 아기스에게 몸을 맡기자.

※가드 : 골리앗의 고향이며 블레셋의 주요 성읍 중 하나다.

하하, 어서 오시오. 원하는 만큼 이곳에 머무르시오.
환대에 감사드립니다.
후후, 다윗이 데려온 병사들은 분명 우리에게 큰 힘이 될 것이다.
다윗과 그의 군사들과 그 가족들은 모두 함께 가드에서 살게 됐어.
이제 더 이상 도망다니지 않아도 되겠군.
다행이야, 정말~.

※다윗의 무리 : 당시 다윗에게는 병사 600명과 더불어 이들에게 딸린 식구 등 약 2천5백~3천 명 정도의 사람들이 있었다.

다윗은 이스르엘 여자 아히노암과 죽은 나발의 아내였던 갈멜 여자 아비가일과 함께 지냈지.
사울은 다윗이 가드로 도망쳤다는 얘기를 듣고 더 이상 쫓지 않았어.
쳇, 군대를 끌고 블레셋으로 들어 갔다가는 전쟁이 날 게 뻔하고….
앞쪽에서 해치지 않겠다고 한 건 농담이었죠?
어느 날, 다윗이 아기스에게 말했지.
왕이시여, 저를 좋게 여기신다면 멀리 있는 작은 성읍 하나만 주셔서 저희가 정착할 수 있도록 해주십시오.
그냥 여기서 나와 함께 머물지 왜?
아닙니다. 종이 어떻게 왕과 함께 성에서 살 수 있겠습니까?
같이 살아봐야 괜히 블레셋 사람들과 갈등만 생긴다고.
아기스는 그날로 다윗에게 시글락을 줬어.
후훗, 이때부터 시글락은 유다의 영토가 되었지롱~
뭔가 찜찜….
라마
놉
여리고
기브아
예루살렘
가드
헤렛 숲
베들레헴
아둘람
그일라
블레셋
헤브론
염 해
(사해)
가사
하길라
십 광야
엔게디
그랄
시글락
갈멜
브솔 강
마온 광야

다윗이 블레셋 땅에서 지냈던 기간은 1년 4개월이었지.
언제 이렇게 사람이 많아진 거냐?
와글 와글
이스라엘에서 사람들이 와서 계속 군사가 늘고 있습니다.
베냐민, 갓, 유다, 므낫세 지파 사람들입니다.

그때 다윗은 군사들과 함께 술과 이집트 땅에 걸쳐 살던 그술, 기르스, 아말렉 사람들을 습격했어.
이스라엘을 괴롭히던 놈들이다!
와아아아
죽여라!
꺄악
아아악!

※술 : 출애굽 한 이스라엘이 홍해를 건넌 뒤 들어간 시내 반도의 한 광야이다.
※아말렉 : 에서의 손자 아말렉의 후예, 유다 남방 지역을 중심으로 떠돌아다니던 유목 민족.

다윗은 그 땅을 공격해 한 사람도 살려두지 않고 죽였지.
누구든 단 한 사람도 살려 둬선 안 된다!
으아아~
촤악
크아악!
컥~

그러나 양, 소, 나귀, 낙타 등은 모두 약탈해 아기스에게 돌아갔어.
메에에
전리품이 짭짤하군.
하하, 오늘은 어디를 습격했소?
유다 땅 남부 지역과 여라무엘, 그리고 겐 족속들의 땅을 쳤습니다.

다윗은 남녀 누구든 단 한 번도 사람을 살려 가드로 데리고 온 적이 없었지.
흐흐
그야, 내가 실제로 한 행동을 아기스 왕이 알아선 안 되니까.

다윗은 블레셋에 있는 동안 항상 그렇게 처신했고 아기스는 그런 다윗을 신뢰했지.
후후
다윗이 이스라엘을 정벌해 그들의 미움을 샀으니, 이제부턴 꼼짝없이 날 섬길 것이다.

tip 다윗의 거짓 보고

블레셋 남쪽에 살던 그술 사람과 기르스 사람, 아말렉 사람들은 유다의 남쪽 지방을 공격해 자주 이스라엘 백성을 괴롭혔다. 그런 이유로 다윗은 그들을 쳤지만 사실을 숨기기 위해 그곳 백성을 모두 죽였다. 하지만 아기스 왕에게는 이스라엘과 좋은 유대 관계에 있던 유다 남부의 셈 족인 '여라무엘', 모세의 장인 이드로의 민족인 '겐'을 쳤다고 거짓 보고한 것이다.

예루살렘
아스글론
가드
베들레헴
블레셋
헤브론
가사
엔게디
그랄
시글락
모압
브엘세바
네게브
그술
기르스
아말렉
여라무엘
겐
브엘라해로이
에돔
바란광야
실제 공격한 곳과 거짓 보고한 곳은 이렇습니다.

※여라무엘 : 유다 남부에 살고 있던 셈 족으로 이스라엘과 유대 관계가 있었다.
※겐 : 모세의 장인 이드로의 민족으로 유다 자손과 함께 가나안에 정착했다.

28장 사울과 엔돌의 무당

그 무렵 블레셋 사람들은 이스라엘과 싸우기 위해 군대를 소집했어.
그대의 부하들도 나의 군대와 함께 싸워야 한다!
이참에 제 능력을 보여 드리겠습니다.
그럼 내가 그대를 언제까지나 호위대장으로 삼을 것이오.
이스라엘과 싸워야 하다니… 하나님께서 다 생각이 있으시겠지.
하하
블레셋은 수넴에, 사울의 이스라엘 군대는 길보아에 진을 쳤어.
수넴
이스르엘
벧산
길보아산
야베스
블레셋
세겜
이스라엘
아벡
벧엘
기브아
여리고
블레셋 군을 본 사울은 두려움에 떨었지.
헉
으으… 블레셋 병사들의 기세가 엄청나구나.

사울이 기도했지만 여호와께서는 꿈으로도, 우림으로도, 선지자로도 전혀 대답해 주지 않으셨어.
주께서 왜 대답하지 않으시는 거냐?!
모른다는 게 정말 신비롭다.
제사장들도 다 죽여놓고는….

tip 여호와 하나님의 무응답

놉에서 제사장을 죽일 때 Link 4권 101p 아비아달이 에봇을 가지고 도망쳤기 때문에 지금 사울이 말하는 우림(에봇에 있음)은 모조품임이 분명하다. 사무엘은 이미 죽었고 Link 4권 107p 그 밖의 선지자와 제사장들도 사울이 죽였거나 그의 곁을 떠나 다윗에게로 갔다. 이런 사실로 보아 하나님의 뜻을 대변해줄 선지자나 제사장은 사울에게 없었다.

죽은 자를 부를 수 있는 무당을 당장 찾아봐라, 내가 물어볼 것이다!
저… 엔돌에 용한 무당이 있다는….

※엔돌 : '거주지의 샘'이란 뜻. 이 지역은 수넴 북동쪽 약 6~7km 지점으로 다볼 산과 모래 언덕 사이에 있다.

당시는 사무엘이 죽고 사울이 점쟁이나 무당들을 모두 이스라엘 밖으로 쫓아냈을 때였지.

그날 밤, 사울은 몰래 다른 옷으로 갈아입고 신하 두 사람과 함께 그 무당을 만나러 갔어.

tip 사울의 변장

사울이 변장한 이유는 두 가지로 생각할 수 있다. 첫째, 엔돌은 블레셋이 진을 치고 있는 수넴과 인접한 지역이어서 혹시나 블레셋 군대의 눈에 띌까 봐 두려워서였다. 둘째, 사울 스스로 제정했던 신접한 여인들(무당)을 쫓아냈던 법규를 어긴 사실을 숨기기 위함이었다. 사울은 하나님의 뜻을 알기 위해 무당이 아니라 선지자를 찾았어야 했다.

뭐요? 이 밤중에?
내가 말하는 사람의 혼백을 불러라.
뭐라고? 사울이 이스라엘 땅에서 무당과 점쟁이를 모조리 죽이고 쫓아냈소. 그런데 당신은 왜 덫을 씌워 날 죽이려 하는 거요?!
여호와께 맹세하지만 그대는 이 일로 어떤 벌도 받지 않을 것이다.

※이스라엘 사람들에게 여호와의 이름으로 맹세하는 것은 목숨을 걸고 약속을 지키겠다는 의미다.

자신만만하군. 좋아, 그래 누굴 불러드릴까?
사무엘을 불러다오.
ㅋ ㅋ ㅋ
무당은 사무엘이 올라온 것을 보고 큰 소리로 비명을 질렀어.
꺄아아악
뭐야?
웬 비명이야?
경찰 불러?
왜… 왜 저를 속였습니까? 다… 당신은 사울 왕…?!
두려워 마라.
덜 덜 덜

무엇이 보이느냐?
땅에서 혼백이 올라오고 있습니다.
스 르 르
어떤 모습이냐?
한 노인이 겉옷을 걸치고 있습니다.

tip 겉옷을 입은 노인

겉옷은 히브리어 '덮는다'에서 유래한 말로 발목까지 덮이는 긴 외투를 가리킨다. 이 옷은 특수 계층의 사람들이 입는 종교적 제복이었다. 무당이 겉옷을 입은 노인을 봤다고 하자 사울은 그 영이 사무엘의 영임을 확신하게 된다.

사울은 그가 사무엘인 것을 알고 얼굴을 땅에 대고 절을 했지.
에이… 귀찮게… 왜 불렀소?
저는 아주 곤란한 상황입니다. 블레셋과 싸워야 하는데 하나님이 저를 떠나 예언자로도, 꿈으로도 더 이상 대답해주지 않으십니다.
그래서 제가 어떻게 하면 좋을지 묻고자 당신을 불렀습니다.
그걸 왜 내게 물으시오? 여호와께서는 당신을 떠나 원수가 되셨소.

여호와께서는 나를 통해 말씀하신 대로 이 나라를 빼앗아 다윗에게 주셨소. 그것은 당신이 아말렉에게 여호와의 분노를 보여주지 않은 것 Link 4권 70p 같은 수많은 불순종 때문이오.
여호와께서는 이제 당신과 함께 이스라엘도 블레셋의 손에 넘겨주실 것이오.
그리고 당신과 당신의 아들들은 내일 나와 함께 있게 될 것이오.
두둥
커억!

tip 사무엘의 영을 본 무당

이 사건에 대해서는 몇 가지 견해가 있다. 첫째, 하나님께서 사무엘의 영을 무당인 여자에게 직접 나타나게 하셨다는 주장. 둘째, 악한 귀신이 사무엘의 모습으로 나타났다는 주장. 셋째, 텔레파시나 독심술을 이용해 무당이 사울의 의도를 파악했다는 주장이 그것이다. 어떤 주장이 맞건 간에 하나님은 사울의 사악함과 종말을 가르치시기 위해 무당을 이용한 것이라 할 수 있다.

사무엘의 말에 너무나 두려워진 사울은 땅바닥에 쓰러졌어.
이… 이럴 수가…!!
후들
후들
게다가 온종일 굶어 기운도 없었지.
내일이 아니라 오늘 당장 죽게 생겼네.
살 떨린다야.

저는 목숨을 걸고 왕의 말씀에 순종했습니다. 그러니 제 말을 들어주십시오.
길을 떠나시려면 기운을 차려야 하니 음식을 좀 드십시오.
아니다… 아무것도 먹지 않겠다.
그러나 신하들과 무당이 계속 권하자 사울은 결국 침대 위에 앉았지.
그래, 그렇게 하자.
잘 생각 하셨습니다.
휴
그럼 잠시만 기다려주십시오.

무당은 집에 있던 살진 송아지를 잡고, 누룩 없는 빵을 구워 내놓았어.
그것을 먹은 뒤 사울과 신하들은 밤길을 떠났지.
이제 사울의 시대도 끝나가는구나.
끌
끌

※누룩 없는 빵 : 무교병이라고도 불리며 발효되지 않은 빵. 출애굽을 기념해 7일간 이 빵을 먹었다. Link 2권 48p

29장 다윗이 시글락으로 돌아가다

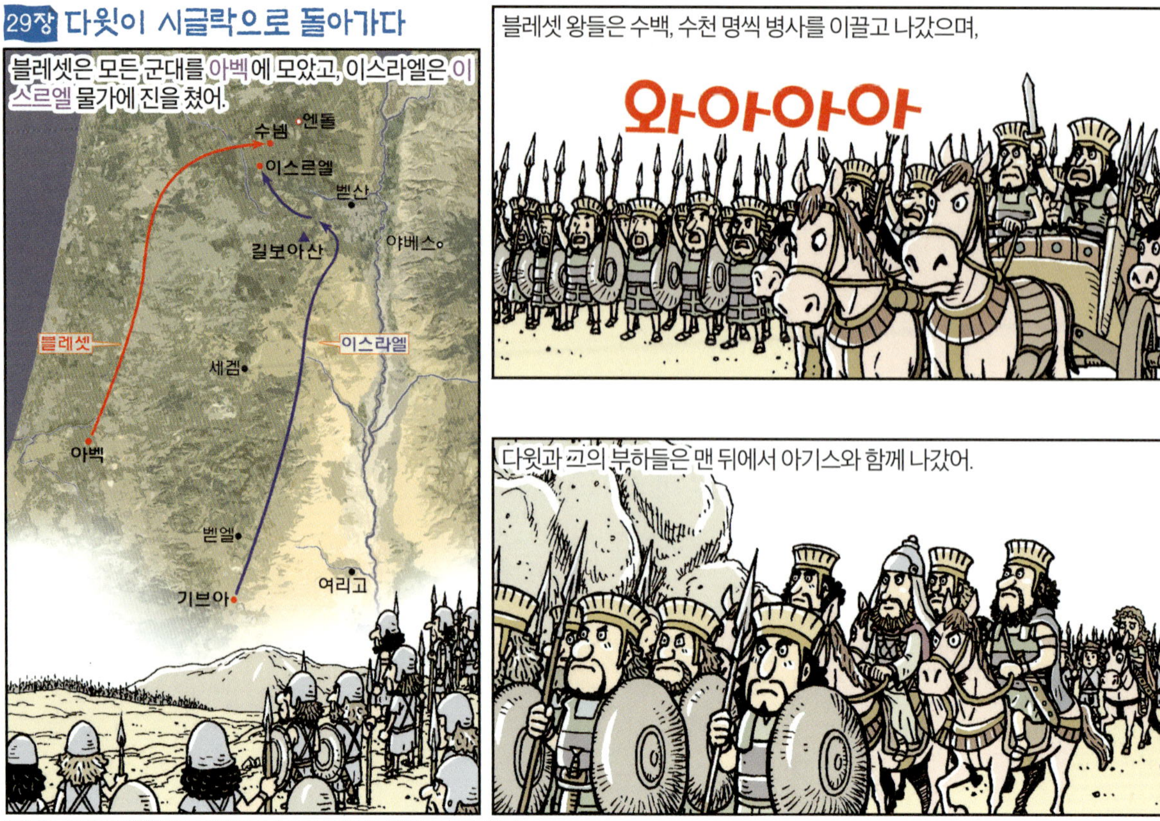
블레셋은 모든 군대를 아벡에 모았고, 이스라엘은 이스르엘 물가에 진을 쳤어.
엔돌
수넴
이스르엘
벧산
길보아산
야베스
블레셋
이스라엘
세겜
아벡
벧엘
여리고
기브아
블레셋 왕들은 수백, 수천 명씩 병사를 이끌고 나갔으며,
와아아아
다윗과 그의 부하들은 맨 뒤에서 아기스와 함께 나갔어.

※아벡 : 수넴 아래 지역으로 블레셋 다섯 왕의 군사들이 집결하기 용이했다.
※이스르엘 : 길보아 산악 지대의 북쪽에 위치한 지역으로 물이 풍부하며 화강암으로 된 고지이므로 전략상 유리한 곳이었다.

그때 블레셋의 장군들이 아기스 왕에게 항의했어.
저기 이스라엘 놈들은 왜 여기에 있는 겁니까?!
그는 이스라엘의 왕 사울의 신하였던 다윗이오.
나는 그와 함께 1년 넘게 있었지만 조금도 흠잡을 데가 없었소.
저자를 왕이 주었던 성으로 돌려 보내십시오!
저자와 함께 싸움터에 나갔다가 전장에서 우리 뒤통수를 치면 어쩝니까?
저자가 사울과 화해하려면 우리 머리를 잘라가는 것이 가장 좋습니다!
흐음….
따각
따각
저자가 바로 이스라엘 여자들이 춤추며 '사울이 죽인 적은 천천이요, 다윗이 죽인 적은 만만이다'라고 노래한 그 다윗 아닙니까?
결국 아기스는 다윗을 불러 이렇게 말했지.
당신의 주 여호와께 맹세하지만 그대는 정직하고 흠이 없소. 그래서 나는 이번에 그대와 함께 출전하길 원했소.
그러나 지휘관들은 그대를 믿지 못하오. 그러니 그들을 거스르지 말고 조용히 돌아가시오.
네? 제가 뭘 잘못했단 말입니까?

지금까지 흠이 없다면서 왜 제가 당신의 적과 싸우러 나갈 수 없단 말입니까?
그대는 정직하고 하나님의 천사처럼 소중하오. 하지만 블레셋의 지휘관들은 그대와 함께 전장에 나가지 않겠다고 하오.
그러니 아침 일찍 그대의 부하들과 함께 시글락으로 돌아가시오.
으음.
다윗과 그의 군사들은 아침 일찍 시글락으로 돌아갔고, 블레셋 사람들은 이스르엘로 올라갔어.
하나님은 위대하시다!
만세!
동족과 싸우지 않아도 되는구나!
하하하
다행이야!
30장 다윗이 아말렉과 싸우다
다윗과 그의 군사들은 3일 만에 시글락에 도착했어.
아니, 저기 성이…?!
빨리 가보자!
그런데 아말렉 사람들이 네게브 지역과 시글락을 공격하고 떠난 뒤였지.
이… 이럴 수가!!
우리가 없는 틈에…!!
아말렉 사람들은 시글락을 불태웠고 그곳 사람들을 모두 끌고 갔어.
단 한 명도 죽이지 말고 모조리 끌고 가자!
막 부려먹어야지, 킥킥!
다윗의 두 아내 아히노암과 아비가일도 잡혀갔어.
다윗의 무리는 지쳐서 더 이상 울 수 없을 때까지 울었지.
아이고, 아버지!
아내와 아들 딸 다 끌려갔어!
흑흑
엉엉
이건 모두 당신 때문이야!
다윗을 돌로 쳐 죽여버리자!

※아말렉 : 에서의 손자 아말렉의 후예. 유다 남방 지역을 중심으로 떠돌아다니던 유목 민족이다.
※네게브 지역 : 가나안 남쪽 지역을 말한다.

tip 부하들의 분노

다윗의 부하들은 자기 가족이 당한 일을 모두 다윗 탓으로 돌리고 있다. 다윗이 자기들을 이끌고 블레셋까지 왔으며, 아말렉을 약탈함으로써 그들을 자극했기 때문에 이런 결과가 생겼다는 것이다. 이런 부하들의 태도는 문제이지만, 이를 계기로 다윗은 더욱 하나님을 의지하게 된다.

그러나 다윗은 여호와 하나님을 의지하며 굳건히 버텼지.
자신 있냐? 해볼래? 응?
아… 아니 그게…
얘… 얘가 그랬대요.
제사장 아비아달이여, 내게 에봇을 가져다주시오.
알겠습니다.

제사장이 에봇을 가져오자 다윗은 여호와께 기도드렸어!
약탈자들을 쫓아가면 따라 잡을 수 있을지 물어봐주시오.
제가 에봇의 우림과 둠밈으로 답을 듣겠습니다.
틀림없이 따라잡고 가족들을 구해낼 것이다. 추격해라!
여호와께서 말씀하셨다. 놈들을 추격한다!!

다윗은 600명의 군사와 함께 아말렉을 추격하기 시작했지.
여보, 기다려!
타다닥
브솔 시내에 이르렀을 때, 200명의 군사들은 너무 지쳐 시내를 건널 수 없었어.
헉 헉
헉
헉
너희들은 여기 남아있어라!
다윗은 나머지 400명의 군사들과 함께 다시 추격했지.
시내를 건널 수 있는 병사들은 나를 따르라!
촤아아

※브솔 시내 : 시글락 남쪽 24km 지점. 유다 산악 지대인 드빌 부근에서 발원해 지중해로 빠지는 하천으로 아주 거칠었다.

다윗의 부하들이 들에서 한 이집트 사람을 발견하고 데려왔어.
백만 년은 굶은 것 같구나. 빵과 물을 줘라.
그는 무화과 빵과 건포도 두 송이까지 먹고서야 정신을 차렸지.
우걱
우걱
네 주인은 누구고, 어디서 온 것이냐?
전 이집트 사람으로 아말렉 사람의 노예였습니다. 3일 전 제가 병이 나자 주인이 저를 버렸습니다.
흑흑
그 동안 쫄쫄 굶었어요.

저희들은 그렛 사람들의 남부,
유다 땅, 갈멜 사람들의 남부를
습격하고 시글락도 불태웠습니다.
우릴 그놈들에게 데려다줄 수 있겠느냐?
저를 죽이거나 주인에게 넘기지 않겠다고 하나님 앞에서 약속해주신다면 안내하겠습니다.
이집트 소년이 다윗을 아말렉 사람들이 있는 곳으로 안내했어.
저기 있습니다.

※그렛 사람 : 그레데 섬 출신의 가나안 이주 민족으로 블레셋 남부 지역에 거주했다.
※갈멜 : 유다 산지에 있는 성읍을 말한다.

그들은 블레셋 땅과 유다 땅에서 약탈한 것들을 가지고 여기저기 흩어져 신나게 먹고 마시고 있었지.
으하하, 마셔라~ 마셔~
낄낄! 아말렉의 세계 정복은 시간문제로다!
하하하
저놈들이 곯아떨어지는 새벽에 쓸어버린다.
여호와께서 우리에게 승리를 주실 것이다.
빠드득!

다윗은 새벽에 아말렉을 습격해 저녁까지 싸웠어.
와아아!
저… 적이다!!
뭐… 뭐냐?!
아말렉 사람들 중 낙타를 타고 달아난 400명을 빼고는 모두 죽임을 당했지.
와아아아
두두두
튀어라, 세계 정복은 무슨…!!
다윗은 두 아내와 아말렉 사람들에게 빼앗겼던 모든 것을 되찾았어.
와아아아
여보!
하하하
게다가 아말렉이 다른 곳에서 약탈했던 소와 양떼들까지 챙겼어.
이건 굉장한 선물이야!
와아
만세!!
푸하하
이것은 다윗의 전리품이다!

다윗은 너무 지쳐 브솔 시내에 남았던 200명의 부하가 있는 곳으로 돌아왔지.
와아아
모두를 구해왔다!
와아아
다윗 만세!
그런데 다윗과 함께 갔던 부하들 중 악하고 야비한 사람들이 이렇게 말했지.
저들이 우리의 전리품을 나누자고 하는 건 아니겠지?
말도 안 돼. 저들이 여기서 쉬고 있을 때 우리는 목숨 걸고 싸웠다고.
전리품은 그들 몫이 아냐. 그들은 자신의 아내와 자식들만 데려가야 해.
하하하
형제들이여, 여호와께서 우리를 지켜주시고 승리를 주셨다. 여호와께서 주신 선물로 그렇게 해서는 안 된다.
너희가 지금 한 말은 아무도 듣지 못했다. 그러니 싸웠던 사람이나 남았던 사람이나 똑같이 몫을 나누도록 하자.
아… 네에….
끙….
다윗은 이것을 이스라엘의 명령과 규칙으로 삼았고, 이 명령과 규칙은 사무엘서가 쓰인 시대까지 계속 이어지고 있었어.
다윗 왕 만세~!
와아아아아
시글락으로 돌아온 다윗은 전리품 중 일부를 유다 지도자들에게 보냈어.
하하하
여호와의 원수들에게 빼앗은 전리품 중 일부를 선물로 드립니다.
하하, 우리 유다 지파에서 대단한 인물이 났어.

※사무엘서가 쓰인 시대 : 이스라엘이 남북으로 나뉜 분열 시대로 B.C.930~900년경으로 추정된다.

다윗은 그 외 많은 지도자들에게도 전리품을 보냈을 뿐 아니라 자신과 부하들이 거쳐 갔던 모든 곳에도 선물을 보냈어.
도망 다니면서 신세졌던 곳에 빠짐없이 보내라!
넵!
K-XPRESS

tip 다윗이 전리품을 선물로 보내다

다윗은 비록 블레셋에 망명 중이었지만 유다 지방을 비롯해 그동안 도움을 받았던 여러 곳에 전리품을 나눠줌으로써 자신의 존재와 이스라엘을 향한 충정을 알리려고 했다. 물론 지금까지 자기를 도와준 이들에 대한 감사와 앞으로 더 큰 도움을 기대하는 바람도 포함돼 있을 것이다. 또 이 일은 훗날 유다의 왕으로 등극하는 데 좋은 영향을 주었을 것이다.

다윗이 전리품을 보낸 곳은 벧엘, 라못, 얏딜, 아로엘, 십못, 에스드모아, 라갈, 여라므엘, 홀마, 고라 산, 아닥, 헤브론이었다.

31장 사울의 죽음

한편, 앞서 다윗을 돌려보냈던 블레셋은 이스라엘을 공격했어.
타
타
타
쿵
와아아아

블레셋에게 패해 도망치던 많은 이스라엘 병사들이 길보아 산에서 죽임을 당했지.
와아아아
사울 왕이시여, 여호와께서는 어디에 계십니까?!

※길보아 산 : 이스라엘 군사가 진을 쳤던 곳으로 물이 풍부하며 화강암으로 된 고지여서 전략상 유리한 곳이었다.

블레셋 사람들은 사울과 그 아들들을 끝까지 추격했어.
저기 이스라엘의 왕이 있다. 놓치지 마라!!
두두두

아버지 어서 피하세요. 저희가 막아보겠습니다!
안 된다. 아들아!!
왕이시여, 빨리 피해야 합니다!
그때 사울의 맏이 요나단과 둘째 아비나답, 셋째 말기수아가 죽임을 당했지.
크하하, 네놈들은 끝났다!
크흐흑!!
크윽!
두두두
푹

※아비나답은 다윗의 둘째 형과 이름이 같지만 다른 인물로 '리스위'라 부르기도 한다.

싸움은 사울에게 점점 더 불리하게 돌아갔어.
저기 사울 왕을 잡아라!
핑!
화살에 맞은 사울은 큰 부상을 당했지.
컥!
왕이시여~!!
퍽
사울이 자기 무기를 들고 다니는 병사에게 명령했어.
네… 칼로 나를 죽여라. 그렇지 않으면 저 할례받지 못한 놈들이 나를 조롱하며 죽일 것이다!
헉 헉
네?!

하지만 그는 두려워서 사울을 죽이지 못했어.
제… 제가 어떻게 감히…?!
덜덜
그러자 사울은 자기 칼을 뽑아 세우고 그 위에 몸을 던졌어.
푹!
크윽!
사울의 무기를 든 병사는 사울이 죽자, 자신도 칼에 몸을 던져 죽었지.
컥!
크윽!
아니, 저것들이 재미없게!
사울과 그 세 아들, 그리고 근위병사들 모두가 그날 함께 죽었어.
이스르엘 골짜기 맞은편과 요단 강 건너편에 살고 있던 이스라엘 사람들은 이 모든 상황을 목격하고는 성을 버리고 달아났지.
사울 왕이 죽었다!
이대로 있다간 우리도 모두 죽을 거야!
왕의 아들들도 다 죽었어!
그러자 블레셋 사람들이 여러 성들을 다 차지했어.
겁쟁이 놈들. 성을 버리고 튀었군.
찌질한 이스라엘 놈들.
크하하
낄낄
다음날, 죽은 군인들의 물건들을 거두려던 블레셋 병사들은 죽어있는 사울과 그 아들들을 발견했어.
이자는 분명 사울 왕입니다!
여기 사울 왕의 아들들도 죽어있습니다!
그들은 사울의 목을 자르고 갑옷을 벗겨 냈지.
이스라엘의 왕이 죽었다! 블레셋의 모든 땅에 사람들을 보내 이 소식을 알려라!
와아아
또 자기들의 우상의 신전과 백성에게 그 소식을 전했어.
NEWS 24
방금 들어온 뉴스 특보입니다. 우리의 블레셋 용사들이 사울 왕을…!
와아~
만세!
그들은 아스다롯 신전에 사울의 갑옷을 두고, 머리는 다곤 신전에 매달았어.

※이로써 블레셋은 가나안 중부와 갈릴리 지방, 요단 강 동편의 일부 지역을 모두 점령했다.

※아스다롯 : 아세라, 아낫과 더불어 가나안의 3대 여신 중 하나다.

tip 머리를 다곤 신전에 매달다

사무엘상·하와 역대상은 같은 사건을 다루고 있다. 그런데 사무엘상·하에는 없는 기록이 역대상에 있어 성경2.0에서는 내용의 원활한 흐름을 위해 역대상의 내용을 사무엘상·하에 삽입했음을 밝힌다. '머리는 다곤 신전에 매달았다'는 내용은 사무엘상에는 기록되지 않고 역대상 10장 10절에 있는 내용이다.

그리고 사울의 몸은 벧산 성벽에 매달았지.
꼴좋다!
기념사진 한 방!
찰칵

※벧산 : 이스르엘과 요단 계곡이 만나는 지점에 있는 성읍이다.

길르앗 야베스에 사는 백성들은 블레셋 사람들이 사울에게 한 짓에 대해 들었어.
우리 왕의 시신을 그대로 둘 수 없습니다!
당장 왕의 시신을 찾아옵시다!

※길르앗 야베스 : 요단 동편에 위치하며 므낫세 지파에 속한다.

그들의 용사들은 밤새도록 달려 벧산으로 갔지.

그리고 사울과 그의 아들들의 시체를 가지고 야베스로 돌아왔지.

그들은 야베스에서 시체를 화장한 뒤 뼈를 추려 에셀 나무 아래 묻고 7일 동안 금식했어.
평소 좋아하시던 에셀 나무 아래 묻어드리자.

사울이 죽은 것은 그가 여호와께 죄를 지었기 때문이야.
하이~ 어서와. 오늘은 나와 함께 있을 거라고 했지?
아이고, 네에.
히잉.
하하
잉잉
흑흑
역대상 10장 13절

그래서 여호와께서는 사울을 치시고 이새의 아들 다윗에게 이스라엘을 넘겨주신 거야.
역대상 10장 14절

그는 여호와의 말씀을 순종하지 않았을 뿐 아니라, 무당에게 찾아가 도움을 구하고 여호와께는 묻지도 않았어.
사무엘을 불러 주시오.
좋은 가축은 챙겨.
역대상 10장 13~14절

※사울의 불순종 : Link 4권 59p, 70p, 118p

사무엘하

● 다윗

이스라엘의 두 번째 왕으로 이스라엘 역사상 가장 위대한 왕으로 기록돼 있다. 그는 예루살렘을 이스라엘의 수도로 정하고, 여러 민족을 정복해 이스라엘 왕국의 전성기를 이룩했다.

이스라엘 역사의 영웅을 둘 꼽으라면?
모세와 다윗!!!
엥? 왜? 아브라함은? 삼손은?

모세는 민족을 창시한 지도자였고 다윗은 가장 영광스러운 왕이었거든.
돌 하나로 적장을 쓰러뜨리기까지 한 불세출의 영웅이랄까?
까악
어머 멋져!
흥!

사무엘하는 가장 위대한 다윗 왕의 일생을 중심으로 왕정시대 초기의 이스라엘 역사를 보여주고 있어.

이스라엘 왕정시대 전체를 통틀어 우상 숭배를 전혀 하지 않은 최초이자 유일한 왕이 바로 다윗이야.
우상은 나의 적이다, 싹 박살내라!
쾅
쾅
그러나 다윗 역시 불완전한 인간이었기에 실수도 있었어.
남의 아내 Link 4권 163p 를 탐하다니… 끌끌.
크윽, 잘못했어요!
나단
흑흑
뼈아픈 실패도 있었고….
아들의 반란 Link 4권 179p 으로 예루살렘에서 도망가야 했어.
※나단 : 다윗과 솔로몬 시대에 크게 활약한 예언자이자 역사가이다.
그럼에도 하나님은 그분께 의지하며 순종하는 다윗을 크게 세우시고 보살펴주셨지.
하나님 언제나 절 지켜주셔서 감사합니다!
알았으니 사고 좀 치지 마라!
다윗 통치의 특징은 정의, 지혜, 단합, 용기, 자비 등 5가지로 말할 수 있어.
헥헥!! 이거 진짜 힘드네….
자비
용기
단합
지혜
정의
끙끙
후들
후들
그러나 다윗은 이런 이상적인 통치를 완벽하게 실행하진 못했지.
심지어 내 실수 때문에 많은 백성이 죽기도….
인생이 그렇지 뭐…, 어때, 우리 소주… 아니 우유 한잔 할까?
흑흑
그처럼 완벽한 통치를 할 수 있는 왕은 단 한 사람.
누… 누구지?
세종대왕?
두둥
큼, 성경 인기 순위 1위의 최고 스타 있잖아.
사무엘하는 남북으로 분단된 나라에 사는 이스라엘 백성에게 다윗 개인과 그의 왕국의 성공과 실패, 희노애락을 보여줌으로써,
인생의 성공이란 오직 하나님과 동행할 때 있음을 말하고 있어.
어떻게 하면 성공할 수 있을까요?
뭐, 간단하지. 일단 성경2.0을 보면 돼.
성경2.0
오직 예수 그리스도만이 완벽한 나라 천국에서 그런 통치를 할 수 있다고!
꺅, 예수님이시다!
난 흉내만 좀 내본 것뿐이지. 하지만 내가 예수의 직계 조상이라는 사실….
꺄악!
후후
오빠!
좋아, 일단 사무엘하부터….
아참, 앞서도 잠깐 설명 Link 4권 127p 했지만 사무엘상·하와 역대상은 같은 사건을 다루고 있어. 사무엘서에서 없는 게 역대상에 있지.
성경2.0 사무엘하
성경2.0에서는 이야기 흐름에 맞춰 역대상의 내용을 사무엘서 사이사이에 넣었어.
사무엘하

1. 다윗의 왕위 등극과 정복 전쟁

1장 사울의 죽음을 알게 된 다윗

다윗이 아말렉 사람들을 물리치고 시글락으로 돌아온 지 3일째 되는 날, 옷이 찢어지고 머리엔 먼지를 뒤집어쓴 슬픔에 찬 한 남자가 왔어.
다윗, 다윗님은 어디에 있소?
어? 저사람 뭐지?
행색이 엉망인 걸?
그는 다윗을 찾아가 절을 했지.
넌 어디에서 왔느냐?
이스라엘 진영에서 겨우 빠져나오는 길입니다.
무슨 일이 있었느냐?
많은 병사들이 전쟁터에서 죽거나 도망쳤습니다. 또 사울과 그의 아들 요나단도 죽었습니다.
사… 사울 왕과 요나단이…?
헉!
너… 넌 그들이 죽은 것을 어떻게 아느냐?!
우… 우연히 길보아 산에 갔는데 사울이 자기 창에 기대어있었습니다.

※아말렉 : 에서의 손자 아말렉의 후예들로 유다 남방 지역이 거점인 유목 민족이다.
※시글락 : 브엘세바 북서쪽 약 18km 지점. 시므온 지파에 배당된 성읍으로 당시 블레셋의 지배하에 있었다.
※길보아 산 : 물이 풍부하며 화강암으로 된 고지. 사울이 죽은 곳이다.

여러 대의 블레셋 전차가 다가오고 있었는데….
두두두
그때 사울이 제게 말했습니다.
너… 넌 누구냐?
저는 이스라엘 땅에 사는 아말렉 사람입니다.
나를 죽여라. 고통스러운데 아직 목숨이 붙어있다.
후들
후들
네?!!

제가 보기에도 사울은 살아날 가망이 없어서 그를 죽였습니다.
그럼…
푹!
크윽!
그리고 사울의 왕관과 팔찌를 벗겨 여기 가져왔습니다.
아아, 이… 이럴수가….

tip 사울을 죽였다는 거짓말

다윗 앞에 나타나 사울의 죽음을 알리는 아말렉 사람의 진술은 사무엘상 31장 Link 4권 126p 내용과는 많은 차이가 있다. 사무엘상에서 사울은 활에 맞은 뒤 칼로 자결했고, 이방인에 의해 죽을 생각은 전혀 없었다. 또 산으로 도망친 사울을 뒤쫓을 수 있었던 건 활 쏘는 사람들이었지 무거운 전차가 아니었다. 따라서 이 사람이 가지고 온 사울의 왕관과 팔찌도 가짜일 가능성이 크다. 그는 다윗과 사울의 사이가 좋지 않았고, 곧 다윗이 이스라엘의 왕위에 오르리라는 생각에 공을 세우려 한 것으로 보인다.

다윗과 함께 있던 모든 사람이 자신의 옷을 잡아 찢었어.
크흐흐흐흑!!
흑흑흑
어라, 이거 분위기가 영…?
찌익
그들은 사울과 요나단을 비롯한 이스라엘 사람들이 죽은 것을 슬퍼하며 저녁까지 아무것도 먹지 않았어.
엉엉
흑흑
아이고, 꺼이꺼이.
네가 감히 겁도 없이 여호와께서 기름 부어 세우신 분을 죽였느냐?
네?
깜짝
부르르

이놈을 쳐 죽여라!
크아악!
쉬익
네 죽음은 네 탓이다. 네 입으로 '여호와께 기름 부어 세우신 분을 죽였다.' 라고 죄를 시인했기 때문이다!
크으으… 그… 건….
덜덜
뻥인데.

활의 노래

이스라엘아, 너희 지도자들이
산 위에서 죽임을 당했다.
우리의 용사들이 언덕에서 쓰러졌다.
이 일을 가드에도 말하지 말고
아스글론 거리에서도 말하지 말라.
블레셋의 딸들이 기뻐할 것이다.
할례받지 못한 자들의 딸들이
개선가를 부를 것이니.
길보아 산들아, 이제부터
이슬이나 비도 내리지 말고
들판에서는 곡식도 내지 말아라.
그곳에서는 용사의 방패가 치욕을 당했고,
사울의 녹슨 방패가 버려져 있기 때문이다.

※가드, 아스글론 : 블레셋의 주요 성읍에 속한다.

다윗은 사울과 요나단을 기리는 노래를 불렀어. 이것은 '활의 노래'라 하며 야살의 책에 기록돼 있지.
이 노래를 유다 백성에게 가르쳐라!
모든 TV와 라디오에 내보내겠습니다.

tip 야살의 책

이 책은 여호수아서에서도 언급되는데 Link 3권 51p 이스라엘 민족 역사상 위대한 영웅의 공적이나 의미 있는 사건을 기록한 책으로 보이나 '여호와의 전쟁기'와 함께 오늘날에는 전해지지 않는 고대 문서이다. '야살'이란 '의로운 자'라는 뜻으로 '야살의 책'은 '의인들의 책' 또는 '영웅의 책'이라 번역할 수 있다.

적을 칠 때 요나단의 활이 빗나간 적이 없었고,
사울의 칼이 헛되이 친 적도 없었다.
사울과 요나단이 살아서도 서로 다정하더니
죽어서도 헤어지지 않는구나.
그들은 독수리보다 빨랐고 사자보다 강했다.
이스라엘의 딸들아, 너희에게 붉은 옷을 입혔고,
너희 옷에 황금 장식을 달게 했던 사울을 위해 슬피 울어라.
두 용사가 전쟁 중에 쓰러졌구나.
요나단이 길보아 산 위에서 죽었구나.
내 형제 요나단이여,
나를 아껴주던 당신 생각에 내 가슴이 아프오.
나를 무척이나 아껴주던 당신의 사랑은
여인의 사랑보다 더 깊은 것이었소.
아, 두 용사가 쓰러졌으며
전쟁의 무기들도 버려졌구나.

2장 다윗, 유다의 왕이 되다

사울이 죽고 얼마 후 다윗은 여호와께 기도하며 물었지.
여호와여, 제가 유다의 성읍으로 가도 되겠습니까?

여호와께서 말씀하셨어.
올라가라!
어디로 올라 가야 합니까?
헤브론으로 가라!

tip 다윗의 기도

다윗 일행이 머물던 시글락 땅의 북부는 여전히 블레셋이 장악하고 있었고, 이스라엘에는 아브넬이 사울의 군대를 지휘하며 주둔하고 있었다. 다윗이 유다 지파의 지역으로 거처를 옮기기 위해 기도한 것은 이런 상황 때문이었다.

※헤브론 : 예루살렘 남서쪽 약 34km 지점에 위치한 가나안의 성읍. 아브라함, 이삭, 야곱이 살았던 곳이다.

다윗과 두 아내(아히노암과 아비가일), 그의 부하들과 그 가족들은 함께 헤브론에 가서 정착하게 됐어.
이제 저곳이 우리가 살 곳이다!

그때 유다 장로들이 다윗에게 와서 기름을 붓고 유다 왕으로 삼았지.
날 튀김으로 만들 생각이오?
아… 너무 많았나?
주르륵
다윗은 길르앗에 사는 야베스 성 사람들이 사울을 장사 지냈다는 말을 듣고 사람을 보냈어.
이 책을 보면 아실 겁니다.
Link 4권 127p
흠, 알겠소.
이 책은 그 유명한…?
성경20

※길르앗 : 목초지와 물이 풍부했던 요단 강 동편 지역.

너희가 사울을 묻어 호의를 베풀었으니
여호와께서 너희에게 은혜와 진리를 베푸시고 복 주실 것이다.
나 또한 선한 일로 갚아줄 것이니 강하고 담대하라.
너희의 왕 사울이 죽었지만 유다 족속은 내게 기름 부어
왕으로 삼았으니 이제 내가 너희를 지켜줄 것이다.
이제 다윗의 보호를 받게 됐군!
다행이야.

사울의 집안과 싸우는 다윗

한편 사울의 군대 사령관 아브넬은 사울의 넷째 아들 이스보셋을 데리고 마하나임으로 건너갔지.
아, 아버지와 세 형님들이 하루 만에 다 돌아가시다니… 흑.
Link 4권 125p
흑 흑
면목 없소이다.

이스보셋은 마흔에 아브넬에 의해 왕으로 세워졌고 2년 동안 이스라엘을 다스렸지.
이제 내가 아버지의 뒤를 이어 이스라엘을 통치하겠소!

※아브넬 : 사울의 숙부인 넬의 아들로 사울과는 사촌간이다.
※마하나임 : 갈르엣과 얍복 강 사이에 위치한 성읍이다.

그러나 유다 지파만은 다윗을 따랐어. 다윗이 헤브론에서 유다 왕으로 다스린 기간은 7년 6개월이었어.
only David!
I-love David
my lord David

어느 날, 아브넬과 이스보셋의 병사들은 기브온으로 갔는데,
다윗을 치려면 우선 물이 있는 기브온을 차지해야 한다.

마침 스루야의 아들 요압과 다윗의 부하들도 그곳으로 가다가 기브온 못에서 서로 마주쳤지.

※기브온 : 예루살렘에서 북쪽 약 10km 지점에 위치한다. ※스루야 : 다윗의 누나다.
※요압 : 다윗의 군사령관으로 뛰어난 용사이며 전략가이다.

tip 기브온 못

이스라엘이 가나안을 정복하고 정착한 초기, 부족한 용수 공급을 위해 설치한 급수 시설을 가리킨다. 물이 풍족하지 않았던 과거 팔레스타인에서 샘이나 못은 항상 분쟁의 소지가 되었고, 군사적 요충지로 중요한 곳이기도 했다. 이곳은 고고학자들에 의해 발굴됐는데 길이가 약 25m, 직경이 11m인 저수지로 수량이 풍부해 약 5천 명이 먹을 수 있었던 것으로 드러났다.

아브넬의 무리와 요압의 무리는 기브온 못을 사이에 두고 대치하게 됐어. 그때 아브넬이 먼저 요압에게 제안했지.
각각 12명의 젊은 용사를 뽑아 서로 겨루게 하자!
그래? 좋다! 그렇게 합시다!!

이스보셋 쪽에서 12명, 다윗 쪽에서 12명이 나왔어.
흥, 떡을 만들어주마!
흐흐흐
오줌을 지릴 것들이… 크크!

그들은 상대편의 머리카락을 잡고 칼로 옆구리를 찔렀지.
큭!
억!
푹
푹
푹

결국 그들은 한꺼번에 다 죽었고, 그곳을 헬갓핫수림이라고 부르게 됐어.
너… 너무 무식한 거 아냐?
크악
켁!

※헬갓핫수림 : '날카로운 칼의 싸움터'라는 뜻이다.

그날의 힘겨루기는 치열한 전쟁이 돼버렸고,
쳐라!
와아아아
이놈들!
결국 아브넬의 군사가 다윗의 군사들에게 지고 말았어.
와아아아
크흑! 퇴각하라!
스루야의 세 아들 요압과 아비새, 아사헬이 그곳에 있었는데 아사헬이 아브넬을 쫓아갔지.
와아아아
서라!
후다닥
※스루야 : 다윗의 누나이다.
아사헬은 한눈팔지 않고 곧장 아브넬만을 쫓아갔어.
네가 아사헬이구나!
그래, 노루발 아사헬이 나다! 넌 도망치지 못한다, 서라!
타다닥
에이, 그냥 가까이 있는 다른 군사를 잡아 공을 세우지!
타다닥
흥! 네가 더 맛있게 보여!
아사헬은 계속해서 아브넬을 뒤쫓았지.
나를 쫓아오지 마라. 내가 널 죽인다면 어찌 네 형 요압의 얼굴을 볼 수 있겠느냐?
흥, 아주 개그를 해라!
타닥
※아브넬과 요압은 사울 휘하에서 군대 동료로 지냈다.
그러자 아브넬이 창으로 아사헬을 찔렀어.
정말 귀찮게!
컥!
푹!
창은 아사헬의 배를 찔러 등을 뚫고 나왔지. 아사헬은 그 자리에서 죽었어.
크으으… 뭐 이런 스토리가….
털
타다닥
털
그러게 내가 뭐랬어. 그럼 난 간다.
아사헬을 따르던 병사들은 그가 쓰러져있는 곳에서 멈춰 섰지.
이… 럴수가… 아사헬이….
아브넬이 죽였어.
한편, 요압과 아비새는 날이 저물 때까지 아브넬을 계속 뒤쫓았어.
이놈들아 퇴근 시간 됐다, 좀 서라!
흥, 우린 오늘 야근이니까 신경 쓰지 말고 퇴근해라!
헉
헉
헉
헉
타다닥
※요압과 아비새는 아직 아사헬의 죽음을 알지 못했던 것으로 보인다.

그들이 기브온 광야로 들어가는 길 근처 암마 언덕에 이르렀을 때 날이 저물었어.
헉 헉
헉 헉
헥헥, 이제 그만하자!
너희는 퇴근해야지!
아브넬과 그를 호위하는 베냐민 병사들은 언덕 꼭대기에서 버텼지.
언제까지 싸울 셈이냐? 계속 이러면 양쪽 다 피해가 클 것이다. 우릴 뒤쫓는 걸 그만두고 돌아가라!
거 참, 조금만 더 용쓰면 잡을 것 같은데….
그만합시다요. 배도 고프고….

※암마 : 기브온 성읍 주변의 광야로 정확한 위치는 알려져 있지 않다.

하나님께 맹세하지만 네가 그런 말을 하지 않았다면 끝까지 추격해서 너를 잡았을 것이다!
흥, 누가 잡힌대?
요압이 나팔을 불자 모든 병사들이 멈춰 섰고 더 이상 아브넬을 쫓지 않았어.
뿌우우
아싸, 집에 가자!
퇴근이다!
와아!
아브넬과 그의 병사들은 그날 밤새도록 행군해 마하나임으로 돌아갔어.
부지런히 뛰어라. 자기 동생이 나한테 죽은 걸 알면 요압이 다시 추격할지도 모른다!
타다닥

※마하나임 : 갈르엣과 얍복 강 사이에 위치한 성읍이다.

요압이 돌아와 보니 다윗 군대가 죽인 아브넬의 병사들은 360명이었고,
다윗의 병사들 중 19명이 죽었으며 아사헬은 보이지 않았지.
19명이 전사했고, 아사헬이 아브넬에게 죽었습니다.
원보고
원 19
원
원 360
뭐?!
그들은 아사헬을 그의 아버지가 묻혀있는 베들레헴의 무덤에 묻어줬어.
내 동생아… 으흐흐흑!
흑흑
두고 보자, 아브넬!!!
흑흑

그런 다음 요압과 그의 병사들은 밤새 걸어 동틀 무렵 헤브론에 도착했지.
척
척

3장 다윗 집안의 번영과 사울 집안의 분열

사울과 다윗의 집안 간 싸움은 오랫동안 계속됐는데, 다윗 집안은 점점 더 강해졌지만 사울 집안은 점점 더 약해져갔지.
크르르릉
타다다
후… 후퇴하라!!
도대체 이 시대에 저런 무기가 왜 나오는 거야?!
작가 놈이 제 정신이 아닌가 보다!

다윗은 헤브론에 있을 때 6명의 아내에게서 6명의 아들을 낳았어. 아들의 이름은 순서대로 암논, 길르압, 압살롬, 아도니야, 스바댜, 이드르암이야.
암논
길르압
압살롬
아도니야
스바댜
이드르암
양쪽 집안이 싸우는 동안 아브넬은 사울의 집안에서 자신의 세력을 키우고 있었지.
내가 실세이긴 하지만 내 편을 더 많이 심어둬야….
후훗~
어느 날 이스보셋이 아브넬에게 따졌어.
어떻게 내 아버지의 첩 리스바와 잠자리를 할 수 있습니까?!
뭐?!
아브넬도 몹시 화를 내며 말했지.
내가 유다의 개요? 난 오늘까지 사울 왕과 그댈 위해 충성을 다했소. 근데 고작 행실 나쁜 여자 하나 때문에 날 비난해?
버럭
아… 아니 그게….
나는 이제 다윗 편을 들어 여호와께서 다윗에게 약속하신 것이 이뤄지도록 돕겠소. 그렇지 않으면 여호와께서 내게 큰 벌을 내리셔도 좋소!
으르릉!
으윽… 뭐… 뭐… 뭐요??
이스보셋은 아브넬이 두려워 더 이상 아무 말도 하지 못했어.
여호와께서는 이 나라를 사울 집안에서 빼앗고, 다윗을 이스라엘과 유다의 왕으로 세울 것이오. 다윗은 북쪽 단에서 남쪽 브엘세바까지 다스릴 거요!
씩
씩
…….
네가 다윗에게 다녀와야겠다!
네!!
척척
아브넬은 곧 다윗에게 심부름꾼을 보냈지.
음!
이 나라가 누구의 것입니까? 나와 언약을 맺으면 당신이 온 이스라엘의 왕이 되도록 돕겠습니다. -아브넬

※북쪽 단에서 남쪽 브엘세바까지 : 이스라엘 전체를 가리킬 때 쓰는 말이다.

좋다. 단, 언약을 세우기 전에 조건이 있다. 아브넬이 나를 보러올 때 사울의 딸 미갈을 데려와라. 그러기 전까지는 나를 보지 못할 거라 전하라!
네!!
그런 다음 다윗은 이스보셋에게 사자를 보냈어.
내 아내 미갈을 돌려주시오. 그녀는 내가 블레셋 사람 100명의 포피를 바치고 맞이했던 여자요. -다윗.

tip 이스보셋에게 사절단을 보내다

다윗이 아브넬과 언약을 맺고도 이스보셋에게 미갈을 돌려달라고 요청한 것은 공식적인 경로로 이 일을 해결하기 바랐기 때문이다. 또 아브넬의 역할은 어디까지나 이스보셋을 설득하는 데 그치기를 바랐던 때문이기도 하다. 행여 이 일로 인해 훗날 다윗이 아브넬에게 발목 잡히지 않도록 하기 위한 의도로 볼 수 있다.

※미갈 : 사울의 딸로 다윗이 사울 휘하에 있을 때 그의 아내였지만 Link 4권 112p 에서 사울이 발디에게 줘버렸다. 발디는 발디엘을 줄인 말이다.

이스보셋은 사람을 보내 미갈을 데려왔지.
아… 아니, 이게 무슨 짓이오. 그녀는 내 아내요!
타닥
미갈의 남편이자 라이스의 아들인 발디엘이 바후림까지 울며 따라왔어.
내 거야 돌려줘!
발디엘
엉 엉
이걸로 찔려볼래? 그만 집으로 돌아갈래? 응?
아, 알겠습니다!
휙
히익!
아브넬은 이스라엘 장로들과 상의했지.
여러분은 이미 다윗을 왕으로 세우고자 했는데 지금 때가 됐습니다. 여호와께서 '내 종 다윗을 통해 내 백성 이스라엘을 블레셋과 모든 원수들에게서 구할 것이다.' 고 약속하셨으니 그가 우리의 왕이 돼야 할 것이오.
오오!
그래도 되겠소?
나는 찬성이오!!
아브넬은 베냐민 사람들에게도 같은 말을 했어.
휴, 사울이 베냐민 지파여서 유다 지파의 다윗을 왕으로 세우는 게 어렵군.
흠, 어쩔 수 없잖아.
여호와께서 다윗을 원하시니….
수군 수군
그 후 아브넬은 부하 20명과 함께 헤브론으로 떠났지.
다윗에게 모든 이스라엘 지파가 그를 지지하겠다는 뜻을 전해줘야지.
아브넬이 오자 다윗은 그들을 위해 잔치를 벌여줬어.
애썼습니다.
내 왕이시여. 이제 모든 이스라엘 사람들을 데려와 언약을 세우게 하겠습니다. 그럼 왕이 원하시는 대로 이스라엘을 다스리게 될 것입니다.
하하
하하하
다음날, 아브넬은 편히 떠났지.
따각
따각
그때 전쟁터에 나갔던 요압과 병사들이 많은 전리품을 가지고 돌아왔어.
와아아아
요압은 아브넬이 다윗에게 왔다가 편히 돌아갔다는 소식을 들었지.
헉!
뭐? 아브넬이?!

※바후림 : 예루살렘 동북방 6km 지점에 있는 베냐민 지파 성읍이다.

요압이 다윗에게 말했어.
어째서 아브넬을 그냥 보내셨습니까? 아브넬은 왕을 속이고 염탐하러 온 것이 분명합니다.
하 하
걱정도 원….
다윗에게서 물러난 요압은 사람들을 보내 아브넬을 쫓게 했지.
조용히 아브넬을 데려와라!!
서둘러!!
넵!!!
그들이 시라 우물에서 아브넬을 만나 다시 헤브론으로 데려왔어.
다윗 왕이 급히 부르십니다!
두 두 두
그래?
※시라 우물 : 정확한 위치는 알려져 있지 않다.
아브넬이 돌아오자 요압은 조용히 그를 성문 안으로 데려갔어.
왕께 가기 전에 할 말이 있소.
무슨 일인데…?
그리곤 아브넬의 배를 찔러 죽였지.
이걸 주려고 그런다!!
크윽!
푹
요압과 아비새는 아브넬을 죽여 그들의 동생 아사헬의 원수를 갚은 거야.
왜 죽어야 하는지 잘 알지?
크으으…!
부들 부들
나중에서야 이 사실을 알게 된 다윗이 말했어.
아브넬의 죽음에 대한 죄는 요압과 그의 집안의 것이다! 그의 집안에는 성병 환자나 나병 환자, 다리 저는 사람, 빈곤한 사람, 칼에 맞아 죽는 사람이 그치지 않을 것이다!
나와 이 나라는 아브넬을 죽이지 않았으므로 여호와 앞에서 영원히 죄가 없다!
다윗은 요압을 비롯해 함께 있던 모든 사람에게 말했지.
너희는 옷을 찢고 굵은 베옷을 입고 아브넬을 위해 슬퍼하라!
※아브넬의 죽음은 이스라엘 전체의 손실이라는 의미에서 백성에게 애도를 표하게 했다.
또 직접 아브넬의 상여를 따라갔고 그를 헤브론에서 장사 지냈어.
다윗과 온 백성들이 아브넬의 무덤 앞에서 함께 울었고, 다윗은 슬픔의 노래를 불렀어.
아브넬, 어찌 이렇게 바보처럼 죽었는가?
그대의 손도 발도 묶이지 않았는데,
악한 사람 앞에서 쓰러지듯 죽었구나~!

아직 해가 떠있을 때 백성들이 다윗에게 말했지.
왕이시여, 음식을 드소서!
아니오. 만약 해지기 전에 내가 빵 하나라도 입에 댄다면 하나님이 내게 어떤 벌을 내리셔도 좋소.
다윗의 그런 행동을 보고서야 모든 이스라엘 백성은 아브넬을 죽인 사람이 다윗이 아님을 믿게 됐지.
요압이 자기 동생을 복수하려고 죽인 게 맞나 봐.
왕이 아브넬을 죽일 이유도 없었다고.
역시 다윗 왕은 좋은 분이라니까.
수군
수군

다윗이 부하들에게 말했지.
오늘 이스라엘에 아주 중요한 사람이 죽었소. 내가 비록 기름부음 받은 왕이라지만 아직은 약해 스루야의 아들 요압과 아비새를 어찌 할 수 없소. 다만 여호와께서 그들의 죄를 갚아주시길 바랄 뿐이오.

tip 요압을 처벌하지 못함

다윗이 즉각적으로 요압을 처벌하지 못한 이유는 다음과 같다.
① 아직 이스라엘을 통일하지 못한 상태에서 군사령관 요압을 처벌하는 것은 큰 인적 손실이기 때문이다. ② 요압을 지지하는 세력들로 인해 유다 지파에 내분이 일어날 것을 우려해서였다. 이는 다윗이 죽으면서 솔로몬에게 요압을 처벌토록 유언한 점에서도 입증된다.

4장 이스보셋의 죽음

아브넬이 헤브론에서 죽었다는 소식에 사울의 아들 이스보셋과 온 이스라엘은 두려움에 떨었지.
이, 이럴 수가! 아브넬이 죽다니…!
덜덜
큰일이군요.
그가 죽었으니 이제 군대는 누가 이끌죠?

이스보셋에게는 바아나와 레갑이라는 2명의 군대 장교가 있었는데 그들은 베냐민 지파 땅 브에롯에 살던 림몬의 아들들이야.
바아나
레갑
이제 모든 운은 다윗에게 있는 것 같다.
우리가 공을 세워 살 길을 찾읍시다.

※브에롯 : 예루살렘 동북쪽 7km 지점에 위치한다.

바아나와 레갑이 한낮에 마하나임에 도착한 어느 날, 이스보셋은 왕궁에서 낮잠을 자고 있었지.
드르렁~
긁적
긁적
그들은 밀을 가지러 온 것처럼 하며 왕궁 안으로 들어갔어.
무슨 일이십니까?
군사들을 먹일 밀을 가지러 왔다.
보고를 해야 하니 들어가겠다.
레갑과 바아나는 침대에 누워 자던 이스보셋의 배를 찌르고,
잘 가라!
컥!
푹

※마하나임 : 갈르엣과 얍복 강 사이에 위치한 성읍이다.

그의 머리를 베어 밤새도록 도망쳐 헤브론으로 갔어.
저기 헤브론이 보인다.
헉
헉
거의 다 왔다!!
그들은 다윗에게 이스보셋의 머리를 바치며 말했지.
왕을 죽이려던 사울의 아들 이스보셋의 머리가 여기 있습니다.
오늘 여호와께서 사울과 그 자손에게 왕의 원수를 갚아주셨습니다.
뭣이?
헉
딸꾹
나를 모든 고난에서 구해내신 여호와께서 살아계심으로 맹세한다. 전에 시글락에 있을 때 어떤 사람이 내가 기뻐할 줄 알고 사울이 죽었다는 소식 Link 4권 130p 을 전했다!
아이고, 그런 훌륭한 분이…!
충신이네 충신이야!
화르르
나는 그 소식에 대한 대가로 그를 잡아 죽였다!
아… 그게…
덜
덜

※시글락 : 브엘세바 북서쪽 약 18km 지점. 시므온 지파에게 배당된 성읍으로 당시 블레셋이 지배했을 때 다윗이 지내던 곳이다.

그러니 죄 없는 사람을 침대 위에서 죽인 너희에게 내가 어떻게 하겠느냐? 그 죗값은 네놈들의 죽음으로 갚아야 하지 않겠느냐?
아이고, 선생님… 아니 왕이시여 살려줘요!!
배… 배운 사람답게 대화로 풀어보시는 게…!!
다윗은 부하들을 시켜 그들을 죽이고 손발을 잘라낸 뒤 시신을 헤브론의 연못가에 매달았어.
쯧쯧!
멍청한 것들.
또 이스보셋의 머리는 헤브론에 있는 아브넬의 무덤에 묻어줬지. 이리하여 사울 가문의 아들들은 다 죽었어.
아빠, 형님들. 저 왔슈.
이스보셋
아비나답
말기수아
사울
요나단
끌끌, 하나님 말씀을 안 듣더니 우리 집안이 아주 폭삭 망했구나야.
아버지 때문이잖아요.
그런데 사울의 손자 중 생존자가 한 명 있었는데
사울 왕과 요나단이 전사했습니다!! 빨리 피해야 합니다!
후다닥
성경
뭐?!

유모가 다섯 살 된 그를 안고 급히 도망치다가 떨어뜨리고 말았어.
으악!

그 뒤로 아기는 두 다리를 절게 됐지. 그가 바로 요나단의 아들 므비보셋이야.
이로써 사울 가문에서 살아남은 사람은 나 하나뿐이지.

5장 다윗, 이스라엘의 왕이 되다

이스라엘의 모든 지파 사람들이 헤브론으로 왔어.
두두두두
뭐지? 저 엄청난 연기는…?

그들은 여호와의 말씀대로 사울의 나라를 다윗에게 주기 위해 무장하고 왔지. 모두가 다윗을 이스라엘 왕으로 세우려는 같은 마음이었어.
어… 엄청난 군대다!!
크르르릉
모두 중무장했어!!
역대상 12장 23~38절

지파	군대 수(명)	특이사항
유다	6,800	방패와 창으로 무장함
시므온	7,100	용사들
레위 자손	4,600	레위 사람들
	3,700	제사장 여호야다가 이끄는 용사
	22	사독의 용사
베냐민	3천	사울의 집안에 충성했던 사울의 친척
에브라임	2만800	각자 자기 가문에서 용감한 용사
므낫세 절반(서쪽)	1만8천	다윗의 즉위를 위해 특별히 파견된 자
잇사갈	200	분별력이 뛰어난 지도자들
스불론	5만	온갖 전쟁 무기를 다룰 수 있는 노련한 군인들
납달리	1천	지휘관
	3만7천	방패와 창을 든 군인
단	2만8,600	무장한 자들
아셀	4만	훈련된 군인
르우벤	12만	요단 강 동쪽에 위치한 두 지파
갓		
므낫세 절반(동쪽)		

또 다른 이스라엘 백성들도 모두 다윗을 왕으로 세우기를 원했지.
제2투표소
당연하죠. 다윗입니다!
다윗 찍었어요!
다윗!
하하하
다윗!

※다른 이스라엘 백성들 : 대관식에 참여하지 못한 이스라엘 백성을 말한다.

tip 사무엘서와 역대상

사무엘상·하와 역대상은 같은 사건을 다루고 있는데 사무엘서에 없는 내용이 역대상에 있다. 그래서 성경2.0에서는 내용의 원활한 흐름과 이해를 돕기 위해 역대상의 내용을 사무엘서에 넣었음을 밝힌다.

모든 장로들이 다윗에게 말했어.
왕이시여, 우리는 한집안 사람들입니다. 사울이 왕이었을 때도 당신은 이스라엘 군대를 이끌었지요.
여호와께서는 당신에게 '너는 내 백성 이스라엘의 목자가 될 것이며, 이스라엘의 통치자가 될 것이다'라고 말씀하셨습니다.

이스라엘의 모든 장로들이 헤브론에 왔고 다윗은 여호와 앞에서 그들과 언약을 맺었지. 그리고 장로들은 다윗에게 기름을 부어 이스라엘을 다스릴 왕으로 삼았어. 그때 다윗의 나이 서른이었지.
다윗 왕 만세!!
여호와 만세!!
이스라엘 만세!!!
와아아아아

※언약 : 다윗의 주체로 장로들과 백성들에게 충성 서약을 받은 것이다.

그들은 다윗과 함께 3일 동안 머무르며 친척들이 준비한 음식을 먹고 마셨어. 이스라엘 백성 가운데 기쁨이 넘쳤지.
와아아아아
와아아
하하하
멀리 있는 잇사갈, 스불론, 납달리에서도 음식을 잔뜩 가져왔다!
만세!
역대상 12장 39~40절

다윗은 헤브론에서 7년 6개월 동안 유다를 다스렸고 예루살렘에서 33년 동안 유다와 온 이스라엘을 다스렸어.
아, 하나님께서 결국 약속을 지켜주셨구나!
호호호 하하하

※친척 : 유다 지파와 시므온 지파를 말하는데 헤브론 근처에 있던 이들은 왕의 즉위식에 쓰일 물자와 음식을 준비했다.

블레셋과의 전쟁

블레셋은 다윗이 왕이 됐다는 소식을 듣자 모두 이스라엘로 쳐들어왔어.
이스라엘 놈들이 하나로 뭉쳐서 좋을 게 없지.
이놈들이 뭉치면 조공도 안 낼지 몰라.

tip 블레셋의 침공

이스라엘은 그동안 다윗과 이스보셋이 남과 북을 분할해 통치하기는 했지만 실질적인 지배권은 길보아 전투 Link 4권 125p 이후 블레셋에 있었고, 다윗과 이스보셋 또한 블레셋에 조공을 바치고 있었다. 그런데 다윗이 왕이 되면서 분열된 이스라엘이 그를 중심으로 하나로 결속된다는 것은 이스라엘이 매우 큰 세력으로 성장함을 의미했다. 그래서 블레셋은 다윗이 위협적인 존재로 크기 전에 그를 제거하고 팔레스타인에서 패권을 장악하기 위해 이스라엘을 침공한 것이다.

다윗도 그 소식을 듣고 요새로 내려갔지. 이미 르바임 골짜기를 공격한 블레셋 군사들이 그곳에 가득했어.
와우, 많이도 몰려왔네!!
엄청 몰려왔네요!

다윗이 여호와께 물었지.
여호와여, 블레셋을 쳐도 될까요? 저들을 물리치게 해주시겠습니까?
우림과 둠밈 Link 2권 199p 으로 하나님의 응답을 받겠습니다.
대제사장 아비아달
여호와께서 대답하셨어.
쳐라! 내가 블레셋을 반드시 네 손에 넘겨주겠다!
감사합니다. 하나님!!!

※바알브라심 : '흩음의 주', '격파의 주'라는 뜻으로 르바임 골짜기 북쪽에 있는 브라심 산을 말한다.

다윗은 바알브라심에서 블레셋 사람들을 물리쳤지.
와아아아
이놈들 감히 여기가 어디라고!

※르바임 골짜기 : 예루살렘 남서쪽에 유다와 베냐민 지파의 경계에 위치. 매우 비옥한 땅이었다.

여호와께서 홍수처럼 적을 덮쳐 흩어놓으셨다!!
와아아아
그래서 사람들은 그곳을 바알브라심이라 불렀지.
이걸 보면 하나님께서 도와주신 걸 기억할 수 있겠지.
쾅
바알브라심
블레셋 병사들이 자기들의 우상들을 다 버리고 도망쳤고 다윗과 병사들은 그것들을 없앴어.
모조리 없애버려!
징하게 많네. 바퀴벌레같이….
수~북

얼마 후, 블레셋이 2차 공격을 위해 또다시 진영을 치고 르바임 골짜기를 메웠지.
이번엔 좀 더 세밀한 작전을 계획했다고 하잖아.
전력이 더 보강됐으니 이번엔 반드시 이길 거야.

다윗이 다시 기도했고 여호와께서 대답하셨어.
정면으로 공격하지 말고 뒤로 돌아가 뽕나무 숲 맞은편에서 덮쳐라!
뒤에서 공격할 줄은 모르겠지?
정면 공격에 대한 대비만 잘 해놨군요.

뽕나무밭 머리에서 행군하는 소리가 들리면 그때 공격해라. 나 여호와가 먼저 가서 블레셋 군대를 치겠다!
행군 소리다! 공격이다!!
척 척
우르르르

tip 행군하는 소리

전장에 울려 퍼진 이 소리는 하나님께서 보내신 하늘의 군대(천사 군대)의 진군 소리라고 단정할 수 있다. 하나님은 블레셋과의 전투에 하늘의 군대를 보내 이스라엘의 승리를 이끄셨고, 다윗에게 천군의 진군 소리에 맞춰 블레셋을 공격하도록 지시하신 것이다.

다윗은 하나님이 명령하신 대로 게바에서 게셀에 이르기까지 추격하면서 블레셋 군사를 쳐 죽였어.
와아아아
어? 뭐야?!!
헉, 뒤에서 기습이다!!

다윗의 이름이 온 세상에 알려졌고 여호와께서는 모든 나라들이 다윗을 두려워하게 하셨지.
여호와를 찬양하라! 주께서 우리에게 승리를 주셨다!!
다윗 왕 만세!!
여호와 만세!!
와아아
세밀한 작전은 개뿔….
제길… 이렇게 쉽게 깨지다니….
역대상 14장 17절

※다윗의 예루살렘 정복은 블레셋과의 전쟁 후 사건이므로, 성경2.0에서는 블레셋과의 전쟁 후 예루살렘 정복 사건을 배치했음을 밝힌다.

다윗의 예루살렘 정복

블레셋과의 전쟁 후 다윗과 이스라엘은 예루살렘으로 가서 그곳에 살고 있는 여부스 사람들을 공격하려 했어.
공격하기 쉽지 않겠군.

※게바 : 필사자가 기브온을 게바로 잘못 표기한 것으로 보인다. 따라서 기브온에서 게셀에 이르기까지로 봐야 한다. 기브온은 예루살렘 북쪽 약 10km 지점에 위치한 곳이다.
※게셀 : 르바임 골짜기에서 약 24km 지점에 위치한 성읍이다.

tip 여부스 사람

이들은 여호수아가 가나안을 정복하기 이전부터 예루살렘 주변 산악 지방에 살고 있던 자들로 가나안 7족속 중 하나이다. 이들은 가나안 정복 당시, 여호수아의 공격을 받고 일시 물러나 있었으나 Link 3권 54, 61p 일부 세력이 잔존해 있다가 유다와 베냐민 지파가 할당받은 땅을 정복하는 일에 소홀히 하는 틈을 타 예루살렘을 방어 진지로 해 점차 세력을 확장했다.

여부스 사람들은 다윗이 그들의 성에 들어올 수 없다고 생각했지.
다윗아! 너는 여기 들어오지 못할 것이다. 장님과 절뚝발이라도 너쯤은 물리칠 수 있다!
얼래리 꼴래리~!
나 잡아봐라~!
낄낄낄!
저놈들이 …?!

이로 인해 '눈먼 사람과 다리 저는 사람은 왕궁에 들어갈 수 없다'라는 속담이 생겼어.
이렇게 잘 들어오는데 뭐… 한마디로 헛소리라는 거지.
절뚝

누구든 수구를 따라 들어가 저 장님 같고 절뚝발이 같은 자들을 쳐부수는 사람은 군사령관이 될 것이다!!
와아아

그 말을 듣고 요압이 가장 먼저 올라가 여부스 사람들을 쳤고 이스라엘의 사령관이 됐어.
다시 한 번 말해봐라. 장님이 어째? 엉?
아이고, 잘못했어요!
씩 씩
살려주세요!
역대상 11장 6절

다윗은 시온 산성을 점령했고 그곳을 이스라엘의 수도로 삼았지.
이곳을 이제 다윗 성이라 하겠다!
와아아
꼬르륵
역대상 11장 7절

※수구 : 물을 끌어올리기 위해 파놓은 수직 갱도로 성의 배수구를 말한다.

tip 시온 산성(예루살렘)

이스라엘의 수도인 예루살렘은 다윗이 점령하던 당시에는 약 2천 명 정도 거주하던 작은 성이었다. 당시 여부스 사람들이 살고 있었으며 시온 산 구릉에 있어서 '시온 성'이라고도 했다. 다윗에게 점령된 뒤에는 '다윗 성'으로 불리다가 오늘날의 예루살렘이 됐다. 성경에서 '시온'은 넓은 의미로 예루살렘 전체를 뜻하기도 하며, 거룩한 장소를 칭할 때도 사용된다. 다윗이 이스라엘의 왕으로 즉위하고 첫 번째로 예루살렘 정복을 시도한 것은 다음의 이유 때문이었다.

① 미정복 상태인 예루살렘을 정복함으로써 하나님께 영광 돌림은 물론 하나님께서 이스라엘과 함께하신다는 확신을 심어주기 위함이었다.
② 통일된 나라의 수도를 새로운 상소에 옮김으로써 7년6개월여니 분열돼 있던 민심을 안정시키고, 정치·사회체제를 새롭게 정비하기 위함이었다.

다윗은 그 성을 밀로서부터 다시 쌓아 증축했고 요압이 나머지 부분을 보수했지.
고생하는데 일당은 두둑하게 챙겨줘라.
넵!
역대상 11장 8절

※밀로 : 망대나 성채 같은 방어시설로 추정된다.

다윗은 점점 강성해졌어. 전능하신 주 여호와께서 함께하셨기 때문이야.
모든 길은 예루살렘으로 통한다!

다윗 왕궁과 자녀들

두로 왕 히람이 사자들과 함께 백향목, 목수들, 석공들을 보내 다윗을 위해 왕궁을 지어줬지.
쿵쿵
탕탕

tip 두로 왕 히람

두로는 시돈과 함께 베니게(페니키아 : 시리아, 레바논 해안지대의 고대 지명)의 도시국가로 지중해 가까이에 위치했으며 무역이 활발했다. 이스라엘과 동맹관계에 있던 B.C.10세기경 두로는 제1황금기를 보냈다. 두로의 왕인 히람은 특히 다윗, 솔로몬과 친밀한 동맹관계를 유지했으며 성전 건축에 각종 자재와 기능공들을 제공했다.

그때 다윗은 여호와께서 자신을 이스라엘 왕으로 세우셨다는 것과 여호와의 백성 이스라엘을 위해 나라를 강하게 하신 것을 깨달았어.
무럭무럭 자라거라!
다윗은 헤브론에 있을 때보다 예루살렘에서 더 많은 첩과 아내들을 두었고 아들, 딸들을 많이 낳았지.
삼무아
소밥
나단
솔로몬
입할
엘리수아
엘벨렛
노가
네벡
야비아
엘리사마
브엘랴다
엘리벨렛
다윗은 군대의 모든 지휘관들과 의논해 온 이스라엘 백성에게 말했지.
여러분이 찬성하고 여호와의 뜻이라면 이스라엘 곳곳의 제사장들과 레위 사람들을 이곳에 오게 합시다! 그런 뒤 하나님의 궤를 옮겨옵시다!!
사울 왕 때는 궤 앞에서 하나님의 뜻을 묻지 못했지 않습니까?
와아아아
찬성이오!
언약궤를 가져옵시다!
역대상 13장 1~3절
모든 백성들은 다윗의 뜻을 따르기로 했어.
하나님의 언약궤가 그동안 어디 있었는데?
약 70년 동안 기럇여아림에 있는 아비나답의 집에 있었다고.
Link 4권 39p
역대상 13장 4절
6장 언약궤를 예루살렘으로…
다윗은 이스라엘에서 뽑은 3만 명과 함께 바알레유다로 갔지.
그들은 아비나답의 집에서 하나님의 궤를 새 수레에 옮겨 실었어.
만군의 여호와의 궤다!
와아아

※기럇여아림 : 예루살렘 북서쪽 약 13km 지점에 위치하는 곳이다. ※바알레유다 : 기럇여아림의 다른 이름이다.

새 수레는 아비나답의 자손 웃사와 아효가 끌었지.
자, 출발이다!
이랴!
웃사
아효
다윗과 이스라엘 모든 백성은 온 힘을 다해 수금과 비파와 소고와 양금과 제금으로 연주하며 하나님 앞에서 즐거워했어.
하나님을 찬양해라!!!
언약궤를 예루살렘으로!!
와아아아
오예~~!

그들이 나곤의 타작 마당에 이르렀을 때 소들이 뛰는 바람에 하나님의 궤가 떨어지려 했지.
덜컹
음머어~
엇!
그때 웃사가 손을 뻗어 하나님의 궤를 붙잡았어.
기우뚱!
위험해!
Oh, nice!
그러자 여호와께서 노하셔서 웃사를 죽이셨어. 하나님의 궤는 아무나 만져서는 안 되거든.
커억!!
아니?!
털썩!
헉!!

웃사는 하나님의 궤 곁에서 죽었어. 그래서 그때부터 그곳을 베레스웃사라고 부르게 됐지.
뜨아악!
다윗은 자신에게 화가 났고, 여호와가 두려워졌어.
궤를 옮기는 것이 하나님의 뜻이 아닐지도 모르는데 내가 멍청했구나.
꼴까닥!
이… 이래서는 여호와의 궤를 옮길 수도 없고….

※베레스웃사 : '웃사를 치심'이라는 뜻이다.

※가드 : 단 지파 지역에 있는 레위 성읍 가드림몬을 말한다.

그래서 다윗은 하나님의 궤를 가드 사람 오벳에돔1의 집으로 모셔 들이게 했지.
당분간 여기서 모셔야겠소!!
오벳에돔1
여… 영광입니다!!

tip 다윗의 두려움

하나님의 궤를 옮길 때는 반드시 레위인 중 고핫 자손들이 어깨에 메고 운반해야 했다. Link 2권 144p 다윗이 비록 새 수레로 법궤를 운반했다고는 하나 이는 분명 하나님의 명령을 거스른 행위였다. 다윗이 수레로 하나님의 궤를 옮긴 것은 그가 도피 생활을 하던 블레셋의 영향 때문인 듯 보인다. 하나님은 아론의 후손인 제사장 외에 성물을 만지면 죽는다고 경고하신 바 있다. Link 2권 141p 웃사가 죽은 것 또한 잘못된 언약궤 운반 방법과 웃사의 경솔한 행동 때문이었다. 그런데 다윗은 언약궤를 예루살렘으로 옮기고자 한 자신의 계획이 하나님의 뜻에 맞지 않은 것으로 오해했고, 궤를 옮기는 일을 두려워하게 되면서 이 일을 중단하게 된다.

※오벳에돔1 : 레위 지파 고핫의 후손들인 고라 집안 사람. 예루살렘 성전의 문지기이며 그의 집의 위치는 정확히 알 수 없다. 뒤에 나오는 동명이인과 구분하기 위해 각각 오벳에돔1, 2로 표시한다.

여호와께서는 궤가 있던 3개월 동안 오벳에돔1의 온 집안에 복을 주셨어.
아이고, 정신없어라.
뭔 복을 이렇게 많이….
福
예루살렘으로 돌아온 언약궤
여호와께서 오벳에돔1과 그 집안에 2,317개의 복주머니를 투하하셨습니다.
오오… 하나님의 궤가 있어서 그렇구나.
다윗이 예루살렘에 자기 왕궁을 짓고, 하나님의 궤를 모실 성막을 세웠지!
탕
탕
역대상 15장1절

아하, 성경2.0을 보니 레위 사람 중 고핫 자손만 Link 2권 141p 하나님의 궤를 멜 수 있다고 돼있군. 여호와께서는 그들만이 언약궤를 메고 영원히 여호와를 섬기도록 선택하셨어.
역대상 15장 2절
다윗은 이스라엘 모든 지파의 지도자들을 예루살렘으로 불러 모았어.
빠진 사람 손들어봐요!
에이, 언제적 개그야?
그러게. 왕이란 인간이 센스하고는….
역대상 15장 3절

그때 언약궤를 옮기기 위해 부른 아론의 자손과 레위 사람은 다음과 같아.

레위 자손	지도자	동원된 수(명)
고핫 자손	우리엘	120
므라리 자손	아사야	220
게르솜 자손	요엘	130
엘리사반 자손	스마야	200
헤브론 자손	엘리엘	80
웃시엘 자손	암미나답	112

※아론 자손 : 레위의 고핫 족속을 말한다.

역대상 15장 4~10절

다윗은 아론 자손인 대제사장 사독, 아비아달과 레위 자손의 지도자 6명을 불러 말했지.
여러분과 모든 레위 사람에게 자신을 거룩하게 하라고 하십시오!
그런 후, 하나님의 궤를 내가 마련해둔 곳으로 모셔 오십시오!
아비아달
오오~ 삐까번쩍하게 광을 내겠소.
코팅도 하자.
음….
사독
역대상 15장 11~12절
근데, 만약 지난번 같은 일이 또 생기면?
맞아요, 웃사처럼 죽기라도 하면….
맞아, 그런 문제가 있었지!
킥킥.
무식하기는….

※대제사장은 레위인 중에서도 아론 자손만이 될 수 있었다. Link 2권 91p

웃사가 죽은 것은 하나님의 궤를 만졌기 때문이고, 또 궤를 레위 사람 어깨에 메지 않았기 때문이오.
성경이 어려우면 성경2.0을 보시오. 요즘 유행이니까.
전 대제사장이니까 좀 더 싸게….
오… 그 책은 성경의 끝판왕이라는…?
성경 2.0
와우!
역대상 15장 13절
제사장들과 레위 사람들은 스스로를 거룩하게 했어.
예루살렘 사우나
몸을 거룩히 하기 위해 몸을 닦고 옷을 갈아입고 여인을 가까이 하지 마시오!
북적
북적
북적
어이, 시원타.
새치기 하지 마!
역대상 15장 14절

드디어 다윗과 이스라엘 사람들은 오벧에돔1의 집으로 갔지.
아, 드디어….
기대 만땅이야.
역대상 15장 25절
레위 사람들은 하나님이 모세에게 명령한 대로 Link 2권 144p 언약궤를 막대에 꿰어 어깨에 멨어.
자… 천천히….
조심, 조심.
역대상 15장 15절
다윗이 레위 사람의 지도자들에게 말했어.
악기를 연주하고 크고 즐겁게 노래 부르시오!
넵!!
역대상 15장 16절

악기를 연주하고 노래를 부른 레위 사람들은 아래와 같아.

맡은 역할	담당자
청동 심벌즈	헤만, 아삽, 에단(여두둔)
비파 연주	스가랴, 아시엘, 스미라못, 여히엘, 운니, 엘리압, 마아세야, 브나야
수금 연주	맛디디야, 엘리블레후, 믹네야, 오벧에돔1, 여이엘, 아사시야
노래	그나냐(레위 사람의 지도자) - 노래를 잘해서 노래를 가르침
궤 앞을 지킴	베레갸, 엘가나, 오벧에돔2, 여히야
궤 앞에서 나팔을 붊	스바냐, 요사밧, 느다넬, 아미새, 스가랴, 브나야, 엘리에셀

뿌우우우~
챙
하하하
챙
하하하
역대상 15장 17~24절

※오벧에돔1 : 레위 지파 고핫 자손, 가드의 집에서 하나님의 궤를 모셨다.
※오벧에돔2 : 레위 지파 므라리 자손, 여두둔의 아들.

하나님의 궤를 멘 사람들이 여섯 걸음을 가보니, 아무 일도 일어나지 않았어.
다들 괜찮지?!
휴~
그러네요.

그러자 다윗은 소와 살찐 양 각각 7마리로 감사의 제사를 드렸지.
이번 언약궤 옮기는 계획과 방법은 틀리지 않았어.
성경2.0 덕분이야.
체, 왕이 아니라 책장사 같아.

모든 이스라엘 사람들이 나팔을 불고 환호하며 하나님의 궤를 모셔왔어. 다윗은 에봇을 입고 여호와 앞에서 온힘을 다해 춤추었지.
드디어 하나님의 궤가 예루살렘으로 왔도다!
만세!
와아아
와아아
뿌우우우~
덩실
덩실

※에봇 : 제사장들이 입었던 옷이다.

그때 다윗의 아내 미갈이 창문으로 그 광경을 내다보고 마음속으로 다윗을 비웃었지.
참 나, 왕이란 사람이 출싹대기는… 부끄러운 줄도 모르고…!

하나님의 궤는 다윗이 미리 준비해놓은 장막 가운데 놓였어.
드디어 도착했구나!
탁

다윗은 번제와 화목제를 드린 후 하나님의 이름으로 백성을 축복하고 모두에게 빵 한 덩이와 고기 한 조각, 건포도 빵 한 덩이를 주었지.

tip 빵, 고기, 건포도 빵

화목제물은 제사에 참여했던 사람들이 나눠 먹었는데 백성 모두가 나눠 먹었다는 것은 상징적인 의미가 크다. 이는 화목제를 통해 그동안 소원했던 하나님과 모든 이스라엘 백성과의 관계가 회복돼 화목해졌음을 의미함과 동시에 하나님 안에서 모든 이스라엘 백성이 하나로 연합된 진정한 통일 왕국이 실현됐음을 의미하는 것이다.

다윗은 아삽과 그 형제들을 세워 궤를 섬기며 여호와를 기리고 찬양하게 했지.

역대상 16장 4~6절

그리고 그날 처음으로 아삽과 그 형제들이 여호와를 찬양했고 모든 백성들이 아멘이라 외치며 여호와를 찬양했어.

여호와의 종 이스라엘의 자손아, 여호와는 우리 하나님이시며,
온 세계를 심판하시고 언약을 영원토록 기억하신다.
여호와께서 조상에게 약속하시길 "내가 약속의 땅 가나안을 이스라엘에게 주겠다."
그때 여호와께서는 누구도 해치지 못하도록 왕들에게 경고하셨다.
"내가 기름 부어 세운 사람을 건드리지 말고 내 예언자들을 해치지 마라."
그러니 온 땅아, 여호와께 노래하며 날마다 그분의 구원을 전해라.

땅 위의 모든 나라들아, 여호와의 영광과 능력을 찬양해라.
그 앞에 나아가 아름답고 거룩한 제물로 여호와께 예배드려라.
온 땅과 하늘과 바다와 숲과 들과 그 안에 있는 모든 것들아, 기뻐하고 즐거워하며 이렇게 외쳐라.
"여호와는 왕이시다!"
주께서 세계를 심판하러 오실 때, 숲의 나무들도 여호와 앞에서 즐거이 노래할 것이다.

여호와께 감사드려라. 그는 선하시며 그의 사랑은 영원하시다.
너희는 외쳐라.
"우리 구원의 하나님이시여, 우리를 모든 나라들 가운데 구원해주십시오.
그리하면 주께 감사드리고 기쁘게 찬양하겠습니다."
이스라엘 백성이여! 영원히, 영원히, 여호와 이스라엘의 하나님을 찬양해라.

역대상 16장 7~36절

※아멘 : '믿습니다' '동의합니다'라는 뜻이다.

tip 아멘

아멘은 성경에서 모세가 이스라엘과 함께 시내 산을 떠날 때 처음 등장하는 말이다. Link 2권 150p 히브리어로 '진실로', '틀림없이'라는 뜻이며 다른 사람의 말에 동의할 때 또는 신뢰를 표현할 때 사용한다. 대개 기도나 찬양, 또는 법령의 선포 말미에 붙이는 종결어로 '참으로 그렇습니다.', '진실로 그렇게 되기를 바랍니다.'의 의미로 사용된다. 기도할 때 중간 또는 마지막에 '아멘'이라 하는 것은 기도한 내용에 대한 '동의'나 '기도한 대로 이루어지기를 원합니다.'를 뜻하며, 찬송 후 '아멘'이라 하는 것은 '하나님께 영광을 돌립니다.'의 의미를 담고 있다.

그 후 다윗은 아삽과 그 형제들을 하나님의 궤 앞에 머물게 하고 날마다 섬기게 했지.
이젠 매일 출석.
역대상 16장 37절

※아삽 : 게르손 집안의 후손으로 시편 열두 편(50편, 73~83편)을 지었다.

또 오벳에돔1과 그의 형제 68명을 비롯해 여두둔의 아들 오벳에돔2와 호사를 문지기로 삼았지.
오벳에돔1
오벳에돔2
호사
역대상 16장 38절

대제사장 사독과 그 형제들은 기브온의 여호와의 성막 앞에서 율법에 따라 아침, 저녁으로 번제를 드리게 했어.
난 기브온으로 갈 테니 예루살렘은 자네가 지켜주게!
대제사장이 2명이니까 좋군.
사독
아비아달
역대상 16장 39~40절

tip 여호와의 성막 위치

성막은 원래 실로 Link 3권 64p 에 있었지만 블레셋의 공격 Link 4권 30p 으로 언약궤를 빼앗기고 실로 성이 파괴됐을 때(예레미야 7장, 26장을 근거로 실로 성이 파괴된 것으로 본다.) 제사장들은 모두 놉으로 이주했다. 이곳에 대제사장 아히멜렉과 거룩한 빵이 있었던 것으로 보아 Link 4권 97p 성막 역시 실로에서 놉으로 옮겨졌음을 알 수 있다. 그러나 사울에 의한 제사장들의 학살 사건 Link 4권 101p 으로 그 땅은 더럽혀졌고 그로 인해 성막은 기브온으로 옮겨진 것으로 보인다.

tip 두 명의 대제사장

구약 율법에 의하면 대제사장은 한 명이어야 한다. 그런데 다윗은 예외적으로 사독과 아비아달 두 명을 대제사장으로 임명했다. 제사 장소가 모세의 성막이 있는 기브온과 다윗의 장막이 있는 예루살렘으로 나눠지면서 대제사장 역시 두 명이 필요했기 때문이다. 따라서 이때부터 아론의 셋째 아들 엘르아살의 자손인 사독과 아론의 넷째 아들 이다말의 자손인 아비아달이 함께 대제사장 직을 수행하게 된다.

그리고 헤만과 에단(여두둔)과 다른 레위 사람들도 함께 기브온에 올라 하나님을 찬양하는 일을 하게 됐지.
뿌우우우~
그분의 사랑은 영원할 것이다~!
역대상 16장 41~42절

※헤만 : 사무엘의 손자로, 성전에서 찬송을 인도하는 지도자다.
※에단 : 므라리의 후손. 여두둔으로 불렸고 오벳에돔2의 아버지다. 여두둔은 '찬양하다'라는 뜻.

이 모든 일이 끝난 뒤 백성들은 자기 집으로 돌아갔어.
하나님의 언약궤가 예루살렘에 오다니!!
이제 정말 든든해.

다윗도 자기 가족을 축복하려고 집으로 돌아갔지.
오늘 이스라엘의 왕이 정말 볼 만하더군요.
응? 그게 무슨 소리요?
미갈

왕이 신하들의 여종이 보는 앞에서 건달처럼 맨몸을 보이고 춤추면 체통이 어찌되겠습니까?
나는 하나님 앞에서 춤춘 것이오. 여호와께서는 당신 아버지 집안 대신 날 선택해 이스라엘의 왕으로 세우셨으니 난 언제나 주 앞에서 기뻐하며 뛸 것이오!
버럭

주님을 찬양하는 것이라면 내가 이보다 더욱 낮아져 천하게 보일지라도 당신이 말한 여종들은 날 우러러 볼 것이오!
아… 아니 그게….
움찔
이 일로 인해 미갈은 하나님의 징계를 받아 죽을 때까지 자식을 낳지 못했어.
체면보다 하나님이 더 중요한 걸 왜 몰랐을까?
흑흑

tip 징계를 받은 미갈

미갈은 하나님 앞에서 겸손히 행한 다윗을 멸시하고 업신여기며 하나님의 언약궤를 우습게 생각한 대가로 저주를 받아 평생에 자식을 얻지 못했다. 당시 자식이 없다는 것은 가장 큰 치욕이었으며 왕의 아내로서는 더욱 그랬다.

7장 성전을 건축하려는 다윗

여호와께서 사방의 모든 적을 막아주셔서 다윗은 궁전에서 평안히 살았어.
덩실
덩실
어느 날 다윗이 예언자 나단에게 말했지.
나는 백향목 왕궁에서 사는데 하나님의 궤는 아직도 장막에 있습니다.
여호와의 성전을 짓고 싶습니다.
여호와께서 왕과 함께하시니 무슨 일이든 왕의 뜻대로 하십시오.

※나단 : 다윗과 솔로몬 시대에 크게 활약한 예언자이자 역사가이다.
※백향목 왕궁 : 예루살렘 정복 후 두로 왕 히람이 다윗에게 지어준 왕궁을 가리킨다. Link 4권 145p

그날 밤 여호와께서 나단에게 오셔서 말씀하셨어.
내가 있을 집을 지을 사람은 다윗이 아니라고 말해라!
네, 하나님!
스윽
나단은 하나님이 하신 말씀을 다윗에게 전했지.
하나님 말씀입니다.
다윗아 나 하나님인데…,
탁
부시시
아… 네….
나는 이스라엘 백성을 이집트에서 데리고 나온 후 지금까지 오직 장막을 내 집으로 삼아 지냈다! 나는 늘 이스라엘 백성들과 함께 옮겨 다녔으나 너희 지도자들에게 백향목 집을 지어주지 않는다고 말한 적이 없다!
목장에서 양떼를 따라다니던 너를 데리고 와서 내 백성 이스라엘의 지도자로 세운 건 바로 나다! 나는 네가 어디로 가든지 늘 함께 있었고, 네 모든 원수들을 물리쳐주었다. 나는 네 이름을 이 땅의 위인들 같이 빛나게 해줄 것이다!

내 백성 이스라엘이 자기 땅에 정착해 살 수 있게 하겠다. 다시는 떠돌지 않고 억압받지 않도록 하겠다! 예전에 내가 사사들을 세웠을 때도 Link 3권 78p 악한 자들이 너희를 계속 괴롭혔으나 이제 네 모든 원수들을 물리쳐 편히 살게 하겠다!
콰
또 나는 네 자손들을 이스라엘 왕이 되게 할 것이다. 네가 네 조상들과 함께 묻힐 때는 네 몸에서 태어난 아들 중에서 다음 왕을 세워 더 큰 나라로 만들겠다! 바로 그가 내 이름으로 성전을 지을 것이며, 나는 그 나라를 영원히 강하게 할 것이다!
솔로몬
나는 그의 아버지가 되고, 그는 내 아들이 될 것이다. 만일 그가 죄를 지으면 자기 자식을 매로 때리듯이 나도 그에게 벌을 줄 것이다! 내가 사울에게서는 사랑을 거두고 마음을 돌렸지만 네 아들에게서는 내 사랑을 거두지 않을 것이다! 네 집안과 네 나라가 내 앞에서 영원히 이어질 것이다!
다윗은 장막으로 들어가 여호와 앞에 머물러 기도했어.
주여, 저와 제 집안이 무엇이기에 이렇게 높여주십니까? 그런데 그것도 부족해서 제 집안의 미래까지 말씀해주셨습니다. 이것이 어찌 주께서 사람들을 대하시는 방법이겠습니까?
주께서 저를 잘 아시니 더 이상 무슨 말씀을 드리겠습니까? 주님이 뜻하신 큰일을 제게까지 알려주셨습니다. 주님은 위대하십니다. 주님과 같은 분은 어디에도 없습니다. 그리고 세상에는 이스라엘 같은 백성도 없습니다.
하나님이 직접 찾아가 구하시고 백성으로 삼아 주의 이름을 드러내셨습니다. 그 백성을 이집트와 다른 민족들과 그들의 신들에게서 구해내시려고 그 백성들 앞에서, 주의 땅에서 놀라운 기적을 보여주셨습니다. 그렇게 주의 백성 이스라엘을 세워 영원히 주의 백성으로 삼으시고 그들의 하나님이 돼주셨습니다.

사무엘하

여호와 하나님, 이 종과 이 종의 집안에 약속하신 말씀이 영원히 변치 않게 해주십시오. 그리하여 백성들이 '만군의 여호와는 이스라엘의 하나님이시다!'라며 주의 이름을 영원히 높이게 해주시고, 이 종의 집안도 주 앞에 굳건히 서게 해주십시오.
만군의 주 여호와여, 이스라엘의 하나님께서 그 모든 것을 제게 보여주셨기에 주님의 종인 제가 감히 이렇게 말씀드릴 용기를 얻었습니다. 나의 주 하나님, 언제나 약속을 지키시는 주께서 이 종에게 그 같은 놀라운 약속을 하셨습니다.
이제 이 종의 집안에 복을 주시고, 제 자손이 주님 앞에서 영원히 대를 잇게 해주십시오. 주께서 직접 그 약속을 주셨으니 이 종의 집안이 영원히 주께서 주시는 복을 받게 해주십시오.
솔로몬

8장 다윗 왕국의 확장

다윗은 블레셋을 공격해 굴복시키고 메덱암마와 그 주변 성읍을 빼앗았지.
가드

※메덱암마 : 블레셋 수도였던 가드와 네 성읍, 곧 가사, 아스돗, 아스글론, 에그론을 가리킨다.

tip 정복 전쟁의 시기

8장은 다윗이 수행했던 광범위한 정복 전쟁에 관한 이야기이다. 사실 여기의 사건은 7장의 내용보다 이전 일이다. 그럼에도 8장이 7장 뒤에 기록된 이유는 6장에서 언약궤를 예루살렘으로 옮긴 뒤 7장에서 성전을 건축하려고 마음먹은 다윗의 생각을 함께 언급하기 위한 것으로 보인다. 8장의 정복 전쟁은 언약궤 운반 이후의 일이다.

또 모압을 쳐서 키를 재 두 줄 길이 안에 든 사람은 죽이고 한 줄 길이 안에 든 사람은 살려주었어. 그 후 모압 사람들은 다윗의 종이 돼 조공을 바쳤지.
모압

tip 모압과의 전쟁

이 전쟁에 관한 기록은 거의 없다. 성경에는 다윗의 부하였던 브나야가 모압 왕의 두 아들을 죽인 사실만을 언급하고 있다. 그런데 모압은 원래 이스라엘과는 매우 우호적인 관계를 유지했다. 뿐만 아니라 다윗이 사울을 피해 도망다닐당시그의부모를 보호해주기도 했다. Link 4권 99p 그럼에도 불구하고 다윗이 모압을 쳐 많은 사람을 죽인 것은 다윗과 친분이 있던 왕이 죽고 새로운 왕은 이스라엘을 적대적으로 대했기 때문으로 보인다.

※모압 : 요단 강의 동남쪽에 위치. 아브라함의 조카인 롯과 그의 딸 사이에서 태어난 아들 모압의 자손이다. Link 1권 67p
※키를 재다 : 모든 모압 사람들이 아니라 전쟁 포로에 한해서 키를 재고 죽인 것이다.

다윗은 자신의 세력을 되찾기 위해 유프라테스 강으로 가던 아람 족속 소바 왕 하닷에셀을 공격하고…
Cut!! 이 내용(8장 3~12절)은 잠시 후에 Link 4권 160p 자세히 나오니까 좀 있다가 다시 찍자!
에이… 뭐야? 고생해서 준비 다 했구만…!
성경2.0
8
니가 감독해라, 감독해!
말로 합시다, 말로…. 그래도 주연인데….
에이…
딱 딱 딱

※아람 족속 : 메소포타미아 북부에서 시리아 지역에 위치한다.
※소바 : 아람 족속의 소왕국을 말한다.

그리고 다윗은 소금 골짜기에서 1만8천 명의 에돔 사람들을 무찔러 더욱 이름을 떨쳤어.
이 시대에 왜 저런 게…?!
크르르릉
튀어라!
소금 골짜기
다윗은 에돔 모든 곳에 군대를 두었고 에돔 사람들은 모두 다윗의 종이 됐지.
크르르릉
눈 깔아!

※소금 골짜기 : 사해 남쪽 염산에 붙어있는 계곡으로 고대 유다와 에돔의 행로를 가르는 분기점이다.
※에돔 : 요단 강 남쪽에 위치. 야곱의 형 에서의 후손들이다.

여호와께서는 다윗이 어디를 가든지 승리하게 하셨어.
들었냐? 다윗이 블레셋, 모압, 아람, 에돔 등을 다 장악했대.
가나안 주변을 거의 다 꿀꺽한 거네.
이제 이스라엘 세상이군.
수군 수군
다윗은 이스라엘을 항상 공평하고 의롭게 다스렸고…
이 사람은 무죄다!
오오, 역시 현명한 판단이셔!
와아!
정말 대단해!!

효율적인 통치를 위해 행정조직을 정비했어.

이름	직무
요압	군사령관
여호사밧	역사관
사독, 아히멜렉	제사장
스라야	서기관
브나야	그렛과 블렛을 다스림
다윗의 아들들	대신

※그렛과 블렛 : 왕궁 시위대로 시위대 대장은 브나야였다.

9장 다윗이 므비보셋을 만나다

어느 날 다윗이 물었지.
사울의 집안에 살아남은 사람이 있소? 내가 요나단을 봐서 그를 보살펴주고 싶소.

다윗의 신하들이 사울의 집안에 있던 시바라는 종을 데려왔어.
요나단의 아들이 아직 살아있는데 다리를 접니다.
Link 4권 141p
오, 그래?

※요나단 : 사울의 아들로 다윗과는 절친이었다. 길보아 산에서 사울과 함께 죽었다. Link 4권 125p

tip 시바

시바는 사울의 노예였는데도 15명의 아들과 20명의 종을 거느리고 있었다. 이건 아마도 사울이 죽은 뒤 사울의 유산을 가로챘기 때문일 것이다. 그러다가 다윗으로 인해 사울의 유산이 므비보셋에게 모두 돌아가자, 시바는 훗날 다윗이 압살롬 때문에 유랑 생활을 하게 되는 기회를 틈타 므비보셋을 모략하고 그의 재산을 착복한다.

그는 지금 어디에 있느냐?
로드발에 사는 암미엘의 아들 마길의 집에 있습니다.
다윗은 사람을 보내 마길의 집에서 그를 데려오게 했어.
당신이 므비보셋이십니까?
아니 그럴걸요?
절뚝
므비보셋이 다윗에게 와서 엎드려 절했지.
왕의 종 므비보셋입니다.
넙죽~
오~! 네가 요나단의 아들이구나!!

※로드발 : 요단 강 동쪽 마하나임 부근의 성읍으로 추측되나 정확한 위치는 알 수 없다.

두려워 마라. 내가 네 아버지 요나단을 생각해서 네게 은혜를 베풀고자 한다.
네 할아버지 사울의 땅을 모두 돌려줄 것이고 너는 언제나 내 식탁에서 함께 식사하도록 해라.
네. 네? 그게 무슨… 죽은 개와 다름없는 이 종이 무엇이라고 그렇게 돌봐주시는 겁니까?
다윗은 사울의 종 시바를 불러 말했어.
이제 사울과 그의 집안의 모든 걸 므비보셋에게 주었다.
너와 네 아들들과 네 종들은 주인인 므비보셋을 위해 땅을 갈고 열매를 거둬 그에게 양식을 주어라. 므비보셋은 항상 내 식탁에서 먹을 것이다.
허걱
마… 망했다!!
갑자기 표정이 왜 그래? 똥마렵니?
아… 아니… 저… 전 와… 왕의 종이니 말씀대로 하겠습니다.
헤헤
그날 이후 므비보셋은 다윗의 아들들과 함께 다윗의 식탁에서 식사했지.
하하하
쩝
쩝
그래, 자식은 있느냐?
네, 미가라는 어린 아들이 있습니다.
그리고 시바의 집에 살던 모든 사람이 므비보셋의 종이 됐지.
에이… 형씨 지난날은 잊고 같은 종끼리 편하게 지냅시다.
낑!
흐흐.
두 다리를 모두 절었던 므비보셋은 예루살렘에 살며 항상 왕의 식탁에서 식사를 했어.
왕궁으로 가는 거예요? 신난다~!
와아~
여호와 하나님과 네 할아버지의 은혜란다.
따각
따각

10장 암몬과 아람과의 전쟁

암몬의 왕 나하스가 죽고 그의 아들 하눈이 왕이 됐지.
하눈

다윗이 그 소식을 듣고 신하들을 하눈에게 보내 그의 아버지의 죽음을 애도하라고 했지.
하눈의 아버지 나하스가 내게 은혜를 베풀었으니 그의 죽음을 애도하고 오너라. 나도 그의 아들에게 은혜를 갚아야겠다.
네, 다녀오겠습니다.

※암몬 : 요단 강 동쪽에 위치. 아브라함의 조카인 롯과 그의 딸 사이에서 태어난 아들 벤암미의 자손이다. Link 1권 67p
※나하스가 다윗에게 베푼 은혜가 무엇인지는 알 수 없다.

다윗의 신하들이 암몬에 이르렀을 때 암몬의 신하들이 하눈에게 말했지.
다윗이 사람을 보낸 것이 정말 왕의 아버지를 공경해서일까요?
그게 무슨 말씀이시오?
다윗은 우리 성을 차지하려고 염탐할 사람을 보낸 겁니다.
이놈들이 감히….
음…
하눈은 다윗의 신하들을 붙잡았어.
전원 포박하라!
뭐냐?
우리는 다윗 왕께서 보낸 사절단이다!
그리고 그들의 한쪽 수염을 자르고 엉덩이가 드러나도록 옷을 잘라 욕되게 해서 돌려보냈지.
크하하하!
크윽!
음…!!
씩
씩
이 소식을 들은 다윗은 수치스러워 할 신하들을 위해 수염이 다 자랄 때까지 여리고 성에 머물도록 했어.
일단 여리고 성에서 몸을 추스른 다음 예루살렘으로 돌아오시랍니다!
역시 우리 대장!
배려심이 전율스러워!
그때 암몬 사람들은 자기들이 다윗의 원수가 되었다는 것을 깨달았지.
음… 아무래도 기분이 찜찜…
우리가 잠자는 사자를 건든 게 아닌지….
아니, 이제 와서 그런 소릴 하면 어쩌란 말이오?!
버럭
일단 아람 사람들에게 도움을 청하지요.
아람 사람들이 도와줄까요?
그럼요. 그들도 다윗의 팽창에 불안해하고 있을 겁니다.
공짜로 부탁할 수는 없으니 꼬불쳐둔 것 좀 내놓으시지요?
왕이잖아요. 왕. 쫀쫀하게….
에이…
아니, 사고는 당신들이 치고 왜 내 호주머니를 털어가는 거요?!

※아람 족속 : 메소포타미아 북부에서 시리아 지역에 위치한다.

그래서 그들은 아람 족속의 벧르홉, 돕, 마아가, 소바에 은 1천 달란트를 보내 총 3만2천 명의 마병과 보병을 모았어. 그들은 메드바에 진을 쳤지.
암몬 사람들과 연합 작전이다.
랍바 성
크하하, 덤벼라. 우린 무적의 용병이다!
역대상 19장 6~7절
다윗은 이 소식을 듣고 요압을 비롯한 정예 군사들을 전쟁터에 보냈지.
저것들은 아람 군대 같은데…?
요압
아비새
암몬 놈들은 아직 성 안에 있다고….
※요압 : 다윗의 군사령관으로 뛰어난 용사이며 전략가였다
암몬 사람들은 랍바 성문 앞에 나와 싸울 준비를 했고, 벧르홉과 소바, 돕, 마아가에서 온 아람 사람들은 들판에 있었지.
랍바 성
형님, 저기 암몬 군대가 나옵니다…!
!!
요압은 적이 랍바 성문 앞과 들에 있는 것을 보고 이스라엘 사람들 중 뛰어난 용사들을 뽑아 싸울 준비를 하게 했어.
성문 앞에 진을 치는군요.
흥, 양쪽에서 포위해 공격하려는 꼼수구나!
우리도 군대를 둘로 나눠라!
요압과 그의 부대가 아람 군대와 싸우기 위해 진군했어.
용기를 내라! 우리 백성과 하나님의 성을 지키자!
여호와의 뜻대로 이뤄질 것이다!
이스라엘 만세!
와아아아
그리고 요압은 아람의 군대를 상대하고 나머지 군대를 동생 아비새에게 맡겨 암몬 사람들을 상대하게 했지.
…
네가 밀리면 내가 도우러 갈 테니 내가 밀리면 날 도우러 오너라.
넵!

※1달란트는 34kg이므로 1천 달란트는 34t에 해당한다.
※메드바 : 사해 동쪽 약 21km 지점. 요단 강 동편의 고원지대이다.
※랍바 : 요단 강 동쪽 35km 지점에 위치한 암몬의 수도이다.

그러자 아람의 군사들이 도망치기 시작했지.
뭐… 뭐야? 어째 분위기가…!
튀… 튀자, 아무래도 뭔가 있어!
우린 용병이라고! 기껏 돈 몇 푼에 목숨 걸 필요 없지!!
아람의 군사들이 도망치는 것을 본 암몬 군사들 또한 아비새 앞에서 도망쳐 성 안으로 들어가버렸어.
우아악! 뭐… 뭐야?
우리도 튀자!!
작전과 다르잖아!!
비켜!!
나부터 살고 보자!
?
?

이… 이건 뭐….
칼질 한 번 안 하고 게임 끝이네.
머~엉

tip 도망가는 아람과 암몬 군사들

아람의 군사들은 이 전쟁에 목숨 걸고 싸울 명분이 없던 용병들이었다. 생명을 걸고 싸울 생각이 없었던 그들은 이스라엘의 위세를 보자 전의를 상실하고 도망치기에 급급했다. 암몬의 군사도 자력으로는 이스라엘을 상대할 수 없었기에 많은 돈을 들여 고용한 아람 용병들이 도망치는 모습을 보고 성 안으로 도망칠 수밖에 없었다.

요압은 그 싸움을 멈추고 예루살렘으로 돌아갔어.
랍바 성은 너무 견고하고 지금은 전쟁하기엔 좋지 않은 겨울이라 일단 철수한다.
휴, 살았다.

얼마 후, 아람 사람들은 다시 모든 군대를 집결시켰지.
아람 평의회는 오늘부로 모든 장병들에게 총동원령을…!
뉴스속보
빨리 챙겨!

소바 왕 하닷에셀은 사람을 보내 유프라테스 강 건너 메소포타미아에 있던 아람 사람들도 불러들였어.
소바 왕의 소집 명령입니다.

tip 소바

유프라테스 강 근처에 위치한 아람 족속의 소왕국으로 사울 이래로 이스라엘의 속국이었다. 그러다가 하닷에셀이 왕으로 등극하자 국토를 회복했고, 암몬에서 다윗과의 전투에서 패한 것을 만회하기 위해 아람 세력을 통합해 다윗에게 대적했다. 이때 아람 사람들은 이전 암몬과 연합할 때보다 더 많은 수의 군사를 소집했으며 좀 더 체계적인 지휘 체계와 작전을 구사했다.

하닷에셀의 군사령관 소박이 이들을 이끌고 갈릴리 바다 동쪽에 위치한 헬람으로 내려왔어.
이스라엘에게 아람의 무서움을 보여주자!
소박
복수다!
이 소식을 들은 다윗은 모든 이스라엘의 군대를 소집했고 이스라엘 군대도 요단 강을 건너 헬람으로 갔지.
이번에는 정예 부대만으로는 안 될 것 같지?
그래서 전 병력을 소집했죠!

그곳에서 아람 군대는 싸울 준비를 하고 있다가 이스라엘 군대를 공격했어.
와아아아
아람 놈들이다!!
당황하지 마라!!
그러나 다윗에게 패한 아람의 군대는 이스라엘 앞에서 도망치고 말았지.
와아아아
캐캐캥!!
튀어라!!
우리에겐 하나님이 계신다!!
이스라엘은 아람의 전차병 7천 명, 마병과 보병 4만 명을 죽였고, 전차 1천 대를 빼앗고 기마병 7천 명, 보병 2만 명을 사로잡았어.
와아아
대승이다!
만세!
이야, 전쟁 한 번에 짭짤하게 한몫 챙겼는데?
히히
또한 아람 군대의 지휘관인 소박도 죽였지.
딱 두 컷 출연하고 끝이라니 인생무상이다…!
꼬르륵!
그리고 전차를 끌던 말 100필만 남기고 나머지는 모두 발의 힘줄을 끊어버렸어.
개선식에 쓸 100필만 남겨두고 해치워!
후들 후들
사무엘하 8장 4절
이에 다메섹 아람 사람들이 소바 왕 하닷에셀을 도우러왔지.
와아아
건방진 이스라엘 놈들!
타다다다
사무엘하 8장 5절
하지만 이스라엘은 그들 2만2천 명을 쓰러뜨리고…,
꺄아아악
두… 두고 보자!
후다닥
도망치는 주제에…!
사무엘하 8장 5절

※아람 군사의 숫자는 사무엘상보다 정확하게 표기된 역대상의 숫자를 따랐다.

※다메섹 아람 사람들 : 다메섹을 수도로 해 소국을 이뤘던 아람 족속을 가리킨다.

다메섹에 수비대를 주둔시켰으며, 다메섹 사람들은 다윗의 종이 돼 조공을 바치게 됐지.
잉잉
이게 뭐야, 괜히 암몬의 싸움박질에 끼어들었다가….
사무엘하 8장 6절
다윗은 하닷에셀의 신하들이 가진 금 방패를 빼앗아 예루살렘에 가져왔고,
맞고 줄래? 그냥 줄래?
힝, 내 건데….
크큭
사무엘하 8장 7절
하닷에셀이 다스리던 베다와 베로대에서도 많은 양의 청동을 빼앗았지.
이게 싹쓸이라는 거야.
헤 헥
사무엘하 8장 8절

※베다와 베로대 : 정확히 알려진 것은 없지만 유프라테스 동쪽 지역으로 추정된다.

다윗이 하닷에셀의 모든 군대를 물리쳤다는 소식에 하맛 왕 도이는…,
하닷에셀이 박살났다고?
하하하
경사 났네 경사 났어.
덩실
덩실
사무엘하 8장 9절
자기 아들 요람을 보내 다윗에게 인사하고 축하하도록 했어.
아버지, 우리도 아람 족속인데 아무리 그래도….
시끄럽다 아들아. 난 이제 다윗이랑 놀 거야!
사무엘하 8장 10절
하맛 왕 도이와 하닷에셀은 예전에 싸운 일로 사이가 나빴기 때문이야.
씩씩, 두고 봐!
흥, 우리 형아한테 거야!
휙
도이
하닷에셀
휙
사무엘하 8장 10절

※하맛 : 아람 족속이 세운 소국의 수도. 소바와는 적대 관계였다.

요람은 다윗에게 금, 은, 청동으로 만든 물건들을 가져왔고,
아버지께서 보낸 축하 선물입니다.
도이 왕께 고맙다고 전해주게!
사무엘하 8장 10절
다윗은 그 물건들과 그가 정복한 모든 나라에서 가져온 금과 은을 여호와께 바쳤지.
뭐가 이리 많아. 끝도 없군.
낑낑
아람, 에돔, 모압, 암몬, 블레셋, 아말렉 사람들에게서 쓸어온 거니까.
사무엘하 8장 11~12절

하닷에셀을 섬기던 아람 왕들은 그가 이스라엘에 패했다는 소식을 듣고 이스라엘과 화해하고 그들을 섬기기로 했어.
하닷에셀이 박살났답니다.
이젠 다윗에게 찰싹 달라 붙어야지 뭐.
하닷에셀이 길길이 뛰겠구먼요.
알게 뭐야. 까불다가 박살난 주제에….
그리고 이스라엘을 두려워한 아람 사람들은 더 이상 암몬을 돕지 않았지.
아람놈들이 초토화 됐답니다.
더 이상 우릴 도와줄 수 없다는데….
크… 큰일 났군. 이젠 우리 차례일 텐데….
그냥 항복해 버릴까요?
꼴좋다. 큰소리치더니….
부르르

사무엘하

2. 다윗의 범죄와 시련

11장 다윗과 밧세바

암몬·아람 연합군과의 싸움에서 승리를 거둔 이스라엘. 겨울이 와서 잠시 중단됐던 그 전쟁 Link 4권 159p 은 봄이 오자 다시 시작됐어.
랍바 성
이번엔 암몬의 랍바 성을 박살내버릴 테다.

요압은 이스라엘의 모든 군대를 이끌고 전쟁터로 나가 암몬을 공격하고 랍바 성을 포위했지.
아… 저놈들이 또 왔네.
이젠 도와줄 아람 족속들도 없고….
왕은 왜 저 싸움닭 같은 놈들을 건드려서… 힝!
아이고!

※랍바 : 요단 강 동쪽 35km 지점에 위치한 암몬의 수도이다.

그때 다윗은 예루살렘에 있었는데,
아따, 날씨도 좋구나야.

어느 날 저녁 왕궁 옥상을 거닐다가 한 여인이 뜨락에서 목욕하는 것을 봤어.
헉!!
뜨악!

tip 뜨락

고대 근동의 평민의 집은 돌을 석회로 쌓아 건축한 돌집이었다. 이런 집에는 담으로 둘러싸인 폐쇄된 안뜰, 곧 뜨락이 있었다. 뜨락은 건물 중앙에 위치하며 우물이 있고 하늘이 보이는 공간으로 이곳에서 여인들이 목욕을 했다. 다윗은 궁전의 높은 곳에 있었기에 그곳이 쉽게 보였다.

※다윗의 궁전은 시온 산의 높은 곳에 위치해 있었기 때문에 자연스럽게 평민의 집을 내려다볼 수 있었다.

그녀는 너무나 아름다웠지.
오오… 꿀꺽!
주르르…

다윗은 사람을 보내 그녀가 누구인지 알아보게 했어.
그 여자는 엘리암의 딸 밧세바로 헷 사람 우리아의 아내입니다.
흠, 우리아? 우리아는 지금 요압을 따라 랍바 성에 가있잖아…?

다윗은 다시 사람을 보내 밧세바를 데려왔지.
난 왕이다. 백성은 왕의 말을 따라야 한다, 알았지?
그렇긴 한데…?

※헷 사람 : 아브라함 때부터 이스라엘의 가나안 정복 시대까지 팔레스타인에 거주한 원주민이다.
※우리아 : 다윗의 30인 용사 중 한 사람이다.

다윗은 여인과 함께 잤고 여인은 집으로 돌아갔어...
흑흑, 어진 왕이라고 하더니 순 뻥이잖아!
으앙~
그 후, 밧세바는 임신했고 그 사실을 다윗에게 알렸지.
이 사실이 알려지면 율법에 의해 저는 죽게 될 겁니다.
허, 이거야 원… 종마도 아니고 한 방에….
흑흑
다윗은 요압에게 전쟁터에 있는 우리아를 예루살렘으로 보내라고 했어.
우리아를 보내라고? 무슨 일이지?
우리아가 예루살렘에 오자 다윗은 그를 불러 여러 가지를 물어봤지.
그래, 요압과 군사들은 어찌 지내고 있느냐? 전황은 어떻고?
넵, 우리 군단 사령부에서는….
알겠다. 우선 네 집으로 돌아가 목욕하고 쉬어라.
힝, 물어보지나 말지.
우리아가 물러나오자 왕의 음식이 그에게 전해졌어.
왕께서 노고를 치하하시며 내린 겁니다… 집에 가서 아내와 드십시오.
짜안
이런 고마울 데가….

그러나 우리아는 집으로 가지 않고 왕궁 문간에서 왕의 신하들과 함께 잤지….
Z Z z
쿨 쿨 쿨
다윗이 우리아를 불러 물었어.
너는 오랫동안 집을 떠났었는데 어째서 집에 들어가지 않았느냐?
언약궤와 이스라엘의 군사들이 전쟁터 장막에 머물러 있습니다.

※왕궁 문간 : 왕궁 문을 지키는 관리와 시위병들의 숙소를 말한다.

tip 전쟁터에 있는 언약궤

이스라엘 백성은 전쟁 시에 종종 하나님을 상징하는 언약궤를 동반하고 출전했다. 그들의 싸움을 사사로운 전쟁이 아니라 하나님의 공의를 수호하는 거룩한 싸움이라 생각했기 때문이다. 또 하나님께서 이스라엘의 대장이 되어 친히 대적들을 물리쳐주시기를 바라는 마음도 있었다.

또 제 상관인 요압과 동료들이 들판에서 진을 치고 있습니다.
그런데 제가 어찌 집에서 먹고 마시며 아내와 함께 잠자리를 할 수 있겠습니까? 제가 왕께 맹세하지만 저는 결코 그럴 수 없습니다.
끙, 심하게 충성스럽네.
알겠다. 넌 하루 더 머물러 있어라. 내일 너를 싸움터로 돌려보내겠다.
알겠습니다!
척

사무엘하

그날 저녁 다윗은 우리아를 불러 함께 먹고 마시며 취하게 했지.
하하하
암몬의 명복을 빌며!
$%&@#$!
그러나 그날 저녁에도 우리아는 집에 가지 않고 다윗의 신하들과 함께 잤어.
아이고, 취한다!
꺼억
거 참, 밧세바와 자야 내가 임신시킨 사실을 숨길 수 있는데… 저렇게 취해도 안 가네.
끙
다음날 아침 다윗은 편지를 써서 우리아에게 주었지.
이 문서를 요압에게 전해주게!
알겠습니다.
그 편지에는 이렇게 쓰여 있었어.
흠….
우리아를 가장 치열한 싸움터로 보낸 뒤 너희만 뒤로 물러나 그가 죽도록 해라.
요압은 랍바 성에서 가장 저항이 거센 곳을 알아내 우리아를 그곳에 보냈지.
우리아!! 부하들과 함께 저쪽을 돌파하라!
네!!
와아아아
랍바 성의 병사들이 나와 요압과 싸울 때 다윗의 군사 몇 명이 죽었어.
쉬이익
크으윽!!
그때 헷 사람 우리아도 죽었지.
크윽!!
핑
제기랄!!!
핑
퍽
요압은 다윗에게 전령을 보내 그곳에서 일어난 모든 일을 보고했어.
왕께 전황을 보고해라. 그러면 왕께서 화를 내실 것이다.
네?
왜 그렇게 성 가까이 가서 싸웠느냐? 성벽에서 화살을 쏠 줄 몰랐느냐? 아비멜렉이 성벽에서 여인이 던진 맷돌에 맞아 죽은 것 Link 3권 131p 을 알면서도 어찌 그리 했느냐?
버럭
왕께서 이렇게 말하시면 '왕의 종 헷 사람 우리아도 죽었습니다'라고 대답해라!
아… 네, 알겠습니다.
전령은 다윗에게 요압이 일러준 대로 보고했지.
전황 보고드립니다. 암몬 사람들은 우리보다 잘 싸웠습니다.

※아비멜렉 : 이스라엘 사사 기드온이 세겜에 살던 첩에게서 낳은 아들로 세겜과 벧 밀로 성의 왕이 되었다.

놈들은 들에서 우리를 공격했지만 우리는 그들에 맞서 성문까지 몰아갔습니다.
그러자 놈들이 성벽에서 활을 쏘아 우리 군사 몇몇이 죽었습니다.
그리고 왕의 종 헷 사람 우리아도 죽었습니다.
음… 칼은 사람을 가려서 죽이는 게 아니니 이번 일로 괴로워 말고 용기를 내라. 그리고 더 맹렬히 공격해서 성을 점령하라고 요압에게 전해라.
네, 알겠습니다!
자, 이젠 밧세바의 배가 부르기 전에 후딱 데려오기만 하면 상황 종료다. 히히!
아자!
??
한편 밧세바는 남편이 죽었다는 소식을 듣고 슬피 울었어.
흐흐흑.
다윗은 우리아의 장사가 끝나자 사람을 보내 밧세바를 궁으로 데려왔지.
우리아가 죽었으니 왕께서 그의 아내를 거둬주셨다네.
역시 다윗 왕은 사려가 깊어!
그녀는 다윗의 아내가 되었고 얼마 후 아들을 낳았어.
수고했소!
그러나 다윗이 한 일은 여호와께서 보시기에 악했지.
거 참, 믿을 인간 없다더니… 끌끌!
붕
붕

12장 나단이 다윗을 책망하다

여호와께서 다윗에게 나단을 보내셨어.
이야기를 하나 들려드리지요.
오, 좋아요. 재미있는 걸로.
어떤 성에 두 사람이 살았는데 한 사람은 부자였고 다른 한 사람은 가난했습니다.
부자에겐 양과 소가 많았지만 가난한 사람에겐 사다가 키우는 어린 암양 한 마리밖에 없었습니다.
메에에~

※나단 : 다윗과 솔로몬 시대에 활약하던 예언자이다.

그 양은 가난한 사람의 자식들과 함께 자라며 그와 같은 걸 먹었고 같은 잔으로 마셨으며 그의 품에서 잤습니다.
그 양은 그에게 마치 딸과 같았습니다.
메에에~
하루는 부자에게 손님이 왔습니다. 부자는 손님을 잘 대접하고 싶었죠.
하지만 부자는 자기 양이나 소를 잡기가 아까웠습니다.
그래서 가난한 사람의 양을 빼앗아 손님을 위해 음식을 만들었습니다.
퍽
그 말을 듣고 다윗은 불같이 화를 내며 말했어.
살아계신 여호와께 맹세하지만 그자는 죽어 마땅하오!!
깜짝이야!!
쾅
그런 무자비한 짓을 한 자는 새끼 양을 4배로 갚아줘야 할 것이오!!
씩 씩
왕이 바로 그 사람입니다.
뭐, 뭐라 고요…?
네, 왕이 바로 그 사람이라고요.
딸꾹!
빠직!
부 스 스
들으세요. 여호와께서 말씀하십니다.

나는 너를 사울의 손에서 구해주었고, 사울의 나라와 아내를 주었으며, 이스라엘과 유다의 왕으로 세웠다. 그것으로 부족했다면 나는 네게 더 많은 것을 주었을 것이다!

tip 다윗에게 사울의 아내를 주었다?

고대 근동 국가에서는 왕이 죽거나 폐위될 때 그 왕의 첩을 새로 즉위하는 왕이 차지하는 게 관례였다. 여기에서 사울의 아내란 사울의 첩을 의미한다. 하지만 다윗은 사울의 첩을 취한 사실이 없다. 한 명 있던 사울의 첩은 아브넬이 차지했다. Link 4권 136p 여기서 그런 관습을 언급한 것은 다윗이 사울의 뒤를 이어 왕이 됐음을 말하기 위함일 뿐이다.

그런데 넌 어찌하여 내 말을 무시하고 악한 짓을 했느냐?
헉… 악한 짓이라면…?
덜덜
넌 헷 사람 우리아를 암몬 사람의 칼에 죽게 하고 그의 아내를 차지했다!
허억!!
휘청!
다 들통 났어요. 꼼짝 마라입니다.
네가 나를 무시해서 그런 짓을 했으니 이제 네 집안에는 언제나 칼부림이 있을 것이며 너의 집안사람들이 재앙을 일으킬 것이다!
네 아내들은 네가 보는 앞에서 이웃에게 끌려가 밝은 대낮에 욕보임 당할 것이다!
대낮에…
너는 몰래 그런 일을 했지만 나는 대낮에 온 이스라엘이 보는 앞에서 그리 할 것이다!
흑흑
크흐흑!! 제가 여호와께 죄를 지었습니다!
왕께서 죄를 고백했으니 여호와께서 죄를 용서해주실 겁니다. 왕은 죽지 않을 것입니다.
오, 주여!
크흐흑!

그러나 이번 일은 여호와의 원수들이 여호와를 모독할 빌미가 되니 얼마 전에 태어난 아기는 죽게 될 겁니다.
아아… 주여… 제… 제발…!
부들
부들

tip 여호와의 원수들

하나님을 대적하는 모든 무리를 말한다. 다윗의 죄는 개인의 차원을 뛰어넘는다. 이스라엘의 왕인 만큼 그가 지은 죄는 하나님의 영광을 가리고 나라의 기강을 어지럽힐 수 있다. 따라서 다윗의 범죄가 알려지면 하나님을 대적하는 자들은 하나님을 멸시하고 조롱할 수 있다는 데 그 심각성이 있다. 그래서 다윗은 징벌을 받게 되는데 이러한 사실루 볼 때 일반인보다 그리스도인이 지은 죄악이 얼마나 더 심각한 결과를 낳는지 알 수 있다.

여호와께서 밧세바가 낳은 아이를 쳐서 아이가 병이 들었어.
아이가 갑자기!
어떡하죠?
아… 이럴수가!

다윗은 아이를 위해 간절히 기도하며 금식했지. 왕궁에서도 밤을 새우고 맨땅에서 잠을 잤어.
오… 주여, 주여 제발 제 기도를 들어주소서!
크흐흑
원로들이 일으켜 세우려 했으나 다윗은 듣지 않았고 그들과 함께 먹지도 않았지.
왕이시여, 일어나십시오.
크흐흑!
이러시면 안 됩니다.
병든 지 7일째 아이는 죽었어. 신하들은 그 사실을 말하기가 두려웠지.
아, 이걸 어떻게 전한단 말인가?
아이가 죽은 걸 알면 어찌될지….
수근 수근
크흐흑!

다윗은 신하들이 수군거리자 아이가 죽었음을 알았어.
아이가… 죽었느냐?
그… 그렇습니다.
그러자 다윗은 몸을 씻고 기름을 바르고 옷을 갈아입은 후 여호와의 집으로 가서 예배드렸어.
그리고 왕궁으로 돌아와 음식을 가져오라고 한 뒤 식사를 했지.
아이가 죽었으니 더 슬퍼할 줄 알았는데…?
우걱 우걱
그러게.

※여호와의 집 : 언약궤를 모셔둔 다윗의 장막을 말한다.

아이가 살아있을 때는 슬퍼하고 금식하셨는데, 죽은 뒤엔 자리에서 일어나 식사를 하시다니 어쩐 일입니까?
응?
아이가 살아있을 때는 혹시 여호와께서 날 불쌍히 여겨 아이를 살려주실지도 모르기 때문에 울고 금식한 것이오.
그… 그렇겠지요.
이제 그 아이가 죽었는데 내가 왜 금식하겠소? 그 아이를 다시 돌아오게 할 수 있는 것도 아니고….
그, 그렇군요.

나는 그 아이에게로 갈 수 있겠지만 그 아이는 내게 돌아올 수 없소.
흐흑
다윗은 아내 밧세바를 위로하고 그녀와 함께 잤어.
미안하오.
괜찮습니다.
흑
그 후 밧세바가 아들을 낳았는데 다윗은 솔로몬이라 이름 지었지.
솔로몬, 이름 좋다.
까르르…

※솔로몬 : '평화', '평강'이라는 뜻이다.

여호와께서도 그 아이를 사랑하셔서 예언자 나단을 보내 여디디야라는 이름을 주셨지.
까르르

※여디디야 : '여호와의 사랑을 받은 자'라는 뜻이다.

랍바 성을 함락시키다

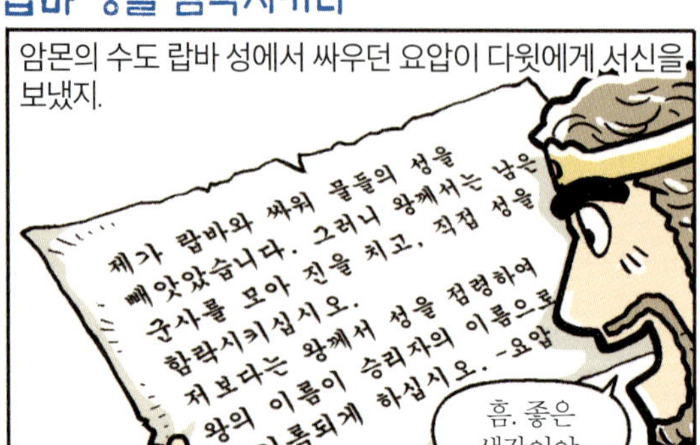
암몬의 수도 랍바 성에서 싸우던 요압이 다윗에게 서신을 보냈지.
제가 랍바와 싸워 물들의 성을
빼앗았습니다. 그러니 왕께서는 남은
군사를 모아 진을 치고, 직접 성을
함락시키십시오.
저보다는 왕께서 성을 점령하여
왕의 이름이 승리자의 이름으로
기록되게 하십시오. -요압
흠, 좋은 생각이야.

tip 물들의 성

랍바 성은 '왕성'과 '물들의 성' 두 개로 이루어진 매우 큰 성이었다. 그중 물들의 성은 얍복 강에서 흘러들어온 물을 가둬둔 수원지를 보호하기 위해 쌓았다. 랍바 성을 함락시킨 이 사건은 솔로몬을 임신하기 전의 일로 밧세바의 죽은 첫 아이가 잉태됐을 때 일이다.

다윗은 모든 군대를 소집한 다음 랍바로 가서 그 성을 점령했어.
와아아

다윗은 무게가 1달란트나 되는 암몬 왕 하눈의 금관을 빼앗았고,
이… 이렇게 무거운 걸… 짐승이로다.
후들
후들
전리품도 아주 많이 챙겼지.
짭짤하네.
이 정도면 전쟁도 할 만하다야.
흐흐

※1달란트 : 약 34kg에 해당한다.

또 그곳의 사람들에게 톱질, 곡괭이질, 도끼질, 벽돌 굽는 일을 시켰어.
농땡이 치다가 걸리면 밥 안 준다!
쓱
쓱
콱
다윗은 암몬의 모든 성읍에 그처럼 하게 한 뒤 모든 군대를 이끌고 예루살렘으로 돌아왔지.
와아아아아

13장 암논의 파렴치한 죄

다윗에겐 암논과 압살롬이라는 아들과, 다말이라는 미혼의 딸이 있었어.
우리는 형제이긴 하지만 어머니가 달랐어.
우리 둘은 같은 어머니에게서 난 남매야.
암논
압살롬
다말
그런데 암논 혼자 다말을 사랑하다가 상사병이 나고 말았지.
아, 하필 이복동생을 사랑하다니!
타다닥

tip 암논, 압살롬, 다말

다윗이 아히노암이라는 아내 Link 4권 112p 에게서 난 아들이 암논이었다. 압살롬과 다말은 그술 왕 달매의 딸 마아가의 자녀였다. 그술은 요단 강 상류, 바산의 북동쪽 시리아와 접경 지역으로 이곳의 왕 달매가 자기 딸을 다윗에게 주어 정략결혼을 시킨 것이다.

암논에게는 요나답이라는 친구가 있었는데 그는 시므아의 아들로 매우 교활했어.
까꿍! 뭐 하나?
깜짝이야!
헉!
살금
살금
왕의 아들이 나날이 수척해지다니, 무슨 고민이라도? 나한테 말해보라구.
음… 사실은…
난 다말을 사랑해. 근데 그녀는 이복동생 압살롬의 누이야.
흠!

※시므아 : 이새의 셋째 아들로 다윗의 형이다.

요나답은 암논에게 어찌하면 좋을지 말해줬어.
음… 그럼 이렇게 해봐!
!!!
속닥
속닥
암논은 요나답이 가르쳐준 대로 침실에 누워 아픈 척했지.
으으….
끙끙
그리고 병문안을 온 다윗에게 말했어.
좀 어떠냐?
아버님, 누이 다말이 와서 직접 맛있는 빵을 만들어 제게 먹여주게 해주세요.
다윗은 다말에게 사람을 보내 암논에게 먹을 것을 마련해주라고 했어.
아버님의 명이니 어서 가봐야겠다.
다말은 암논의 집으로 가서 그가 보는 앞에서 빵을 만들어 구웠지.
슥
슥
조금만 기다려요.
다말이 빵 냄비를 가져다 그 앞에 차려줬으나 암논은 먹지 않았어.
어서 먹어봐요.
음….
어이, 다말 빼고 니들은 다 나가 봐.
네!
맛있게 드세요!
??
휘이~
여기 침실로 가져와 네 손으로 직접 먹여다오.
네, 그럴게요.
다말이 다가오자 암논은 그녀를 붙잡고 말했지.
나와 함께 눕자!
네?
와락
안 돼요, 이스라엘에는 이런 법이 없어요. 제가 이런 부끄러운 일을 당하고 어딜 가겠습니까? 오빠도 이스라엘의 바보가 될 겁니다. 제발 악한 짓을 저지르지 마세요!
흐흐흐!
제발, 왕께 말씀드려서 저를 달라고 하면 거절하시지 않을 거예요!
꽈악
흥이다!!
그러나 암논은 막무가내로 다말을 눌러 강간하고 말았지.
휘익
꺄악!

※히브리인들의 가옥 구조는 대개 부엌과 거실이 구별되지 않고 같은 공간에 있었다.

그런 후 암논은 다말이 미워졌지. 조금 전까지 사랑했던 마음은 싹 사라졌어.
당장 나가라!
네?!
그래선 안 돼요! 저를 쫓아내는 것은 오빠가 지금까지 한 일보다 더욱 큰 죄예요!
누구 없느냐?
암논은 자기 종을 불러 명했지.
이 여자를 여기서 내쫓고 문을 잠가라!
네!
아… 안 돼요!

암논의 종들은 다말을 밖으로 끌어내고 문을 잠갔어.
쾅
다말은 소매가 긴 색동옷을 찢고 재를 머리에 뒤집어쓰고, 손으로 얼굴을 감싼 채 큰 소리로 울며 떠났지.
으아앙!!
타다닥

tip 다말의 슬픔

소매가 긴 색동옷은 손목과 발목까지 내려올 정도로 긴 겉옷으로 왕족이 입던 옷이다. 그 옷을 찢고 머리에 재를 덮어쓰며 얼굴을 손으로 가리는 것은 인격과 명예가 가려질 만한 수치스러운 일을 당했음을 뜻한다.

다말을 본 오빠 압살롬이 물었어.
무슨 일이냐? 암논이 너를 욕보였느냐?
흑흑
얘야, 그도 네 오빠니 지금은 아무 말도 하지 마라. 이 일로 너무 근심하지 말거라.
네, 오빠….
흑흑
그래서 다말은 압살롬의 집에서 자포자기하며 지냈지.

이 모든 이야기를 들은 다윗은 몹시 분노했어.
으음! 암논이 그런 짓을?!
쾅!
하지만 암논에게 아무런 벌을 내리지 않았지.
오늘 점심 뭐야? 좀 색다른 메뉴 없나? 인도식이나 한국식으로 해볼까?

tip 다윗이 암논을 징계하지 않은 이유

그 이유를 몇 가지로 추정해볼 수 있다.

① 자식에 대한 특별한 애정 때문
② 장자인 암논에 대한 각별한 배려 때문
③ 다윗 자신이 이미 중죄를 지었기에 다른 사람을 징계할 자격이 없다고 느꼈기 때문
④ 가문의 명예를 실추시키지 않으려는 다윗의 자존심 때문

어찌됐건 다윗이 아무런 조치를 취하지 않은 결과 상황은 더 나빠진다.

압살롬의 복수

압살롬도 암논에게 앙심을 품었지만 잘잘못을 따지진 않았어.
하하하
음… 아무 말도 없으니 더 찜찜해.
그로부터 2년 후, 압살롬은 에브라임 근처의 바알하솔에서 양털을 깎고 있었어.
음메~
음메~
압살롬은 왕자들을 모두 그곳으로 초대했지.
모든 왕자들에게 초대장을 보내라. 거하게 잔치를 한다고 말이야.
네, 알겠습니다!

※바알하솔 : 에브라임 산지 벧엘에서 북쪽으로 약 8km 떨어진 지역. 해발 1천m가 넘는 곳에 위치한 산지 마을로 목양하기에 적당했다.

tip 압살롬의 초대

당시 양털을 깎는 일은 농부의 추수에 해당할 만큼 기쁘고 즐거운 일이었다. 이때는 큰 잔치를 열어 이웃과 나그네를 후히 대접하는 게 관례였다. 압살롬은 이 일을 핑계로 자연스럽게 암논을 포함한 형제들을 초대할 수 있었다.

압살롬은 다윗에게 가서 말했어.
제가 이번에 양털을 깎는데 왕께서도 신하들과 함께 오시죠.
아니다. 우리가 모두 가면 네게 부담만 될 게다.
압살롬이 계속 청했지만 다윗은 축복만 빌어줄 뿐이었지.
내가 안 가는 대신 넉넉히 복을 챙겨주마!
음… 정히 그러시다면….

암논 형님이라도 함께 가게 해주십시오.
응? 암논은 왜 데려가려는 것이냐?
압살롬이 계속 간청하자 다윗은 모든 왕자들을 그와 함께 보내줬어.
아버님이 안 오신다면 형님이라도 오셔서 자릴 빛내주셔야죠.
음… 그렇긴 하네. 알았다.
그 전에 압살롬은 미리 자신의 부하들에게 명령해놨지.
암논이 포도주를 마시고 취해 즐거워할 때까지 지켜봐라!

그러다 내가 '암논을 쳐라!'고 하면 그를 죽여라. 내가 명령한 일이니 두려워 말아라. 너희는 주저 말고 해치워라!!
네!!
하하하
크하하
흘깃

암논을 쳐라!
헉!
챙
촤악
압살롬의 부하들은 그의 명령대로 주저 없이 암논을 죽였어.
죽어라!
크헉!
헉!
맙소사!
퍽
그러자 다른 왕자들은 노새를 타고 도망쳤지.
으악! 이게 무슨?!
두두두두
어서 도망쳐!
왕자들이 달아나고 있을 때 다윗이 이 소식을 들었어.
왕이시여, 압살롬이 왕자들을 모두 죽여 살아남은 사람이 없다고 합니다!
뭐라고?!
허억!
다윗은 옷을 찢고 바닥에 쓰러졌지. 모든 신하들도 자신들의 옷을 찢었어.
이, 이럴 수가!!
말도 안 돼!!
찌익
비틀
찌익
어떻게 그런 일이!!
그때 시므아의 아들 요나답이 말했지.
왕자가 모두 죽지는 않았을 겁니다. 분명 암논만 죽었을 겁니다.
정말이냐?!
압살롬은 암논이 다말을 욕보인 그날부터 이 일을 꾸몄습니다. 그러니 다른 왕자들도 다 죽었다는 헛소문에 상심하지 마십시오.
음, 그렇게라도 된다면….
그때 파수꾼이 뒷산 언덕길로 많은 사람들이 오는 것을 봤어.
어? 저분들은?!
※시므아 : 이새의 셋째 아들로 다윗의 형이다.

호로나임 쪽에서 많은 사람들이 오고 있습니다!
보십시오! 제가 말씀드린 대로 왕자들이 오고 있는 겁니다!
그때 왕자들이 큰 소리로 울며 들어왔고 다윗과 신하들도 크게 울었지.
아버님!!
오오… 내 아들들아…!!
엉엉
흑흑
엉엉
왕자님들이 살아계셨군요.
다행입니다.
※호로나임 : 모압 고원 기슭에 위치한 성읍.

한편 이 일을 한 압살롬은 그술 왕 달매에게로 가서….
할아버지에게 가야겠다.
따각
따각
그곳에서 3년 동안 머물렀지.
어이구, 내 손자 왔구나!
할아버지!!
그술 왕 달매
부비
부비
다윗은 암논을 잃은 슬픔이 가라앉자 압살롬이 몹시 보고 싶어졌어.
어린 것이 객지에서 얼마나 고생이 많을까.

※그술 : 요단 강 상류, 바산의 북동쪽 시리아와 접경 지역으로 압살롬의 어머니는 그술 왕 달매의 딸이었다.

14장 압살롬, 예루살렘으로 돌아오다

요압은 다윗이 압살롬을 걱정하고 있는 것을 알았지.
흠, 압살롬이 돌아올 수 있는 방법을 찾아봐야겠군.
그래서 요압은 드고아로 사람을 보내 지혜로운 한 여인을 데려왔어.
당신은 상복을 입고 죽은 자를 위해 오랫동안 슬퍼한 사람처럼 꾸미시오.
그런 다음엔요?
왕께 가서 이렇게 하시오.
소곤
소곤
끄떡
끄떡

※드고아 : 베들레헴 남쪽 9.6km, 예루살렘 남쪽 16km 지점에 위치한 곳으로 유다 산지의 성읍. 아모스 예언자의 고향이기도 하다.

여인은 왕에게 가서 얼굴을 땅에 대고 엎드려 말했어.
왕이시여, 저를 도와주십시오.
무슨 일이냐?
흑흑
저는 불쌍한 과부입니다. 남편은 죽었고 제겐 두 명의 아들이 있었습니다.
그런데?
흑흑
이 아들들이 들에 나가 싸웠는데 말릴 사람이 없었습니다. 결국 한 아이가 죽고 말았지요.
퍽
그런데 모든 친척들이 제게 말했습니다.
네 집안의 상속자를 끊어야겠다!
살인자를 내놔라!
형제를 죽였으니 그도 죽어야 한다!
그들은 제게 남은 마지막 불씨마저 꺼뜨려 이 땅에 제 남편의 이름도, 자손도 남겨두지 않으려는데 어찌해야 합니까?
알겠다. 집으로 돌아가라. 내가 직접 이 일을 해결해주겠다.
왕께서 저를 도와주시더라도 제 친척들은 저와 제 아들에게 죄가 있다고 할 겁니다.
흑흑
그런 자는 내게 데려와라. 아무도 널 괴롭히지 못하게 하겠다!

왕께서 섬기는 여호와의 이름으로 약속해주신다면 죽은 아들의 원수를 갚으려는 친척들이 남은 아들을 죽이지 못할 것입니다.
살아계신 여호와께 맹세하는데, 네 아들의 머리카락 하나도 땅에 떨어지지 않게 하겠다.
그러자 여인이 말했지.
왕이시여, 제가 한 말씀만 더 드려도 되겠습니까?
그러든가….
어째서 왕께서는 압살롬 왕자가 돌아오는 걸 허락하지 않으십니까?
뭐?!
헉!
그건 지금까지 제게 말씀하신 것과는 다릅니다. 왕께서 말씀만 그렇게 하시고 왕자를 부르지 않은 건 잘못된 일이 아닙니까?
음….
우리는 언젠가 다 죽을 것입니다. 땅에 쏟아진 물을 다시 주워 담을 수 없듯 죽은 사람을 다시 살릴 수도 없지요.
생명을 사랑하시는 하나님께서는 비록 내쫓긴 사람일지라도 항상 다시 올 길을 찾아주십니다.
왕이시여, 저는 친척들의 위협을 받으면서도 왕께서 저와 제 아들을 구해 주시고 절 위로해주실 것이라 믿었습니다.
왕께서는 마치 하나님의 천사 같아서 선악을 가릴 수 있기 때문이지요. 여호와 하나님께서 항상 왕과 함께하시기를 바랍니다.
음….
내가 묻는 말에 숨김없이 대답하라!
움찔
네, 말씀하십시오.
이 모든 것을 요압이 시킨 것이냐?
쿵
크악!
꼼짝 마라네요. 왕의 말씀이 맞습니다. 요압이 왕의 마음을 바꾸기 위해 제게 시킨 일입니다.
누… 눈치 100단이구나.
헤헤
삐질
삐질

사무엘하

다윗이 요압에게 말했지.
좋소, 압살롬을 데려오는 것을 허락하겠소.
저… 정말입니까?
왕이시여. 제 청을 들어주시니 이제야 왕께서 절 아끼시는 줄 알겠습니다.
앞으로 그댈 꼼수 장군이라 부르겠소.
킁!
요압은 그술로 가서 압살롬을 예루살렘으로 데리고 왔어.

그러나 다윗은 단호했지.
압살롬을 집에 머물게 하고 내게 얼굴을 보이지 말라!
음… 알겠습니다.
결국 압살롬은 아버지께 인사도 못 드리고 집으로 돌아갔어.
아직 화가 안 풀리신 것 같습니다. 일단 돌아가시죠.

tip 다윗이 압살롬을 보지 않은 이유

① 압살롬이 아직 자신의 죄를 뉘우치지 않았기 때문 ② 이스라엘 백성에게 압살롬의 살인죄를 쉽게 용서하지 않음을 알리기 위해서로 볼 수 있다. 그러나 뉘우치지 않는 아들과 용서하지 않는 부자간의 이런 불편한 관계는 훗날 더 큰 비극을 낳게 된다.

압살롬, 다윗을 만나다

압살롬은 이스라엘에서 가장 잘 생겼고 어느 곳 하나 흠잡을 데가 없었지.
꺄악
오빠!
싸인 좀!

압살롬은 매년 연말이면 머리를 깎았는데, 머리카락이 무거웠기 때문이야.
머리를 잘랐더니 200세겔이 줄었군.
압살롬은 아들 3명과 딸 1명을 낳았고 딸의 이름을 다말이라고 지었지.
네 고모처럼 무척 예쁘구나!
오빠도 참… 그렇다고 나랑 같은 이름을 짓다니….

※200세겔 : 약 2.28kg에 해당한다.

압살롬이 예루살렘으로 돌아온 지 2년이 지났지만 다윗을 만나지 못했어.
요압을 시켜 왕을 뵈야겠다. 이런 연금 생활은 지겨워.
하지만 요압은 오지 않았어. 한 번 더 불러 봤지만 역시 오지 않았지!
뭐야? 한번 해보자는 거야?
거기 누구 없냐?!
벌떡
내 밭 옆에 있는 요압의 밭에 불을 싸질러라!!
아, 그 보리밭을…?

종은 압살롬의 명령대로 요압의 밭에 불을 질렀어.
화르르…
흥, 어디 이래도 안 오나 보자!
요압이 압살롬의 집으로 와서 말했지.
어째서 종을 시켜 제 밭에 불을 지른 것이오?!
흥!! 불러도 안 오니까 그런 거지 뭐.
다음엔 집이오.
왜 그술에 있던 날 불렀는지 왕께 물어보고 싶단 말이오!
그것이… 아직 왕의 심기가….
여기서 이렇게 갇혀 사느니 차라리 그술에 있는 게 더 나았을 것이오. 왕을 뵙고 싶소. 아직 내 죄가 있다면 차라리 죽여달라고 해주시오!
흠!
요압이 이 일을 다윗에게 전했어.
그래? 압살롬을 데려오너라!
네!!
압살롬은 다윗에게 절을 했고,
왕께 인사 드립니다.
아들, 잘 왔다.

다윗은 압살롬에게 입을 맞췄지.
그간 잘 지냈냐?
가둬놨잖아요.

tip 압살롬의 입을 맞추다

다윗이 압살롬의 입을 맞춘 것은 압살롬의 죄를 사면했음을 뜻한다. 사실, 다윗은 압살롬 스스로 자기 죄에 대해 회개하도록 이끌어야 했으나 그렇지 못했고, 그저 부성애에 이끌려 압살롬을 용납하고 만다. 압살롬은 다윗의 이런 연약한 마음을 이용해 반역을 계획한다.

15장 압살롬의 반역

압살롬은 자신의 전차와 말들을 준비하고 호위병도 50명이나 두었어.
척척척

그는 아침 일찍 성문 입구에 서있곤 했지.
여기쯤이 좋겠군!
그러다 재판을 위해 왕을 찾는 사람이 성문을 지나가게 되면 그를 불러 말했어.
당신은 어느 지파에서 왔소?
나는 베냐민 지파 사람입니다만….
그가 자신의 억울함에 대해 말하면 압살롬은 이렇게 말했지.
당신이 옳소. 하지만 왕궁 안에는 당신의 말을 들어줄 사람이 없소.
엥? 그럼 어쩌죠?

내가 이 나라의 재판관이 된다면 누구든 공정한 판결을 받을 수 있을 텐데 말이죠.
흠, 그럴 수 있으면 좋겠군요.
또 누가 자기에게 절을 하면 손을 내밀어 일으켜 세우고 입을 맞췄어.
힘을 내십시오.
이렇게 압살롬은 이스라엘 백성의 마음을 사로잡았지.
압살롬 왕자의 팬클럽이 만들어졌대.
역시 인물 좋지.
맘씨 좋지.
인터넷 링크 좀 줘.

그렇게 4년이 지난 뒤, 압살롬은 왕께 말했어.
헤브론에 가서 제가 여호와께 서원한 것을 할 수 있게 해주십시오.
무슨 서원?
제가 그술에 있을 때, 예루살렘에 갈 수 있게 해주시면 헤브론에서 예배드리겠다고 했거든요.
그럼 평안히 다녀와라.

※서원 : 하나님께 어떤 일을 꼭 하겠다고 스스로 하나님과 약속하는 것이다. ※예배 : 제사를 뜻한다.

tip 헤브론

예루살렘 남쪽 26.6km 지점에 위치하며 아브라함이 거주했던 곳이다. 다윗이 왕으로 기름부음을 받은 장소 Link 4권 132p 이자 7년 반 동안 이스라엘의 수도이기도 했다. 압살롬이 그런 곳에 제사를 드리러 간다는 것은 전혀 이상한 일이 아니었다. 그런데 압살롬은 다윗이 수도를 예루살렘으로 옮긴 것을 이용해 반역을 꾀한다. 즉 다윗이 헤브론에서 예루살렘으로 수도를 옮긴 것에 불만을 품은 자들을 규합하는 것이다.

압살롬은 예루살렘에서 200명의 사람들을 데려갔는데 그들은 아무것도 몰랐지.
흐흐, 이들을 잘 이용하면 큰 힘이 될 거야.
압살롬은 헤브론으로 가서 이스라엘 모든 지파에 첩자를 보냈어.
나팔소리가 들리면 '헤브론에서 압살롬이 왕이 됐다!'라고 외치게 해라!
네!!
압살롬은 헤브론에서 제사를 드리는 동안 길로로 사람을 보냈지.
전령
길로
부우우웅

※길로 : 헤브론 남서쪽 약 8km 지점에 위치한다.

그리고 다윗의 전략가 중 한 사람인 아히도벨을 오게 해 자기편으로 만들었어.
함께 나라를 바꿔보시지요.
좋소, 나도 예전부터 다윗이 싫었소.

tip 아히도벨

아히도벨은 다윗의 참모였음에도 예루살렘에 있지 않고 고향 길로에 있었다. 왜 그랬을까? 우리아의 아내였던 밧세바 Link 4권 162p 는 아히도벨의 손녀였다. 그는 자신의 손녀를 범한 다윗에게 반감을 가졌고, 그래서 고향인 길로에 내려가 있었던 것이다. 또 길로는 헤브론에서 가까웠기 때문에 압살롬과 빠르게 합류할 수 있었다.

반란세력이 점점 커졌고 압살롬을 따르는 사람들도 더욱 많아졌지.
이제 때가 됐군요.

어떤 사람이 다윗에게 와서 말했어.
이스라엘의 인심이 압살롬에게 돌아섰습니다. 백성이 그를 왕으로 삼으려 합니다.
응?
아이고, 튀… 튀자!
후다닥
다윗은 예루살렘에 있던 모든 신하들에게 말했지.
그냥 있다간 압살롬에게 죽을 것이다. 압살롬은 우리와 예루살렘의 백성까지 다 죽일 거야!
우르르
허겁
지겁
무… 무엇이든 왕의 결정에 따르겠습니다!

다윗은 궁을 지킬 후궁 10명만 남겨두고 모든 가족과 함께 떠났어.
무슨 왕이 저래?
휘이잉
압살롬이 우리 같은 후궁을 죽이기야 하겠어?

tip 도망가는 다윗

다윗이 압살롬의 반역 소식을 듣고 바로 도피한 것은 이런 이유 때문으로 보인다.

① 자신이 죄를 지었을 때 나단이 예언한 것 Link 4권 167p 이 생각났다. 다윗은 압살롬의 반역이 하나님의 징계이며 예언의 성취라고 생각했기 때문에 맞서 싸우지 않았다.

② 되도록이면 유혈전을 피해 이스라엘의 거룩한 수도 예루살렘이 피로 물들기를 바라지 않았다.

③ 백성의 마음이 자기에게서 떠나 압살롬에게 향했음을 알고 일단 무리한 진압을 피하고자 했다.

다윗은 모든 백성들과 함께 떠났고 예루살렘의 마지막 성인 벧메르학에서 멈췄지.
서둘러 가거라!
흑흑
모든 그렛 사람과 블렛 사람, 호위병들 그리고 가드에서 다윗을 따랐던 600명 Link 4권 115p 도 곁을 지나갔지.
다들 나를 믿고 따라주니 고맙구나!

※벧메르학 : '멀리 있는 궁'이라는 뜻으로 다윗 성 동쪽 기드론 시내를 넘기 전에 있었다.

※그렛, 블렛 사람 : 왕의 시위대로 그렛 사람은 사형집행관을 블렛 사람은 왕의 명령을 신속히 전하는 일을 했다.

다윗이 앞에 지나가던 가드 사람 잇대에게 말했어.
그대는 왜 우리와 함께 가려느냐? 돌아가 새 왕과 함께 있으시오. 그대는 이방인이고 여기 온 지도 얼마 되지 않았소. 게다가 난 어디로 가야 할지도 모르오.
살아계신 여호와께 맹세하지만 그럴 순 없습니다.
아니오. 그대의 형제들과 함께 돌아가시오. 그대에게 여호와의 은혜와 사랑이 함께하길 바라오.
싫습니다. 저는 왕께서 어디로 가시든지 죽든지 살든지 왕과 함께 있을 깁니다.

※잇대 : 가드에서 망명한 이방인으로 다윗의 군사였고 훗날 군사령관이 된다.

사무엘하

잇대는 자기 종들과 가족들을 데리고 다윗의 곁을 지나갔지.
자, 출발!!!
모든 백성이 다윗을 지나가면서 큰 소리로 울었어.
예루살렘에서 쫓겨나다니….
흐흑
엉엉
그것도 아들에게 말이야….
흐흑
다윗이 기드론 골짜기를 건넌 후 모든 백성은 광야 쪽으로 나갔지.

※기드론 골짜기 : 예루살렘 다윗 성 동쪽 아래의 골짜기를 말한다.

그때, 대제사장 사독과 아비아달, 그리고 언약궤를 멘 레위 사람들도 다윗과 함께 있었어.
하나님의 궤를 예루살렘 안으로 다시 옮기시오.
아니, 왜 그리 말씀하십니까?
사독
아비아달
만약 여호와께서 내게 은혜를 베풀어 다시 돌아가게 해주신다면 언약궤와 예루살렘을 다시 보게 하실 것이오!
그러나 그분이 내게 은혜를 베풀지 않으신다면 그 또한 그분의 뜻이겠지요.
훌쩍
음….

그대는 선견자요. 편히 성으로 돌아가시오. 그대의 아들 아히마아스와 아비아달의 아들 요나단도 데려가시오.
알겠습니다.
나는 광야 나루터에서 그대의 소식을 기다리겠소.
왕이시여, 편히 가소서!
흑흑흑
이렇게 사독과 아비아달은 하나님의 궤를 메고 예루살렘으로 돌아갔지.

※선견자 : 관찰자라는 뜻으로 하나님의 뜻을 전한다는 의미가 있다.

다윗은 두 손으로 머리를 가리고 울면서 맨발로 감람산을 올라갔어. 그와 함께한 백성들도 울면서 머리를 가리고 올라갔지.
크흐흑!
너무 수치스럽고 부끄럽구나.
흑흑흑
그때 누군가가 다윗에게 말했어.
압살롬과 함께 음모를 꾸민 사람 중엔 아히도벨도 있답니다.
뭐? 아히도벨이?!

※감람산 : 예루살렘 동편에 위치한 산으로 예루살렘 성읍에서 약 1km 떨어진 곳. 산에 감람나무가 많았던 까닭에 붙여진 이름이다.

그 소식을 듣고 다윗이 기도했지.
아아, 여호와여! 아히도벨의 계획이 어리석은 것이 되게 해주소서!
다윗이 감람산 꼭대기에 도착했지. 그곳은 하나님께 예배하던 장소였어.
그곳에서 아렉 사람 후새가 다윗을 맞이했는데 그는 겉옷을 찢고 머리에 흙을 덮어썼지.
아이고, 이게 무슨 일….
작전상 후퇴라고나 할까….
험!
※후새 : 다윗의 친구이자 책략가이다.
나도 함께 가겠소.
아니오, 그대는 짐이 될 뿐이니 그냥 성으로 돌아가시오.
아, 귀찮아.
가서 압살롬을 받들고 전엔 왕의 아버지를 섬겼으나 이젠 새로운 왕을 섬기겠다고 하시오.
그것이 나를 돕고 아히도벨의 계획을 실패로 만드는 길이오.
네? 그게 무슨…?
왕궁에서 일어나는 모든 소식을 사독과 아비아달 두 제사장에게 전해주시오. 그럼 그들의 아들 아히마아스와 요나단이 내게 소식을 전해줄 거요.
아… 알겠소!
다윗의 친구 후새는 성으로 들어갔고, 압살롬도 때마침 예루살렘으로 왔어.
와아아아아
16장 시바의 거짓말
다윗이 감람산 산꼭대기를 지나자 므비보셋의 종 시바가 그를 맞이했지.
너는 시바가 아니냐!
※므비보셋 : 사울의 손자이자 요나단의 아들. 두 다리가 불편하다.
시바는 나귀 2마리에 안장을 얹고 빵 200덩이와 건포도 100송이, 무화과 100개, 포도주 한 부대를 싣고 왔어.
이것들은 어찌 가지고 왔느냐?
나귀는 왕의 가족들이 타실 것이고, 음식은 신하들이 먹고, 포도주는 광야에서 지쳤을 때 마시라고 준비했습니다.
그래, 고맙구나.
근데 므비보셋은 어디 있느냐?
그는 예루살렘에 있습니다.

그는 이제야 이스라엘 백성이 자기 할아버지의 나라를 자기에게 돌려준다고 했습니다.
뭐라고?!
내가 그를 얼마나 위해줬는데 감히!
므비보셋의 모든 것을 네가 갖도록 해라!
가… 감사합니다. 언제나 왕의 은혜를 받기를 원합니다.
씩
씩
다윗을 저주하는 시므이
다윗이 바후림에 이르렀을 때,
사울 집안(베냐민 지파) 사람인 게라의 아들 시므이가 호위병이 있음에도 다윗에게 저주를 퍼부으며 돌을 던졌어
휙
떠나라! 이 피비린내 나는 살인자야!
뭐야??
탁
사울 집안사람을 죽이고 왕이 됐으니 여호와께서 죄를 물으시는 것이다. 주께서 압살롬에게 나라를 넘겨주시는 건 너 같은 살인자가 마땅히 받아야 할 재앙이다!
버럭
아비새가 다윗에게 말했지.
죽은 개 같은 놈이 감히 왕을 저주하다니!! 저놈의 목을 잘라버리겠습니다!
씰룩 씰룩
얼래리~ 꼴래리~!
내 일에 왜 네가 나서느냐?
다윗을 저주하라고 여호와께서 시킨 것이라면 누가 그를 탓할 수 있느냐?
하지만….
다윗이 아비새와 모든 신하들에게 말했어.
내 몸에서 난 내 아들도 나를 죽이려 하는데 저 베냐민 사람이야 오죽하겠소?
여호와께서 시킨 것이니 저주하게 내버려두시오!
음… 어쩔 수 없구나.
스윽
혹시 여호와께서 내 비참함을 보시고 저자의 저주 대신 오히려 더 좋은 것으로 갚아주실지도 모르지 않소?
심하게 낙천적이시네.
끙!

※바후림 : 예루살렘 동북쪽 4km에 위치한 마을. 감람산 동편 기슭에 있다.

※시므이 : 베냐민 지파 게라의 아들로 사울 왕에게 충성을 다했었다. 유다 지파인 다윗이 왕위에 오르자 다윗을 반역자로 여겼다.

※아비새 : 다윗의 이복누이인 스루야의 아들로 요압의 동생이자 다윗의 조카다.

다윗과 백성은 가던 길을 갔지만 시므이는 계속 저주하며 돌을 던지고 흙을 뿌렸어.
꺼져버려라!! 훠이!!
휙
어휴, 저걸 그냥….
질긴 놈 만났네그려.
지친 다윗과 백성은 요단 강 부근에서 쉬었지.
아이고, 좀 쉬었다 가자!
압살롬의 예루살렘 입성
한편 압살롬과 그를 따르는 무리들이 예루살렘에 입성했어. 아히도벨도 함께 있었지.
와아아아
드디어 돌아왔구나!
다윗은 도망쳤다는군요.
다윗의 친구 후새가 압살롬을 찾아와 외쳤어.
왕께 만세! 왕께 만세!
응? 당신은?
후새 아닌가?
이것이 친구인 다윗 왕에 대한 당신의 우정이오? 왜 친구를 따라가지 않았소?
아이고, 아닙니다.
저는 여호와와 이스라엘 백성이 선택한 분과 함께할 겁니다. 저는 당신의 아버지를 섬긴 것 같이 이제 당신을 왕으로 섬기겠습니다.
굽신 굽신
그만! 알겠소!

압살롬이 아히도벨에게 물었지.
자, 이제 무엇을 하면 좋겠소?
우선 다윗 왕이 남겨둔 후궁들과 잠자리를 하십시오.
아버지의 후궁이랑?
네, 그래야 모든 백성들이 왕과 다윗 왕이 원수가 됐음을 알 겁니다. 그럼 왕을 따르던 모든 백성이 더욱 힘을 합해 도와줄 것입니다.

tip 후궁과의 잠자리

당시 근동 국가에서는 차기 왕이 전왕의 후궁들을 자신의 후궁으로 삼을 수가 있었는데, 이는 전왕의 소유물을 인수했다는 상징이었다. 아히도벨도 이런 일반적 관례를 압살롬에게 실행시킴으로써 그의 왕권을 가시화시켰다. 아히도벨의 의도는 다윗과 압살롬의 화해를 불가능하게 만들고, 또 압살롬을 따르는 무리가 압살롬을 더욱 신뢰하게 만들기 위함이었다.

압살롬은 궁전 옥상에 천막을 치고 모든 백성이 보는 앞에서 아버지의 후궁들과 잠자리를 가졌어.
압살롬이 대담하구나.
웅성
웅성
거 참, 이젠 완전히 원수가 되는구나.
사람들은 아히도벨의 계획을 하나님 말씀만큼이나 믿고 있었지.
감히 아히도벨 님의 말씀에 반항이냐?
그가 말하면 틀림없다고.
수군
수군
그래서 다윗은 물론 압살롬도 그의 말을 의심 없이 따랐어.
미래에는 이런 걸 타고 달에 갈 겁니다.
와우!
17장 아히도벨과 후새의 계략
아히도벨이 압살롬에게 말했지.
제게 1만2천 명의 군사를 주십시오.
군사는 갑자기 왜요?
회의실
오늘 밤 다윗의 뒤를 좇아 그가 지쳤을 때 덮쳐서 겁을 준다면 그를 따르던 백성이 모두 도망갈 것입니다.
그때 저는 다윗 왕만을 쳐 죽이고 다른 사람들은 모두 데려오겠습니다.
아버지만?
압살롬과 신하들은 좋은 계획이라고 생각했어.
왕께서 찾으시는 그 사람만 죽으면 모든 백성은 왕께 돌아올 것입니다.
흠, 불필요한 살인을 할 필요는 없지.
오오…!
역시 아히도벨의 작전은 훌륭해!!
그런데 압살롬은 아렉 사람 후새의 의견도 듣고 싶어 했지.
그래, 당신은 어떻소?
그리 좋은 계획이 아니라고 봅니다.
뭐?
다윗 왕과 그 군사들에 대해 아실 겁니다. 그들은 강하지요. 그들은 지금 새끼를 빼앗긴 곰만큼 화가 나 있습니다.
흠….
이것이…
끄덕
게다가 다윗 왕은 노련한 군인입니다. 그는 분명 백성과 함께 있지 않고 동굴이나 다른 곳에 숨어있을 것입니다.
음
그야 정찰을 해서….

만약 다윗 왕이 추격대를 먼저 공격하기라도 하면 백성이 그 소식을 듣고, 압살롬을 따르는 자들이 졌다고 생각할 것입니다.
그럼 사자 같은 용사라도 두려워집니다. 모든 백성이 다윗 왕과 그 부하들이 용맹하다는 것을 알고 있으니까요.
그러니 이스라엘의 모든 군사를 모아 왕께서 직접 앞장서서 그들을 한 번에 덮쳐야 합니다. 그들을 남김없이 모두 죽여야 합니다.
흥!
만약 다윗이 어떤 성에 숨는다면 온 이스라엘이 그 성을 밧줄로 묶고 골짜기로 끌어내리게 하십시오. 그곳에 돌조각 하나도 남지 못할 것입니다.
괜히 어설프게 건드려서 화를 자초하느니 전력을 다해 한 번에 끝내자는 건가?
흠!
압살롬과 신하들은 아히도벨의 계획보다 후새의 계획에 더 만족했어.
어때?
흠….
수근
수근
그건 여호와께서 압살롬을 망하게 하려고 아히도벨의 계획을 방해하신 거야.
후새의 계획이 더 좋겠습니다.
그럼 후새의 계략대로 합시다.
우씨!
후새는 이 사실을 두 대제사장 사독과 아비아달에게 전했지.
정말이오?
군사를 다 끌어 모은다고?
그러니 당장 왕에게 광야 나루터에서 묵지 말고 요단 강을 건너라고 하세요. 그렇지 않으면 모두 당하게 될 겁니다.
알겠소.
바로 우리 아들들을 보내겠소.

※광야 나루터 : 요단 강 동쪽으로 건너기 위한 나루터로 길갈 근처에 위치. Link 3권 94p 에 등장했던 장소.

요나단과 아히마아스는 사람들이 볼까 두려워 성에 들어가지 않고 에느로겔 근처에 있었어.
아버지는 잘 계시겠지?
그들은 거기서 대제사장의 여종에게 후새가 전하는 소식을 들었어.
두런 두런
부스럭
그런데 후새의 소식을 전하던 그날 한 청년이 그들을 봤어.
엇, 누구냐?
후다닥

※에느로겔 : 예루살렘 근처 기드론 골짜기에 있는 우물을 말한다.

빨리 압살롬
왕에게
일러줘야겠다!
타다닥
요나단과 아히마아스는 서둘러 그곳에서 달아났지.
들켰어요. 어서
도망가세요!
제길!
당신도
조심하시오!
타다닥
두 사람은 바후림에 있는 어떤 사람의 집으로 갔어.
도와주시오!
쫓기고 있소!
쾅
쾅

※바후림 : 예루살렘 동북쪽 4km에 위치한 마을. 감람산 동편 기슭에 있다.

그들은 그 집 마당 우물에 들어가 숨었고,
우선 여기
숨으세요.
그 집 여인은 우물 입구를 막고
그 위에 찧은 보리를 널어놓아
아무도 몰라 보게 했지.
이게 뭔
난리래.
탁
탁
압살롬의 병사들이
그 집에 찾아왔어.
아히마아스와
요나단이 어디에
있느냐??!!
!!!
그… 그들은
저 강을 건너가고
없습니다.
그래?
어서
추격해라!
타다닥
병사들이 가고 난 뒤 두 사람은 우물에서 나왔어.
어서 다윗
왕께 가자!!
이 위험을 빨리
알려야 해!!
타다닥
고맙다는
말도 안 하고
그냥 가냐?
그들은 다윗에게 가서 모든 사실을 말했지.
그러니 어서 강을
건너십시오.
알겠네.
다윗과 백성들은 요단 강을 건넜고, 날이 샐 때까지 모두가 강을 건넜어.
해가 뜹니다.
어서
서두릅시다.
압살롬의 병사들은 두 사람을 찾지 못하고 예루살렘으로 돌아갔지.
아이고,
공쳤네.
배고파.

사무엘하

한편 아히도벨은 자신의 계획대로 되지 않자 고향으로 돌아갔어.
아…
여호와의 뜻이 그렇구나.
따각
따각

그리고 집안을 정리한 뒤 목을 매 자살했지. 그는 아버지의 무덤에 묻혔어.

tip 아히도벨의 자살

아히도벨은 다윗 일행이 요단 강을 건넜다는 소식을 듣고 고향으로 떠났다. 압살롬의 반역이 성공할 수 없음을 깨닫게 된 것으로 보인다. 반역이 실패하면 어차피 자신은 죽으리라는 걸 알았기 때문에 자살을 선택했을 것이다. 또 자신의 계획이 받아들여지지 않은 것에 대한 수치심도 원인이었을 것이다.

다윗이 마하나임에 도착했을 때 비로소 압살롬과 그의 군대가 요단 강을 건넜지.
세겜
에브라임수풀
마하나임
에브라임
바알하솔
벧엘
랍바
기브온
여리고
광야나루터
예루살렘
감람산
길로
헤브론
염해

압살롬은 이스마엘 사람 이드라의 아들 아마사를 군사령관으로 세우고, 길르앗 땅에 진을 쳤어.
아버지가 마하나임 성에 있다고?
네! 이제 독안에 든 쥐입니다.
아마사

※마하나임 : 요단 강 동쪽 갈르엣과 얍복 강 사이에 위치한 성읍이다.

※이드라 : 이스라엘 여인인 아비갈과 결혼해 이스라엘로 귀화했다.

※아마사 : 다윗의 조카이며 요압의 사촌이었다.

한편 마하나임에 있던 다윗에게 소비, 마길, 바르실래 세 사람이 찾아왔어.

그들은 광야에 있는 다윗의 일행이 배고프고 지치고 목마를 것을 염려해 침구, 대야, 질그릇과 각종 음식을 준비해왔어.
소비
마길
바르실래
하하하

tip 소비, 마길, 바르실래

① 소비 : 암몬의 왕 나하스의 아들이다. 랍바를 정복한 다윗 Link 4권 157, 169p 은 나하스의 아들 중 한 사람을 그곳의 통치자로 임명했는데 그가 바로 소비로 보인다.

② 마길 : 암미엘의 아들. 로드발에서 왔으며 사울의 손자 므비보셋을 따르던 자 Link 4권 156p 이다.

③ 바르실래 : 길르앗 땅 로글림 성읍의 부자였다. 그 지역은 아람 족의 침략에 시달렸는데 다윗에 의해 안정을 누릴 수 있었다.

18장 압살롬의 패배

다윗은 백성의 수를 세어 천부장과 백부장을 세우고 전열을 정비했지. 그리고 군대를 셋으로 나눠 요압, 아비새, 잇대에게 맡겼어.

※잇대 : 블레셋에서 망명한 자임에도 Link 4권 179p 다윗에게 신임을 얻어 군대 지휘관이 됐다.

나도 함께 나가겠다!
네?
안 됩니다!
우리가 도망가거나 절반이 죽어도 저들은 상관하지 않을 겁니다.
왕께서는 우리 1만 명의 목숨과 같습니다.
왕께서는 성안에 남아 우리를 도와주십시오.
흠…
알겠소. 그대들의 뜻대로 하겠소.
감사합니다.
염려 마십시오. 승리할 것입니다.
병사들이 나갈 때 다윗이 요압과 아비새, 잇대에게 말했지. 모든 백성들도 함께 들었어.
어린 압살롬은 나를 봐서 너그럽게 대해주시오!
네!!
알겠습니다!!
다윗의 군대는 압살롬의 군대와 에브라임 수풀에서 싸웠지.
그곳에서 압살롬의 군대는 다윗의 군대에게 패해 2만 명이 죽었어.
와아아아아
챙
챙
뿔뿔이 흩어져 도망가던 압살롬의 병사들은 칼에 죽는 것보다 숲에서 더 많이 죽었지.
크윽
으아악!
으악, 여긴 늪지대야!
타다닥
그때 노새를 타고 있던 압살롬은 다윗의 군대와 마주치자, 그들을 피해 도망갔어.
헉!! 튀자!!
서라!
두두두

※어린 압살롬 : 철없는 자식이라는 의미이다.

※에브라임 수풀 : 마하나임 서쪽, 얍복 강 북쪽에 있는 수풀을 말한다.

하지만 커다란 상수리나무 아래를 지날 때 압살롬의 머리카락이 걸렸고…
턱!
헉!
푸히히힝~
두두두
고는 나무에 대롱대롱 매달리게 됐지.
대롱
대롱
야, 이놈아! 혼자 가면 어떡해?!!
헉! 저자는 압살롬?
두두두
한 병사가 이를 보고 요압에게 보고했어.
저기 상수리나무에 압살롬이 매달려 있습니다!
뭣?!
넌 그를 보고도 왜 죽이지 않았느냐? 그랬다면 은 10개와 띠 하나를 받지 않았겠느냐?
은 1천 개를 준다고 해도 저는 왕의 아들을 칠 수 없습니다.
뭐? 어째서?
왕께서 장군들에게 '나를 위해 어린 압살롬을 해치지 말라!' 고 하셨습니다.
제가 압살롬을 죽였다면 결국 왕께서 그걸 아실 것이고, 그럼 장군께서도 제게 등을 돌릴 것 아닙니까?
흠흠, 그… 그럴 리가 있느냐?
흐흐
크~ 똑똑한 놈이군.
요압은 작은 창 세 개를 손에 쥐고 압살롬에게 달려갔지.
타다닥
여기서 꾸물거릴 시간이 없다!
요압의 창은 나무에 매달려있는 압살롬의 가슴을 뚫었고…
푹
크헉!!

※은과 띠 : 공적을 세운 군인에게 주어졌던 일종의 훈장. 여기서 은은 군복에 다는 훈장이었다.

요압의 무기를 들고 다니던 젊은 병사 열 명이 그걸 보고 압살롬을 둘러싸고 쳐 죽였어.
완전히 숨통을 끊어버려!
휴~ 이제 전쟁을 끝낼 수 있겠어!!
꺼진 불도 다시 보자!
푹
푹

tip 다윗의 부탁을 외면한 요압

요압이 다윗의 명령을 어겨가며 압살롬을 죽인 데는 몇 가지 이유 때문으로 보인다.

① 여론에 편승한 영웅의식 때문. 당시 반란에 가담하지 않은 사람들은 내심 압살롬을 죽여야 한다고 여겼을 것이다.

② 압살롬이 살아있을 경우 우유부단한 다윗 왕이 아들을 용서할 것이고, 그에 따라 정치적으로도 혼란스러울 것이다. 이를 미연에 방지하기 위함이다.

③ 훗날 요압이 다윗의 넷째 아들 아도니야 옹립에 가담한 것으로 보아 Link 열왕기상 1장 7절 이때부터 아도니야 옹립을 준비했음을 배제할 수 없다. 그럼 반드시 압살롬을 죽여야 했다.

그러고 나서 요압이 나팔을 불자 다윗의 병사들은 더 이상 압살롬의 병사들을 쫓지 않았지.
뿌우우우~
응?
어? 이 소리는?
그… 그만, 저… 전쟁이 끝났다는 거야!
요압의 병사들이 압살롬의 시체를 숲속 깊은 구덩이에 던져넣고 돌무더기를 쌓아버렸어.
반역자들은 이렇게 돌무더기에 묻어야 해.
이런 무덤은 수치를 상징하지.
덜컥

압살롬의 병사들은 모두 자기 집으로 도망쳤지.
크윽! 압살롬이 죽었어!
우리 어떡하지?
뭘 어떡해?? 빨리 도망가자!
압살롬이 살아있을 때 왕의 골짜기에 한 비석을 세웠는데 자기 이름을 따 '압살롬의 비석'라 불렀어.

tip 압살롬의 비석

압살롬은 "내 이름을 전할 아들이 없다"고 하며 자기 이름을 딴 비석을 세웠다고 한다. 자신의 명성을 기리기 위해 세운 것으로 압살롬의 명예욕을 보여준다. 하지만 사무엘서의 저자는 오히려 그의 비참함을 강조하기 위해 이 이야기를 꺼낸 듯하다. 한편 압살롬에게는 3명의 아들이 있었지만 성경에서 이름이 언급되지 않는 것으로 보아 일찍 죽은 듯하다. Link 4권 176p

※왕의 골짜기 : 예루살렘 동쪽 성벽과 감람산 사이에 있는 기드론 계곡을 말한다.

대제사장 사독의 아들 아히마아스가 말했지.
장군. 제가 왕께 가서 여호와께서 왕의 원수를 갚아주셨다고 전하겠습니다.
아니다. 왕자가 죽었는데 다른 날 전하는 게 좋겠다.

tip 요압이 아히마아스를 제지하다

그 이유는 다음 두 가지로 생각해볼 수 있다.

① 아히마아스는 다윗에게 좋은 소식만을 알려온 심복으로 압살롬의 죽음을 알리기에는 적합하지 않았다. 좋은 소식만을 기대하고 있던 다윗이 '압살롬의 죽음'을 접하게 되면 더 큰 충격을 받을 것이기 때문이다.

② 다윗이 사울을 죽인 자를 처형했던 걸 볼 때 Link 4권 131p 이번에도 압살롬의 죽음을 전하는 아히마아스를 죽일지도 모르기 때문이다.

요압은 이 일을 에티오피아 사람에게 맡겼어.
네가 왕께 가서 본 것을 말씀 드려라!
네!!

무슨 일을 당해도 괜찮으니 저도 저 사람과 같이 가게 해주십시오.
네가 왜 가려 하느냐? 네게 아무 이득도 없는 일이란 말이다.
타다닥
그래도… 제발… 저도 가고 싶어요.
허 참… 할 수 없군, 가거라!
네? 네?
아히마아스는 골짜기를 지나 에티오피아 사람을 앞질러 갔지.
크하하!
내가 소식을 전할 거야! 왕께 점수를 딸 좋은 기회라고!
타다닥

한편, 다윗은 성의 안쪽 문과 바깥 쪽 문 사이에 앉아있었는데…
전쟁은 어떻게 돼가고 있는 거지? 압살롬은 무사한 건가?
파수꾼이 망대에서 보니 어떤 사람이 혼자 달려오고 있었어.
응?
파수꾼이 큰 소리로 이 사실을 다윗에게 알렸지.
왕이시여, 누가 옵니다!
그래? 몇 명이냐? 혼자라면 좋은 소식일 것이다.
그때 파수꾼은 또 다른 한 사람이 달려오는 것을 봤어.
앗, 저기 한 명이 더 옵니다!!
그도 좋은 소식을 가져오는 것이다.
앞에 오는 사람은 사독 대제사장님의 아들 아히마아스인 것 같습니다.
오, 그래? 그는 좋은 사람이니 좋은 소식을 가져올 게다.
아히마아스가 와서 얼굴을 땅에 대고 절한 뒤 크게 말했지.
왕의 하나님 여호와를 찬양합니다. 여호와께서 왕께 반역한 자를 물리치시고 승리를 주셨습니다!
오!
하하하!
그래, 어린 압살롬은 무사하냐?
네? 아… 그… 그건….
움찔
요, 요압이 저를 보낼 때 큰 소동이 있긴 했지만 뭔지는 잘 모르겠습니다.
그래? 우선 물러나 곁에 있어라.
곧이어 에티오피아 사람이 다윗에게 도착했어.
왕이시여, 기쁜 소식입니다. 여호와께서 왕께 반역한 자를 물리치시고 승리를 주셨습니다!
그래? 어린 압살롬은 무사하냐?
넵! 왕의 원수와 왕께 반역하는 자가 모두 압살롬처럼 되길 바랍니다!
뜨아악!
??
헉! 아이고!
이 말을 듣고 다윗은 비로소 압살롬이 죽은 줄 알게 됐지.
뭐, 뭐라 ……?!

사무엘하

19장 슬퍼하는 다윗

다윗은 마음이 찢어질 듯 아팠어.
아아… 내 아들아, 내 아들아, 내 아들 압살롬아. 너 대신 내가 죽을 것을….
흑흑
다윗은 성문 위쪽 방으로 올라가 울부짖었어.
내 아들, 내 아들 압살롬아!
엉엉!
19장 슬퍼하는 다윗
요압은 다윗이 압살롬의 죽음에 크게 슬퍼한다는 소식을 들었지.
음, 그럴 줄 알았다만….
다윗이 슬퍼한다는 소식에 그날의 승리는 슬픔이 돼버렸어.
거 참, 이겼다고 좋아할 수도 없잖아.
그러게 누가 압살롬을 죽인 거야?
수군
수군
그날 병사들은 전쟁에서 패해 도망친 사람처럼 살며시 성안으로 들어왔지.
쳇, 전쟁에 이기고도 이렇게 눈치 보기는 처음이네.
쉿, 분위기 파악 좀 해라!
흠, 안 되겠군!
다윗은 여전히 얼굴을 가리고 크게 울고 있었어.
내 아들! 내 아들 압살롬아!
엉엉
요압이 다윗에게 말했지.
왕께서는 오늘 왕과 왕의 가족들을 구한 병사들을 부끄럽게 하고 계십니다.
그… 그게 무슨 말인가?
훌쩍
왕께서는 왜 반역한 자를 사랑하시고 충성을 바친 병사들을 미워하십니까?
아니네. 그럴 리가 없잖은가?
저희들은 왕께 있으나 마나입니까?
차라리 압살롬이 살고 우리 모두가 죽었다면 기뻐하셨겠습니까?
켁, 어디서 그런 말도 안 되는 소리를…!
그럼, 이제라도 나가셔서 왕의 병사들을 위로하고 격려해주십시오.
안 그럼 오늘 밤 왕의 곁에 남아있는 병사는 아무도 없을 것이고, 왕은 어느 때보다 더 어려워질 것입니다.
음….
알겠네, 자네 말이 맞아.

다윗이 나가서 성문 앞에 앉았어.
왕이다!
왕이 나오셨다!
다윗이 성문 앞에 앉아있다는 말을 듣고 모든 병사들이 나왔지.
왕께서 나오셨대.
이제 괜찮으신가?
가보자!

tip 다윗이 성문 앞에 앉다

이는 다윗이 다시 공무를 시작했음을 뜻한다. 당시 이스라엘에서는 '성문 앞'에서 재판이나 행정소송을 다뤘기 때문이다. 지금 성문 앞에 다윗이 앉았다는 것은 지금까지 잠시나마 중단됐던 다윗의 통치가 재개됐음을 보여준다.

그때쯤 압살롬을 따랐던 사람들은 모두 집으로 돌아갔고…,
제길, 이게 뭐야….
우리가 수도 훨씬 많았는데….
모든 이스라엘 지파들은 여러 의견을 내놓기 시작했지.
다윗 왕은 블레셋 사람과 다른 원수들로부터 우리를 구해주었소.
그런데 지금은 압살롬을 피해 떠나 있소.
하지만 우리가 기름 부어 세운 왕 압살롬은 전쟁터에서 죽었소.
그러니 다윗 왕을 다시 모셔 와야지요.
하지만 어떻게 다시… 염치가 있지….
그 소식을 들은 다윗은 대제사장 사독과 아비아달에게 사람을 보냈어.
유다의 장로들에게 왕께서 말씀을 전해 달라고 하셨습니다.
알겠소!
사독과 아비아달은 유다 지파의 장로들에게 찾아가 말했지.
다윗 왕의 말씀입니다.
온 이스라엘이 왕을 다시 모시자고 하는데 당신들은 어찌하여 가만히 있는 것이오?
유다 지파는 나의 형제고 친족이오. 그런데 어찌하여 이 일의 맨 나중이 되려 하시오?
음… 그렇기는 한데….
지은 죄가 있으니….
아무튼 우리가 지금 이러고 있을 때가 아닌 것 같네.
웅성 웅성
또 압살롬 편에 섰던 아마사도 찾아갔지.
무슨 일이십니까?
왕의 말씀을 전하러 왔소!

※아마사 : 다윗의 조카이며 요압의 사촌이다.

너는 내 친족이 아니냐? 요압을 대신해 널 나의 군대 사령관으로 삼을 것이다. 만약 그리 되지 않으면 내가 하나님의 벌을 받아도 좋다.
오오~~!
이렇게 다윗은 유다 지파의 모든 사람들이 자신을 지지하도록 만들었어.
역시 우리의 왕은 다윗이시다.
그분을 모셔오자!
서둘러 사람을 보내야겠소!
유다 지파 사람들이 다윗에게 사람을 보냈지.
왕과 왕의 신하들이 어서 돌아오시길 바랍니다!
다윗이 요단 강까지 왔을 때 유다 지파 사람들은 왕을 맞이하기 위해 이미 길갈에 와있었어.
길갈
백성은 모두 여기서 기다리시오!
장로들이 요단 강을 건너가서 왕을 모셔올 것이오!
시므이도 베냐민 사람 천 명을 데리고 다윗을 맞이하러 급히 내려왔어.
젠장, 다윗에게 저주하는 게 아니었는데….
므비보셋의 종이었던 시바와 그의 아들 15명, 종 20명도 유다 지파 사람들과 함께 요단 강을 건너왔지.
와아아아
칫, 도망갈 때는 쳐다보지도 않더니….
그들은 다윗과 그의 가족이 돌아오는 걸 도와서 환심을 사려고 애썼어.
어서 왕을 모셔라!
왕을 찬양하라!
와아아
다윗이 요단 강을 건너려 할 때 시므이가 왕 앞에 엎드렸지.
왕이시여, 제가 지은 죄를 잊어주십시오.
흑흑
너는 바후림에서….
내 주 왕께서 예루살렘을 떠나시던 날 제가 지은 죄악을 부디 기억하지도 마음에 담아두지도 마소서.
널 보니 다시 생각난다야.
흑흑
주르륵

※요압을 대신해 : 압살롬의 죽음 때문에 다윗은 요압을 멀리 하게 되었다.

※길갈 : 요단 강변에 위치한 곳으로 교통의 요충지였다.

※시므이 : 베냐민 지파 게라의 아들. 다윗이 압살롬을 피해 바후림을 지나갈 때 돌을 던지고 저주했다. Link 4권 182p

※므비보셋 : 사울의 손자이자 요나단의 아들. 두 다리가 불편하다.

네놈은 시므이가 아닌가?
제가 지은 죄를 알고 있기에 요셉의 모든 집안 중에 가장 먼저 왕을 맞이하러 왔습니다.
스루야의 아들 아비새가 말했어.
여호와께서 기름 부으신 왕을 저주했으니 죽어 마땅하다!
멈추어라.
챙
헉!
오늘에야 내가 이스라엘의 왕이 된 것 같은데 이런 날 누굴 죽여서야 되겠느냐?
음….

※요셉의 모든 집안 : 이스라엘 12지파를 말한다.

※아비새 : 다윗의 이복누나 스루야의 둘째 아들이다.

너는 죽지 않을 것이다.
왕이시여, 감사합니다.
흥!
슥
그때 사울의 손자 므비보셋도 다윗을 맞으러 나왔지.
와… 왕이시여!!
응?
절뚝
그는 다윗이 무사히 돌아오는 날까지 발도 씻지 않고 수염도 깎지 않고 옷도 갈아입지 않고 지냈어.
윽, 냄새….
넙죽
므비보셋아, 너는 왜 나와 함께 가지 않았느냐?
내 주여, 저는 절뚝발이입니다.
왕을 따라가려고 나귀에 안장을 얹으라고 했지만 저의 종 시바가 저를 떼어놓고 가버렸습니다.
시바가?
!!
헉!
그리고 왕께 가서 저를 모함했습니다.
사실이더냐?
저… 그… 그게….

tip 시바의 속임수

므비보셋은 다윗이 쫓겨나가자 음식을 가지고 다윗을 찾아가려고 했으며, 나귀에 안장을 지우고 떠날 채비를 하도록 시바에게 명령했다. 시바는 명령대로 모든 것을 준비한 다음 므비보셋을 팽개치고 다윗에게 가서 주인을 모함했던 것이다. Link 4권 181p

왕께서는 하나님의 사자 같은 분이시니 왕의 뜻대로 하십시오. 어차피 제 집안은 왕께 죽어 마땅한데도 왕께서는 저를 왕의 식탁에서 함께 먹도록 하셨으니 제가 무슨 요구를 하겠습니까? 왕의 뜻대로 하소서.
덜
덜
아이고, 난 죽었다.
흠….

더 말해 무엇 하겠느냐?
너와 시바는 땅을 나눠 가져라.
그냥 시바에게 다 주십시오.
저는 왕께서 무사히 오신 것만으로도 만족합니다.
므비보셋님….

tip 땅을 나누라

다윗은 므비보셋의 말을 듣고 시바의 거짓말을 알았다. 따라서 시바에게 준 재산을 므비보셋에게 되돌려줘야 했으나 다윗은 땅을 나누라고 했다. 왜 그랬을까?

① 한번 내린 결정을 번복하는 것은 왕의 권위를 손상하기 때문
② 어쨌거나 시바의 도움을 받았기 때문
③ 어수선한 시국에 사울 집안에 속한 시바를 벌함으로써 화근을 만들지 않기 위한 때문으로 보인다.

또 길르앗 사람 바르실래도 로글림에서 내려왔어.
연세가 80인데 집에 계시지.
아 이놈아, 왕이 귀환하시는데 내가 어찌….
바르실래여! 나와 함께 예루살렘으로 갑시다. 내가 그대를 돌봐드리겠소.
허허, 나이를 생각해야지요. 제가 80살입니다. 먹고 마셔도 맛을 모르고, 젊은이들이 부르는 노래도 알아듣지 못할 만큼 늙었어요. 제게 마음 쓰지 마세요. 전 왕께 상 받을 자격이 없습니다.

※바르실래 : 마하나임에서 다윗을 도와준 사람으로 그에 대해서는 Link 4권 187p 팁을 참고하라.

전 단지 왕을 모시고 요단 강을 건너기만 하겠습니다. 다시 고향에 돌아가 부모의 무덤 곁에 묻히게 해주세요.
다만 제 아들 김함이 여기 있으니 왕의 뜻대로 써주십시오.
알겠소, 그대의 뜻대로 하겠소. 또 김함을 데려가 그대가 원했던 모든 걸 주겠소!
감사합니다.

※김함 : 다윗은 김함을 끝까지 보살폈고 죽을 때는 유언으로 솔로몬에게 그의 안위를 부탁했다.

그리고 모든 사람이 요단 강을 건넜어.
강을 건넌 후 다윗은 바르실래에게 입 맞추고 그를 축복해주었지.
그대의 친절에 감사하며 축복하오!
감사합니다.
그 후 바르실래는 집으로 돌아갔고 다윗은 김함을 데리고 길갈로 향했어.
잘가요~!

모든 유다 사람들과 이스라엘 백성의 절반이 다윗과 함께 길갈로 나갔지.
와아아아아
다윗 왕 만세~!
왕께서
돌아오셨다!!

그런데 이스라엘 사람들은 다윗에게 불평했어.
유다 사람들이
우리와 상의도 없이 왕의
일행을 모시고 요단 강을
건넜습니다. 그들이
이럴 수 있습니까?
응?

tip 불평하는 10지파

다윗의 환궁을 추진한 자들은 북쪽의 10지파였다. 하지만 유다 지파는 다윗의 개인 노력 Link 4권 193p 에 의해 뒤늦게 끼어들어 다윗의 환궁을 주도하기까지 했다. 또 다윗의 측근인 대제사장과 군장들, 그리고 아마사 등도 유다 지파였기 때문에 유다 지파의 주도권은 더 컸다. 이 때문에 유다 지파는 원래 다윗의 환궁을 추진했던 10지파에게 불만을 사게 된 것이다.

이에 유다 지파와 이스라엘 사람들이 서로 자신들의 의견을 주장했지.
왕이 우리 유다와
가장 가까운
친척이어서가 아니오!
왜 화를
내는 거요?
우리 유다 지파가
왕께 뭐라도 얻어먹은
줄 아시오?
웅성
이스라엘에서 우리
나머지 지파 수는
열이나 되오!
웅성
웅성
그러니 우리가
당신들보다 더 많은
요구를 할 수 있소!
우리 10개 지파가 왕을
다시 모셔 와야 한다고
먼저 얘기했었소!
그런데도 당신들은
우리 열 지파를
무시하고 상의도 없이
맘대로 해버렸소!

그러나 유다 사람들이 이스라엘 사람들보다 더 강경하게 말했어.
그러니까 우리
유다가 왕을 모신 게
배 아프다는 거야?
괜히 샘나서
그러는 거 아니오?
인간들이
비열하기는….
허 참….
이런….

※10개 지파 : 유다와 베냐민 지파를 제외한 나머지 10개 지파를 가리킨다.

20장 세바의 반란

그때 그곳에는 베냐민 사람인 비그리의 아들 세바라는 협잡꾼이 있었어.
뿌우우우
뭐야?
누가 나팔을?
그가 나팔을 불고 소리 질렀지.
우리가 이새의 아들 다윗에게 얻을 것은 아무것도 없다. 모두 각자의 집으로 돌아가자!
그러자 이스라엘 사람들은 세바를 따라 떠났어.
맞아.
여기 있을 이유가 없어.
집에 가자.
웅성
웅성
휘이잉
흥, 너희끼리 잘 놀아라.
빠이빠이!

하지만 유다 사람들은 요단 강에서 예루살렘에 도착하기까지 다윗의 곁을 떠나지 않았지.
체, 치사한 놈들.
왕을 배신하다니….

그렇게 다윗은 예루살렘에 있는 왕궁으로 돌아왔어.
만세!!
왕께서 돌아오셨다!!
와아아아
다윗은 예전에 두고 갔던 후궁 10명을 별실에 가두고 먹을 것은 주되 잠자리는 하지 않았지.
흑, 자기 아들과 잠자리를 했으니….
MP
별궁
그래서 그녀들은 죽을 때까지 과부로 살아야 했어.
아이고, 내 팔자야.
시끄러, 네 차례야.

tip 떠나버린 이스라엘 사람들

원래 모든 이스라엘 사람들은 다윗을 환영하고 복위시키기 위해 길갈에 모였는데, 유다 지파의 편협한 태도를 보고 오히려 다윗을 대적하는 반란의 무리가 돼 버렸다. 만약 유다 지파가 다른 지파들에게 조금만 더 양보하고 배려했더라면 이런 갈등은 없었을 것이다.

다윗 왕이 아마사를 불러 명령했지.
약속한 대로 군사령관으로서 첫 임무다!
Link 4권 194p
반란을 진압할 테니 유다 사람들에게 3일 안으로 내게 오라고 전해라. 그대도 함께 오라!
네!! 알겠습니다!
아마사는 유다 사람을 소집하러 갔지만 정한 기간이 지나도록 사람을 모으질 못했어.
뭐야? 왜들 안 오는 거야?
아마사는 요압과 달리 능력이 부족해.
수군
수군
실무 경험도 없고….
그래서 다윗은 아비새를 불러 말했지.
세바가 압살롬보다 더 위험하다. 그들이 견고한 성에 숨기 전에 내 근위병을 데리고 그들을 뒤쫓아라.
네!!
음…!
요압의 병사들과 그렛, 블렛 사람들, 그리고 모든 용사들이 아비새를 따라 나갔어.
같이 가자, 동생아!!
타다닥
※아마사가 무능력함을 보이자 아비새를 군사령관으로 임명하고 명령을 내렸다.
※그렛, 블렛 사람 : 왕의 시위대로 그렛 사람은 사형집행관을, 블렛 사람은 왕의 명령을 신속히 전하는 일을 했다.
그들은 예루살렘에서 나와 세바를 뒤쫓아 갔지.
그들이 기브온의 커다란 바위에 도착했을 때 아마사가 그들을 맞이했어.
아니… 저자는…?
※기브온 : 예루살렘의 북서쪽에 위치한 곳으로 에브라임 산지에 있다.
이때 요압은 군복을 입고 허리에는 칼을 차고 있었지.
아마사가 아니신가?
어서 오게. 나도 병력을 보태겠네.
요압이 앞으로 나오며 칼집을 풀어놓았어.
탁
요압은 오른손으로 아마사의 수염을 잡고 그에게 입을 맞췄지.
군사를 모으느라 수고했소!
뭘 이쯤이야.
사무엘하

요압의 다른 손에 칼이 있었지만 아마사는 전혀 몰랐어.
슥

요압은 칼로 아마사의 배를 찔렀고 그의 창자가 땅에 쏟아졌어.
커억!
엇!
푹
헉!

다시 찌를 필요도 없이 아마사는 그 자리에서 죽었어.

tip 요압이 아마사를 죽인 이유

다윗이 자기 명령을 어기고 압살롬을 죽인 요압을 징계할 수 없었을 만큼 요압의 세력은 컸다. 그래서 다윗은 요압을 무시하고 아마사를 군사령관으로 등용했다. 이로 인해 요압은 자신의 입지가 나빠졌음을 깨달았다. 만약 새로 임명된 아마사가 세바의 난을 진압하는 공로를 세울 경우, 요압은 자신이 제거될 수도 있다는 판단을 했을 것이다. 그래서 아마사를 죽이는 것만이 자신이 살 길이라 생각했을 것이다.

그때 요압의 부하 중 한 명이 아마사 곁에서 외쳤지.
요압과 다윗을 따르는 자는 모두 요압을 따르라!

tip 요압의 부하가 외치다

아마사가 요압의 칼에 죽자 아마사를 따라온 병사들은 어리둥절했을 것이다. 어쩌면 다윗에 대한 요압의 충성심을 의심할 수도 있었다. 이런 사태를 미리 방지하기 위해 요압의 부하가 나서서 '요압을 따르는 것이 곧 다윗에게 충성하는 것'이라고 설득한 것이다.

휴, 난 또 요압 장군이 반역하는 줄 알았네.
그냥 요압 장군을 따라가면 되겠구먼.
휴

그러고 나서 요압과 그의 동생 아비새는 세바를 쫓아갔어.
자, 출발한다!

병사들은 지나갈 때마다 길 한가운데 죽어있는 아마사를 보고 멈췄지.
뭐야? 아마사 장군 아냐?
요압이 죽였다는데….
왜?
흠. 이거 좋지 않군.

이를 본 요압의 부하는 아마사를 길에서 끌어내 자신의 겉옷으로 덮어놓았어.
뭐지?
스윽
누가 죽었어?

그러자 동요 없이 모든 병사들이 요압을 따라 세바를 뒤쫓아갔지.
자, 부지런히 가자!
부우우웅
한편, 세바는 이리저리 도망 다니다 벧마아가의 아벨로 갔어.
아벨
단
벧마아가
바산
그술
지중해
길르앗
마하나임
세겜
랍바
길갈
기브온
여리고
예루살렘
암몬
베림 사람들도 세바의 뒤를 따라갔지.
더 이상 유다 지파와 다윗 왕을 따르지 마시오!
옳소!!
와아
요압과 그의 군대는 세바가 있는 아벨로 가서 그곳의 성을 에워쌌어.
이제 독 안에 든 쥐다.
그리고 성벽 옆에 흙을 쌓아 높이 올리는 한편, 성벽 아래를 파서 성벽을 무너뜨리려고 했지.
흙을 쌓아 성벽을 넘든가 성벽이 무너지든가 하겠군요.
부우웅
크르르르
흐흐, 무식하지만 확실한 전략이지.
그때 지혜로운 한 여인이 성에서 소리쳤어.
요압을 불러주세요. 드릴 말씀이 있습니다!
잠시만 기다려 보슈.
요압이 오자 여인이 말했지.
당신이 요압입니까?
그렇다.

※베림 : 베림은 성경 어느 곳에도 나타나지 않는 지명으로 학자들은 필사자의 오기로 본다. '모든 젊은 사람', 또는 '무장하고 있는 모든 사람'이란 뜻으로 추정하고 있다.

제 말을 좀 들어주세요.
듣고 있잖아.
옛 속담에 '물어볼 것이 있으면 아벨로 가라'고 했고 그럼 무슨 일이든 해결됐습니다.
흠, 그런 속담이 있긴 하지.

tip 아벨 성의 지혜로운 자들

예부터 아벨 성에는 지혜로운 자들이 많이 살았고 그들에 의해 늘 어려운 문제들이 해결되었다. 그래서 '어려운 일이 있으면 아벨 성을 찾으라, 그럼 해결될 것이다'라는 속담이 있었던 것이다. 지금 이 여인도 성을 공격하기 전에 먼저 아벨 성의 지혜로운 자들과 상의하는 것이 타당하다고 주장하는 것이다.

저는 평화를 좋아하는 충성스러운 이스라엘 백성 중 하나입니다. 그런데 지금 당신은 여호와의 중요한 성 하나를 멸망시키려고 하십니다.
나는 이 성을 멸망시키려는 것이 아니다!
다만 이 성에는 에브라임 산지에서 온 비그리의 아들 세바라는 사람이 숨어있다. 그는 다윗 왕에게 반란을 일으켰다.
만약 그 사람을 내준다면 나는 이 성에서 물러갈 것이다.
그렇다면 제가 그자의 머리를 당신께 던져드리겠습니다.
응?
사람 머리가 서랍 속 물건이냐?

여인은 성의 모든 백성에게 지혜로운 말로 설득했어.
지금 우리는 멸망할 위기에 처해있지만, 벗어날 길이 딱 하나 있어요!
대체 그게 뭐란 말이오?
어서 말해보시오!!
웅성
웅성
크르릉
이 재앙을 성안으로 가져온 사람을 내치면 됩니다.
허억!
아… 아니….
괜히 우리까지 죽을 필요는 없지.
간단하군.
으으으

그들은 세바의 목을 잘라 요압에게 던져 주었지.
여기 약속대로 세바의 목입니다.
휙
허 참.
서비스로 발꼬락도 줄까요?
됐거든.
똥집도 있는데….
요압이 나팔을 불자 군대는 공격을 멈추고 그 성을 떠났어.
뿌우우우우

아마사에 의해 소집됐던 병사들은 각자 자신의 집으로 돌아갔고…,
뭐야? 시시하게.
칼질도 한 번 못 해보고.
이런 싱거운 전쟁도 처음일세.
요압과 그의 군대는 예루살렘에 있는 다윗에게로 돌아갔지.
요압 만세!
요압의 전략으로 반란을 진압했대!
와아아
역시 사령관 감이야!!

다윗의 행정조직 정비

이 일로 인해 요압은 이스라엘 전군의 사령관이 됐어.
역전 성공!
형님, 축하합니다.
후후
아비새

유다는 행정을 재정비했는데 여호야다의 아들 브나야는 그렛, 블렛 사람을 지휘했지.
브나야
다윗 왕의 안전을 책임지는 시위대 장관에 임명됐다는 얘기야.

※그렛, 블렛 사람 : 왕의 시위대로 그렛 사람은 사형집행관을, 블렛 사람은 왕의 명령을 신속히 전하는 일을 했다.

아도니람은 감역관, 여호사밧은 사관, 스와는 서기관, 사독과 아비아달은 대제사장, 그리고 야일 사람 이라는 대신이 되었지.
아도니람
여호사밧
스와
사독
아비아달
이라

※야일 : 므낫세의 아들 야일의 자손들을 말한다.

tip 직책과 역할

①감역관 : 부역에 종사할 일꾼을 모집하고 그들을 관리하는 직책
②사관 : 왕에게 정보를 전달하고 왕의 명령을 백성에게 포고하는 대변인으로 궁정 최고의 문관
③서기관 : 왕의 비서로 율법을 필사하기도 하는 등 문서의 출납을 관장함
④대신 : 백성들의 요구를 파악해 왕에게 보고하는 고문. 일반적으로 왕의 아들들이 담당했지만 다윗에겐 신뢰할 아들들이 없었기에 이라가 대신이 되었다.

3. 다윗이 다스리면서 있었던 여러 이야기

21장 죄로 인한 기근

다윗이 다스리던 때 3년 동안 계속 기근이 들었어.
휴, 하루 이틀도 아니고….

다윗이 여호와께 기도했더니…,
주여, 왜 이런 기근을 주셨습니까? 제가 할 수 있는 게 있기는 한 건가요?
여호와께서 말씀하셨지.
피로 얼룩진 사울의 집안 때문이다. 그들이 기브온 사람들을 죽였기 때문이다.
우리 종으로 살고 있는 그들을?

※이때는 므비보셋을 찾고 그에게 호의를 베푼 뒤부터 압살롬 반란 이전까지 있었던 일이다.

tip 기브온 사람

기브온 사람은 히위 족속을 지칭한다. 이들은 이스라엘이 가나안을 점령하기 이전에 가나안 땅에 살고 있던 민족으로 가나안의 아들이라 불리기도 했다. 그들은 여호수아를 속여 이스라엘과 동맹을 맺어 멸망을 피했다. Link 3권 45p 이때 이스라엘이 살려 두겠다고 맹세한 그들을 사울은 이방인이라는 이유로 많이 죽였다.

다윗은 기브온 사람들을 불렀어.
내가 어떻게 하면 좋겠소? 어떻게 해야 죄를 용서하고 여호와의 백성에게 복을 빌어주겠소?
이것은 금과 은으로 해결될 문제가 아닙니다.
그렇다고 우리에게 이스라엘 사람들을 죽일 권리는 없습니다.

그럼 당신들이 원하는 것은 무엇이오?
사울은 우리를 학살했습니다. 그는 우리를 몰살시켜 이스라엘 땅에서 살아남지 못하도록 계획했습니다.
그러니 사울의 자손 중 남자 7명을 넘겨주시면 사울의 고향 기브아로 가서 여호와 앞에서 그들을 나무에 매달겠습니다.
알겠다. 내가 그들을 넘겨주겠다.
감사합니다.

그러나 다윗은 사울의 손자 므비보셋은 넘겨주지 않았지.
넌 걱정 마라. 여호와 앞에서 네 아버지 요나단의 후손을 보호해주겠다고 맹세했다.
감사합니다.
다윗은 사울의 첩 리스바가 낳은 두 아들 알모니와 므비보셋, 그리고 사울의 딸 메랍이 낳은 다섯 아들들을 데려다가 기브온 사람들에게 넘겨줬어.
흑흑
너희들 조상님 탓을 해라.
이거 놔!

※리스바 : 아브넬과 이스보셋이 싸우게 된 원인을 제공했던 여인이다. Link 4권 136p

※므비보셋 : 사울의 손자인 므비보셋과는 동명이인이다.

※메랍 : 사울 왕의 장녀로 원래 다윗의 아내로 주겠다고 약속했었다. Link 4권 87p

그때는 보리 베기 시작하는 첫 수확기였어. 기브온 사람들이 그들 일곱 아들을 나무에 목매달아 죽였지.
리스바는 추수가 시작될 때부터 비가 내릴 때까지 낮에는 하늘의 새들이, 밤에는 들짐승들이 시체를 건드리지 못하게 했지.
비가 와야 너희 시체를 내려줄 수 있다는데…!
다윗은 리스바의 이런 사연을 들었어.
리스바가 시체라도 지켜보려고….
음….
리스바는 아들들이 죽은 곳 바위 위에 거친 베를 펼쳐 앉아 슬피 울었어.
흑
흑
아들아, 불쌍한 내 아들들아, 흑흑!
그리곤 사울과 요나단의 뼈를 길르앗의 야베스 사람들에게서 찾아왔지.
여기 사울과 요나단의 뼈를 가져왔습니다.
수고했네!!

※보리 베기 시작하는 첫 수확기 : 태양력으로 약 4월경이다

※비가 내릴 때까지 : 당시 기근이었던 이스라엘에 비가 내려야 하나님의 진노가 가라앉았다는 증거가 되므로 그때까지 시체를 매달 예정이었다.

※사울과 요나단이 블레셋 사람들에게 죽었을 때, 길르앗의 야베스 사람들이 그 시체들을 거뒀다. Link 4권 127p

그러자 사람들이 기브아로 가서 일곱 아들의 시체를 거두었어.
살살해! 살살!
다윗은 사울과 요나단, 그리고 그 아들들의 뼈를 베냐민 땅 셀라에 있는 사울의 아버지 기스의 무덤에 함께 묻어주었지.
흑흑, 아들아, 이제 편히 잠들어라.

그렇게 다윗이 명령한 모든 것을 그대로 한 뒤에야 여호와께서는 기도를 들어주셨어.
쏴아아아
비다!
비가 온다!
만세!
기스의 묘

블레셋과의 전쟁

블레셋이 다시 이스라엘을 공격했지.
건방진 이스라엘 놈들아!!
또 왔나? 징그럽다!

※이 전쟁은 4권 143p, 또는 154p의 전쟁 중에 생긴 일로 추정된다.

다윗은 군대를 거느리고 싸우러 나갔지만 오랜 전쟁으로 많이 지쳐있었어.
크윽!
촤악
헥
헥
그때 거인의 후손인 이스비브놉이 무게가 300세겔 나가는 청동 창과 새로운 칼로 무장하고는 다윗을 죽이려고 달려들었지.
크헉!!
촤악
쉬익
비켜라! 다윗은 내거야!
으윽!!

※거인 : 르바임 골짜기에 살던 가나안 원주민으로 거인족, 혹은 네피림이라 불렸다. Link 2권 161p

※300세겔 : 약 3.42kg에 해당한다.

죽어라!!
!!
흠칫
그때 스루야의 아들 아비새가 그 블레셋 사람을 죽이고 다윗을 구했지.
이놈, 어딜 감히!
크헉!!
촤악
그 후 다윗의 부하들은 한 가지 다짐을 받으려고 말했어.
다시는 싸움터로 나오지 마십시오.
이스라엘의 등불이 꺼지지 않게 해주십시오.
한 번 실수한 걸 가지고 치사하게….
쩝!

곱에서의 전투

그 후 곱에서 다시 블레셋 사람들과 전쟁이 벌어졌지.
또 왔다!
챙
챙
징하다 징해!

※곱 : 정확한 위치는 알려져 있지 않다.

그때 후사 사람 십브개가 거인의 후손인 삽을 죽였어. 그러자 블레셋이 항복했지.
헉헉
항복!!
죄송!!

※십브개 : 다윗의 30인의 용사 중 한 사람이다.

※여기서 블레셋이 항복했다는 내용은 역대상 20장 4절에 나온다.

또다시 곱에서 블레셋과 싸움이 있었어.
푹

이 전쟁에서는 베들레헴 사람 야레오르김의 아들 엘하난이 가드 사람인 골리앗의 동생 라흐미를 죽였지.
쿵
튀어라!!
죄송!!

※엘하난 : 다윗의 30인의 용사 중 한 사람이다.

이번에는 가드에서 전쟁이 벌어졌는데 그곳엔 손가락과 발가락이 6개씩 모두 24개를 가진 거인의 후손이 있었지.
와아아
이스라엘아! 너희들은 이제 다 죽을 것이다!

그가 이스라엘을 위협하자 다윗의 형인 삼마의 아들 요나단이 그를 죽였어.
히이익!
퍽

이렇게 가드에 살던 거인의 후손 4명은 다윗과 그 부하들의 손에 죽었지.
아, 덩치 값도 못하고.
어이없어.
돌에 맞아 죽지를 않나.

22장 다윗이 여호와를 찬양하다

여호와께서 모든 원수들에게서 구해주실 때마다 다윗은 노래를 불렀어.
흠흠….

주는 제 방패, 제 요새, 제 구원의 뿔이십니다.
찬양받으실 주님께 부르짖으니 절 원수에게서 건져주셨습니다.

죽음의 물결이, 파멸의 파도가 저를 덮쳤습니다.
제가 고통 속에 부르짖었더니 성전에 계신 주의 귀에 다다랐습니다.
주께서 크게 노하시니, 산과 땅이 흔들렸습니다.
주의 코에서 연기가, 입에서는 모든 것을 삼키는 불을 뿜으십니다.

주께서 바람을 타고 하늘을 가르며 오실 때, 그 발아래에는 짙은 구름이 깔렸습니다.
어둠과 비를 머금은 먹구름과 짙은 구름으로 장막을 만드셨습니다.
광채가 빛나고 천둥소리를 내시며,
가장 높으신 분께서 목소리를 높이셨습니다.
주께서 화살을 쏘고, 번개를 번쩍이시니 원수들은 혼란에 빠졌습니다.
주께서 진노하시니 바다의 밑바닥과 땅의 기초도 모두 드러났습니다.

주께서 높은 곳에서 손을 내밀어, 깊은 물에서 건져 저를 안전한 곳으로 데려가주셨습니다.
저보다 강한 원수들이 덤벼 고난을 당할 때, 주께서는 제가 의지할 분이 되어주셨습니다.
진실로 저는 주의 길에서 벗어나 악한 일을 하지 않았고, 저의 하나님으로부터 떠나지도 않았습니다.
주의 모든 법을 제 앞에 두고 지켰으며, 흠 없이 살면서 죄 짓지 않도록 스스로를 지켰습니다.
그러므로 제가 의롭고 깨끗하다고 하며 주께서 보상을 주셨습니다.
주께서는 진실한 자에게는 진실로, 간교한 자에게는 악함으로 갚으십니다.

주께서는 불쌍한 백성은 구하시고, 교만한 사람은 낮추십니다.
아! 주님, 진실로 주님은 어둠을 밝히는 등불이십니다.
주님 외에 그 누가 하나님이며, 그 누가 구원의 반석인가?
주님은 제 견고한 요새이시며 제가 가는 길을 지켜주십니다.

주께서 함께하신다면 날쌔게 달려 원수를 뒤쫓고 높은 성벽도 뛰어넘을 수 있습니다.
주의 일은 완전하고, 말씀은 진실하며, 주께로 피한 사람의 방패가 되어주십니다.
주께서는 제 발을 암사슴처럼 강하게 하시고, 높은 곳에 든든히 세워주십니다.
주께서 저를 단련시키시니, 제 팔이 강한 활을 당깁니다.
주께서 구원의 방패로 저를 막아주시고 제 담력을 키워주셨습니다.
주께서 제가 발걸음을 잘못 딛지 않고 당당하게 내딛도록 힘을 주십니다.
저는 원수를 쫓아가서 다 죽이고 전멸시키기까지 돌아서지 않았습니다.
그들이 제 발아래에 쓰러져서 다시는 일어나지 못하도록 무찔렀습니다.
주께서 제게 싸우러 나갈 용기를 주시고, 원수를 무릎 꿇게 하셨습니다.
주께서는 제 앞에서 원수를 멸망시켜서 도망가게 하셨습니다.

그들은 아무리 둘러봐도 구해줄 사람도 없고, 주님께 소리쳐도 응답하지 않으셨습니다.
저는 그들을 먼지처럼 산산이 부수고 길바닥의 진흙처럼 짓밟았습니다.

주께서는 반역자에게서 저를 구하시고 많은 민족을 다스리게 하시니 제가 모르는 백성들까지 저를 섬깁니다.
이방인이 제게 굽실거리고 소문만 듣고도 모두가 제게 복종합니다. 이방인이 사기를 잃고 그들의 요새에서 떨면서 나옵니다.

주님은 살아계신다. 내 구원의 반석이신 주님을 찬양하라.
주께서 모든 백성들을 제 발아래에 굴복시켜주시고 원수를 갚아주셨습니다.
원수들에게서 저를 구하시고 더욱 높이셨으며, 포악한 자들에게서 저를 건지셨습니다.
그러므로 모든 백성들 앞에서 주께 감사드리며 그 이름을 찬양합니다.
주님은 직접 기름을 부어 세운 다윗과 그의 자손에게 큰 승리를 주셨고,
영원히 한결같은 사랑을 베푸십니다.

23장 다윗의 마지막 당부의 말

다음은 이새의 아들 다윗의 마지막 말이야. 그는 야곱의 하나님께서 높이시고 기름 부으신 왕, 아름다운 노래를 부르는 사람이었지.

tip 다윗의 마지막 말

사무엘하 22장은 열방의 막강한 세력을 정복한 다윗 초기의 기록으로 하나님의 도우심에 대한 감사와 활기로 가득하다. 뒤이은 23장은 죽음을 눈앞에 둔 다윗의 기록으로 역경과 절망에도 빠져보고, 죄의 나락에도 떨어져본 그가 하나님의 인도하심을 바라보며 쓴 시이다. 지난날의 삶을 허무주의적 관점에서 읊조리는 대신 오히려 구원의 약속을 믿고 미래에 대한 소망을 노래하고 있다. 또 그런 가운데서도 하나님께 대적하는 악인은 심판받고 불태워질 것이라 한다.

주의 영이 나를 통해 말씀하시니, 그의 말씀이 내 혀에 담겼다.
이스라엘의 반석인 하나님께서 말씀하셨다.

너는 모든 사람을 공평하게 다스리는 왕, 하나님을 두려워하면서
다스리는 왕이다. 너는 구름이 끼지 않은 날 맑은 아침 햇살 같고,
비온 뒤 새싹을 돋게 하는 햇빛과도 같다고 하셨다.

진실로 나의 왕실이 하나님 앞에서 그렇지 아니한가?
하나님이 나와 영원한 언약을 세우시고, 그 언약을 이루시기 위해 모든 걸 준비하셨으니,
어찌 나를 구원하지 않으시며, 어찌 나의 모든 소원을 들어주지 않으시랴?
그러나 악한 사람들은 누구도 손으로 움켜쥘 수 없는 가시덤불 같다.
쇠꼬챙이나 창자루가 없이는 만질 수도 없으니 불에 태울 수밖에 없는 것이다.

다윗의 용사들

다윗의 군대조직은 다음과 같아.

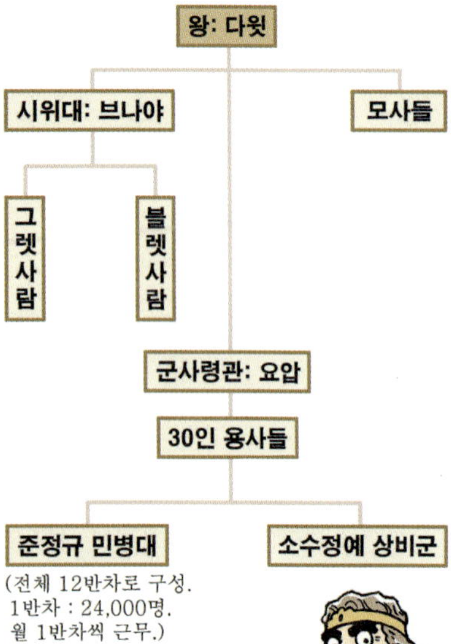
왕: 다윗
시위대: 브나야
모사들
그렛사람
블렛사람
군사령관: 요압
30인 용사들
준정규 민병대
소수정예 상비군
(전체 12반차로 구성.
1반차 : 24,000명.
월 1반차씩 근무.)

어때?
체계적이지?

다윗에겐 충성스럽고 용맹스러운 30인의 용사가 있었는데 그들은 다윗을 도와 나라를 세웠어.

그중 첫 번째 그룹의 3인 용사와…,
야소브암
엘르아살
삼마
우리는 30명 중에서도 싸움 짱들이야.

두 번째 그룹의 3인 용사가 있었지.
아비새
브나야
무명(無名)의 1인
우리는 No. 2!

첫째 3인 용사의 우두머리는 학몬 사람 야소브암이야. 그는 적군 800명을 한꺼번에 쳐 죽인 적이 있어.
휙
컥!
크악!
촤악

첫째 3인 용사 중 2인자는 아호아 사람 도대의 아들 엘르아살이야. 그는 다윗을 도와 블레셋과 전쟁을 하고 있었지.
나야 나.

※학몬 사람 야소브암 : 사무엘하의 다그몬 사람 요셉밧세벳은 틀린 기록. 역대상에 기록된 학몬 사람 야소브암이 바른 기록이다.

어느 날, 블레셋을 본 이스라엘 군대가 도망쳐버렸어.
뭐야? 너 혼자야?
나 혼자면 충분하다.

그러나 엘르아살은 끝까지 남아 더 이상 칼을 휘두를 수 없을 때까지 싸웠지.
크악!
촤악
쉭

손이 굳어 간신히 칼을 잡고 있던 그에게 여호와께서는 큰 승리를 주셨어.
헉
헉
도망갔던 이스라엘 군대가 다시 엘르아살에게 돌아왔지만 그들이 한 일은 도망가는 적을 쫓아가 약탈하는 것뿐이었어.
이건 뭐… 전투 머신이네.
헉 헉
첫째 3인 용사 중 3인자는 하랄 사람 아게의 아들 삼마야. 어느 날, 블레셋 사람들이 녹두가 무성한 들판에 있는 것을 보고 이스라엘 병사들은 모두 도망쳤어.
뭐야? 이놈들 다 어디 갔어?
어? 저기 누가 있다!
그때 삼마가 가운데 서서 블레셋 군대를 막았고 여호와께서 큰 승리를 주셨어.
지… 짐승 같은 놈….
괴수야 괴수. 우리 편이지만 살 떨린다야.
헉
헉

두 번째 3인 용사들

두 번째 3인 용사는 아둘람 3용사라고도 해.
아둘람의 전설을 얘기해줄게.

추수를 시작할 무렵 다윗이 아둘람 산성에 숨어있고 블레셋이 르바임 골짜기에 진을 치고 있던 때 Link 4권 143p 야.

※아둘람 산성 : 유다 남부 헤브론 북서 16km 지점에 위치한 성. 다윗의 은신처로 사용됐다.
※르바임 : 예루살렘 남서에 전개되는 고지 평원으로 유다 지파와 베냐민 지파의 경계에 위치한다.

그때 30명의 용사 중 두 번째 3인 용사가 다윗을 찾아왔어.
오! 어서 오시오.
충성!
척!
척!

몹시 목이 말랐던 다윗이 말했어.
누가 베들레헴 성문에 있는 우물에서 물을 가져다주겠소?
블레셋이 르바임 골짜기와 베들레헴에도 있는데….
뚫어야지 뭐.

tip 베들레헴 성문 우물

베들레헴에서 약 1.2km 정도 떨어져 있는 '다윗의 우물물'이라 불리던 곳으로 물이 깊고 깨끗하며 시원했다. 당시 다윗이 진을 치고 있던 아둘람은 물의 상태가 좋지 않았기 때문에 다윗이 이 우물물을 마시고 싶다고 한 것이다.

이 3인 용사는 블레셋 진을 뚫고…,
와아아아
챙
챙
베들레헴 성문에 있는 우물물을 가져다 다윗에게 주었지.
와아아아

하지만 다윗은 물을 마시지 않고 여호와 앞에 쏟아 부었어.
제가 어찌 감히 이 물을 마시겠습니까? 이 물은 목숨을 걸고 다녀온 용사들의 피가 아닙니까?
엇?
좌르륵

tip 쏟아 부은 물

다윗이 그 물을 마실 수 없었던 건 3인의 용사들이 생명을 걸고 떠온 물은 피나 다름없었고, 율법에 따르면 모든 피는 하나님께 돌아가야 했기 때문이다. 다윗은 그 물을 전제물로 하나님께 드렸을 뿐 아니라, 귀한 용사들을 잃을 뻔한 자신의 무분별한 행동을 후회하기도 했다.

이 사건으로 두 번째 3인 용사는 아둘람 3용사로 불리게 됐지.
어때? 왕자 아두를 구하기 위해 백만 대군 사이로 뛰어든 조자룡 못지않지?

※전제 : 포도주나 독주가 담긴 잔을 제단 받침에 붓는 제사를 말한다.

스루야의 아들 요압의 동생 아비새는 아둘람 3용사의 우두머리였어.
푸하하 내가 두목… 아니 대장이라고!
아이고 네네.
그는 한번 창을 들면 300명은 거뜬히 죽였어.
헉헉
아비새는 아둘람 3용사로 유명했지만 첫 번째 3인 용사엔 들지 못했어.
흥! 첫 번째 3인 용사는 짐승이라고, 짐승!!
그래도 이 만화에서는 우리가 더 많이 출연해.
끄덕 끄덕
아둘람 3용사의 2인자는 갑스엘 출신으로 여호야다의 아들 브나야. 그는 모압의 장수 2명을 쓰러뜨렸어.
쉬익
퍽
그리고 눈 오는 날, 구덩이에 내려가 사자를 죽인 적도 있었지.
또 5규빗이나 되는 거대한 이집트 사람과 몽둥이만 들고 싸웠는데…,
으음

※갑스엘 : 유다 최남단의 성읍을 말한다.

※5규빗 : 약 2.3m에 해당한다.

브나야는 이집트 사람의 창을 빼앗아 그 창으로 그를 죽이기도 했지.
크… 이… 럴수가….
휘청
흥! 적을 얕본 네 잘못이다!

브나야 역시 유명하고 존경받았지만 첫 번째 3인 용사엔 들지 못했어.
흥! 첫 번째 3인 용사는 짐승이라고, 짐승!!
그래도 이 만화에서는 우리가 더 많이 출연해.
끄덕 끄덕

다윗은 그런 브나야를 자신의 경호대장으로 삼았지.

다윗의 용사 30명

30명의 용사들은 다음과 같아.

출생	이름	출생	이름
요압의 동생	아사헬	사알본 사람	엘리아바
베들레헴 도도의 아들	엘하난	야센의 아들	요나단
하롯 사람	삼훗	하랄 사람	삼마
하롯 사람	엘리가	아랄 사람 사랄의 아들	아히암
발디 사람	헬레스	마아가 사람의 손자이자 아하스배의 아들	엘리벨렛
드고아 출신 익게스의 아들	이라	길로 사람 아히도벨의 아들	엘리암
아나돗 사람	아비에셀	갈멜 사람	헤스래
후사 사람	므분내	아랍 사람	바아래
아호아 사람	살몬	소바 사람 나단의 아들	이갈
느도바 사람	마하래	갓 사람	바니
느도바 사람 바아나의 아들	헬렙	암몬 사람	셀렉
베냐민 기브아 사람 리배의 아들	잇대	스루야의 아들(요압의 무기를 들고 다니는 브에롯 사람)	나하래
비라돈 사람	브나야		
가아스 사람	힛대	이델 사람	이라
아르바 사람	아비알본		가렙
바르훔 사람	아스마웻	헷 사람	우리아

이들의 수는 3인 용사들을 포함해 모두 37명이야.
첫째 3인 용사, 둘째 3인 용사 그리고 표에 있는 31명, 합쳐서 37명이야.
근데 왜 37명이죠?

tip 다윗의 용사 37명

다윗의 30인의 용사는 늘 다윗의 주변에서 다윗을 호위하고 보좌한 핵심 요원들이었다. 그런데 30명 이상이 언급된 이유는 30인의 용사 중 죽거나 부대를 떠난 경우 보충된 인원까지 포함했기 때문이다. 시대적으로 훨씬 뒤에 기록된 역대기에는 그동안 30인의 용사에 포함됐던 인물들이 더 많이 기록돼 있다.

24장 인구조사와 재앙

여호와께서 다시 이스라엘에 진노하셨어.
콰르르릉

tip 여호와께서 다시 진노하시다

이 말은 여호와께서 전에도 진노하신 적이 있음을 암시하며 21장 Link 4권 204p 과 관련이 있다고 볼 수 있다. 즉 3년간의 기근이 있은 다음 2차로 3일의 전염병이 임한 것이다. 그리고 하나님이 진노하신 이유는 하나님이 선택하신 다윗 왕권에 대한 압살롬과 세바의 반란, 그리고 그 반란에 이스라엘 백성이 동참했던 일 때문으로 보인다.

그래서 그들을 치시려고 다윗의 마음을 움직여 이스라엘과 유다의 인구를 조사하게 하셨지.
요압!! 인구를 조사하자!!
네? 갑자기 무슨 인구조사요?

tip 다윗의 마음을 움직이다

하나님이 다윗이 죄를 짓도록 방치하셨다는 뜻. 즉 하나님의 허락 하에 사탄의 시험이 시작됐고 그 결과 다윗은 인구조사라는 악한 결정을 내리게 된다. 당시 인구조사는 유사시 군사력으로 전환될 수 있는 백성의 수를 헤아림으로써 힘을 과시하려는 행위였다. 인구는 곧 국가의 군사력을 의미했다. 그래서 국가의 왕들은 수시로 인구조사를 실시해 실세를 과시하고자 했다. 그러나 하나님을 전적으로 의지해야 하는 이스라엘로서는 인구조사를 한다는 것 자체가 하나님을 불신하는 죄에 해당했다.

단에서부터 브엘세바까지 모든 지파를 두루 다니며 인구를 조사하시오.
여호와께서 왕에게 100배 많은 백성을 주시는 걸 친히 보시길 바랍니다.

그런데 왕께서는 어찌 이런 일을 하시는 겁니까?
뚝하고 어서 인구 조사나 하시오!

요압을 비롯한 지휘관들은 더 이상 다윗을 설득시킬 수 없다는 걸 알고 이스라엘 백성의 수를 세러 떠났어.
거 참, 안 그러시던 분이 이상한 고집을 부리시네….
아이고, 그 많은 사람을 언제 다 세냐?

그들은 요단 강을 건너 아로엘, 야셀, 길르앗, 닷딤홋시, 다냐안, 시돈, 두로, 그리고 히위 사람들과 가나안 사람들의 모든 성을 거쳐 마침내 유다 남쪽의 브엘세바까지 도착했어.

그들이 다시 예루살렘에 돌아오기까지 9개월 20일이 걸렸지. 그런데 요압은 이 일에 불만을 품어 베냐민과 레위 지파 수는 세지 않았어.
휴, 정말 오래 걸렸구나!

※베냐민과 레위 지파의 수를 세지 않았다는 것은 역대상 21장 6절에 기록된 내용이다.

요압은 왕께 싸울 수 있는 사람들의 숫자를 보고했지.
칼을 다룰 수 있는 용사가 이스라엘에는 80만 명, 유다에는 50만 명입니다.
오~ 그래, 수고했소.

다윗은 인구조사를 한 뒤 죄책감에 시달렸어.
크으으
아, 내가 왜 그런 짓을 했지? 하나님이 함께 하시면 천군만마를 얻은 것인데….
다윗은 여호와께 기도했지.
여호와여, 이 종을 용서해주소서. 제가 정말 어리석은 죄를 지었습니다.
다음날 아침, 여호와께서 예언자 갓에게 말씀하셨어.
다윗에게 전해라. 내가 말하는 셋 중 하나를 택해라. 그럼 내가 그대로 하겠다!
척
네, 알겠습니다.

※갓 : 나단과 더불어 다윗 시대에 활동한 예언자다.

갓이 다윗에게 가서 말했지.
여호와께서 셋 중 하나를 고르시랍니다.
헉!
① 3년 동안 땅에 기근.
② 3개월 동안 적에게 쫓김.
③ 3일 동안 전염병.
잘 생각하셔서 저를 보내신 분께 어떻게 대답해야 할 지 정해주십시오.
크… 괴롭구나.
흑흑
여호와께서는 자비가 많으시니 여호와께서 주시는 벌을 받겠소. 사람들 손에 벌을 받고 싶지는 않소, 3번이요.
알겠습니다. 하나님께 모든 운명을 맡긴다는 거군요.

※3년 : 사무엘하 24 : 13에서는 7년으로 기록되어 있으나 역대상 21 : 12의 3년이 더 타당한 것으로 본다.

그렇게 여호와께서는 그날 아침부터 3일 동안 전염병이 돌게 하셨지. 그러자 단에서 브엘세바까지 7만 명이 죽었어.
엉엉
아이고!
흑흑

※단에서 브엘세바까지 : 이스라엘 북쪽 끝에서 유다 남쪽 끝까지, 즉 이스라엘 전역을 가리킨다.

천사가 전염병을 퍼뜨리며 또다시 예루살렘을 치려고 팔을 든 순간,
쿠우우
그때 천사는 여부스 사람 아라우나의 타작마당 위에 서있었지.
어? 저… 저건…!!
그걸 본 다윗이 여호와께 엎드려 말했어.
주여, 죄악을 저지른 사람은 접니다. 백성들은 양떼처럼 저를 따랐을 뿐 아무 잘못이 없습니다!
저와 제 집안을 쳐주소서!
털썩!
여호와께서는 마음을 바꾸시고 천사에게 말씀하셨지.
그만하면 됐다. 이제 팔을 거두어라!
멈칫
그날, 여호와의 명령을 받은 갓이 다윗에게 말했지.
여부스 사람 아라우나의 타작마당에 여호와를 위한 제단을 쌓으십시오.
알겠소.
다윗은 갓의 말대로 그곳에 올라갔어.
이 재앙이 확실히 끝나도록 어서 제사를 지내러 갑시다!!
아라우나는 밀을 타작하던 중 천사를 보고 네 아들과 함께 몸을 숨기고 있었지.
저… 저게 뭐지?
슈퍼맨인가…?
완전 멋진데?
역대상 21장 20절
그리고 다윗과 그의 신하들이 자기 집으로 오는 것을 보았어.
어? 왕이 아니신가?
그는 달려나가 다윗에게 절을 했지.
왕께서 무슨 일로 이 종에게 오셨습니까?
그대의 타작마당을 사서 여호와께 제단을 쌓아 백성들에게 내린 재앙을 그치게 하려고 하오.
무엇이든 왕의 뜻대로 하소서.
저기 번제에 드릴 소와 땔감으로 쓸 타작판과 소의 멍에도 있습니다. 이 모든 것을 왕께 드립니다. 왕의 하나님 여호와께서 왕의 제물을 기쁘게 받으시길 바랍니다.

※천사 : 손에 칼을 들고, 그 칼을 휘두름으로써 전염병을 일으켜 백성들을 멸하는 천사다.

※여부스 : 가나안 7족속 중 하나로 예루살렘은 원래 여부스 족속의 땅이었다.

※아라우나의 타작마당 : 예루살렘 성 밖의 동북쪽 모리아 산에 위치한다.

※아라우나 : 오르난이라 불리기도 했다.

아니오, 값을 지불하고 사겠소.
공짜로 얻은 것을 여호와께 번제물로 드릴 순 없지 않겠소?
그래서 다윗은 은 50세겔을 주고 타작마당과 소를 샀어.
다윗은 그곳에 제단을 쌓고 번제물과 화목 제물을 드렸지.
주여, 이 땅을 굽어 살펴주시옵소서.

※은 50세겔 : 은 1세겔은 당시 4일 품삯. 200일 품삯에 해당했던 은 50세겔은 상당한 금액이었다.

여호와께서 다윗의 기도에 응답하셨어.
화르륵
헉!
저… 저건?!
그제야 이스라엘에 내리던 재앙이 그쳤지.
화르르…
하나님 감사합니다!
여호와 만세!
다윗은 여호와께서 아라우나(오르난)의 타작마당의 기도에 응답해주신 것을 보고 그때부터 그곳에서 제사를 드렸어.
이제부턴 난 무조건 여기서 예배드릴 거요.
그럼 기브온에는 안 가십니까?
역대상 21장 28절

※기브온 : 예루살렘에서 북쪽 약 10km 지점에 위치한다. 기브온에는 모세의 성막이 있었으며, 예루살렘에는 다윗의 장막이 있었다.

당시, 모세가 광야에서 만든 여호와의 성막과 번제단은 기브온에 있었지.
실로
벧엘
길갈
여리고
기브온
예루살렘
베들레헴
역대상 21장 29절
그런데 다윗은 기브온에 가서 예배드릴 수가 없었지.
사실은… 여호와의 천사의 칼이 무서워서….
트라우마가 생기신 듯…!
덜
덜
끙!
역대상 21장 30절

tip 여호와의 천사의 칼

다윗이 기브온에서 예배드리지 못한 이유는 여호와의 천사의 칼이 두려웠기 때문이다. 다윗은 제사를 위해 아라우나의 타작마당을 떠나 기브온에 가는 것이 여호와의 천사를 무시하는 처사라고 생각했다. 만약 다윗 자신이 기브온으로 가면 여호와의 천사가 다시 전염병을 내릴 거라고 생각한 듯하다.

다윗의 성전 건축 계획

이곳에 여호와
하나님의 성전을 짓고
번제단을 쌓을 것이다.
역대상 22장 1절

※이곳 : 아라우나의 타작마당을 가리킨다.

주님을 위해 건축할 성전은
세상에 명성을 떨칠 만큼 웅장하고
아름다워야 해. 그런데 내 아들 솔로몬은
아직 어리고 배워야 할 게 많아.
그러니 내가 죽기 전에
성전을 지을 준비를
해놓아야겠구나.
역대상 22장 5절

다윗은 우선 이스라엘에 사는 모든 이방인을 불러 모은 뒤 석수들을 뽑았어.
너희는 성전을 짓는 데
필요한 돌을 다듬을
것이다!!
위잉
탕
쾅
역대상 22장 2절

또 문짝과 돌쩌귀를 만드는 데 쓰일 쇠와 엄청 많은 놋과 백향목도 준비했지.
시돈과 두로에서
보낸 백향목이오!
부우우웅
그래, 수고했다.
역대상 22장 3~4절

※이방인 : 이스라엘이 가나안을 정복할 당시 죽이지 않고 노예로 삼은 가나안 사람들의 후손을 말한다.
※시돈과 두로 : 페니키아의 두 주요 성읍들. 당시 다윗은 두로와 히람과 동맹관계였다. Link 4권 145p

그런 다음, 다윗은 솔로몬을 불러서 말했지.
아들, 이스라엘 하나님
여호와를 위해 성전을
건축해다오!
네? 아버지께서
직접 하시지 왜?
역대상 22장 6절

나도 내가 직접 짓고 싶었지만
여호와께서는 내가 전쟁 중에 너무 많은
사람을 죽여서 여호와를 위한 성전을
지을 수 없다고 하셨다. Link 4권 153p
역대상 22장 7~8절

네게 한 아들이 날 텐데
내가 사방에 있는 모든 적으로부터
그를 지켜 평안을 누리게 할 것이다.
그의 이름을 솔로몬이라 지어라.
그가 왕으로 있는 동안 이스라엘은
평화와 안정을 누릴 것이다!
그는 내 아들이 되고 나는 그의
아버지가 돼 그의 나라를 강하게 하고,
그의 자손의 왕위가 영원히
이어지게 해줄 것이다. 바로 그가
내 이름을 위해 성전을 지을 것이다!
역대상 22장 9~10절

사무엘하
역대상

아들아, 여호와께서
너와 함께하시고 너를 번영케
하시길 바란다. 주님께서
말씀하신 대로 네가 하나님의
성전을 짓길 바란다.
또 여호와께서 네게 지혜와
깨달음을 주셔서 여호와의
율법을 잘 지키길 바란다.
강하고 굳건해라.
두려워 말고 용기를 잃지 마라.
여호와께서 이스라엘을 위해
모세에게 주신 규례와 율법을 잘
지키기만 하면 성공할 것이다.
네, 알겠습니다.
아버지.
역대상 22장 11~13절

내가 어려운 중에 금 10만
달란트와 은 100만 달란트,
엄청 많은 놋과 쇠, 나무와
돌도 준비해놨다.
그러나 네가 더 많이
보태야 할 것이다.
헉!
엄청난데 이것도
모자라다니….
역대상 22장 14절

※10만 달란트 : 약 3,400톤에 해당한다.

네겐 많은 일꾼들이 있다.
채석공, 석수, 목수가 있고 또
온갖 뛰어난 기술자들이 있다.
맡겨만
주십시오!
크하하
쿵
역대상 22장 15절

※많은 일꾼들 : 다윗이 준비해놓은 이방인들을 말한다.

또 금과 은, 놋, 쇠가
충분히 많으니 이제 일을
시작해라. 주님께서 너와
함께하실 것이다.
넵, 반드시!!
역대상 22장 16절

※일을 시작해라 : 힘과 용기를 주기 위한 말로 실제로 성전 건축은 다윗이 죽은 뒤 시작됐다.

그런 다음, 다윗은 이스라엘의 모든 지도자들에게
말했어.
…
솔로몬이 성전을
짓도록 여러분이
도와주셔야 합니다.
역대상 22장 17절

하나님께서 여러분과 함께 계시며
평화를 주셨습니다. 또 이 땅
주민을 내게 넘겨주시어 그들을
우리 앞에 굴복시키셨습니다!
이제 여러분은 마음과 정성으로 하나님을
찾고 여호와의 성전을 지으십시오. 그래서
주님의 언약궤와 거룩한 기구들을 주님의
이름으로 지은 성전으로 옮기십시오!
역대상 22장 18~19절

※이 땅 주민 : 가나안 사람들을 말한다.

참고 도서 및 자료 목록

《개역개정 컬러성경》, 대한성서공회, 아가페, 2006.
《구약 이스라엘사》, 김희선, 총신대학교 출판부, 1981.
《구약 핸드북》, 길버트 비어스, 이윤기 옮김, 성서교재간행회, 1988.
《구약성경의 탐구》, 로버트 D. 브렌슨·짐 에들리 외, 박철우 옮김, 물가에 심은 나무, 2006.
《그랜드 종합 주석》, 성서원 편집부, 성서교재간행사, 1996.
《그림성경》, 아이브아 호스·앙드레 르블랑, 성서교재, 1987.
《그림으로 보는 세계 생활사》, 앤 밀라드·패트리샤 바나스·조지프 매큐언, 창해, 2007.
《더 바이블 맵》, 김주현·정영주, 디자인 토제, 2012.
《바이블 그림 탐정》, 피터 마틴·피터켄트, 권기대 옮김, 베가북스, 2012.
《바이블 문화코드》, 남병식, 생명의 말씀사, 2006.
《백투더 바이블》, 장종길, 그리심, 1996.
《성경의 맥을 잡아라》, 문봉주, 두란노, 2007.
《성경의 비밀을 푸는 생활풍습 이야기, 열린다 성경》, 류모세, 두란노, 2010.
《성막》, 강문호, 한국가능성계발원, 1993.
《성서 속의 도시 이야기》, 이원희, 민영사, 2006.
《성서사전》, 길버트 비어스, 권호덕 옮김, 성서교재간행회, 1988.
《성서이야기》, 편집부, 계몽사, 2011.
《성전》, 강문호, 한국가능성계발원, 1994.
《손에 잡히는 성경 지도》, 폴 라이트, 이용중 옮김, 부흥과개혁사, 2009.
《쉬운성경》, 아가페편집부, 아가페, 2005.
《신약 핸드북》, 길버트 비어스, 이윤기 옮김, 성서교재, 1986.
《아가페 성서 지도》, 요하난 아하로니·미카엘 아비요나, 문창수 옮김, 아가페, 1988.
《어? 성경이 읽혀지네》, 이애실, 성경방, 2005.
《에센스 명화 성경》, 이동진, 해누리, 2007.
《예수를 만나러 유럽에 간다》, 신동운, 스타북스, 2008.
《와! 성경이 살아 있다》, 데니스 존스, 성서유니온 선교회, 2007.
《우리들 성경》, 팻 알렉산더, 두란노, 1994.
《우리말 성경》, 두란노서원 성경출판팀, 두란노, 2007.
《위대한 바이블 연대기》, 토마스 로빈슨, 엄재호 옮김, 안국문화, 1993.
《헬라어직역신약성경》, 생명의말씀사 편집부, 말씀의집, 2010.
《황금의 집》, J. 로우, 황인출·오진관 옮김, 전도출판사, 1981.
《히브리어직역구약성경》, 생명의말씀사 편집부, 말씀의집, 2006.
<예수 그리스도 족보>, 기독교대백과사전편찬위원회, 기독교문사, 1993.